KU PRAXIS 53
für die Arbeit mit Konfirmandinnen und Konfirmanden

Dieter Niermann

Mit dem Wartburg zur Wartburg

Erlebnisorientierte Projekte im KU

Gütersloher Verlagshaus. Dem Leben vertrauen

Inhalt

KU-Theorie - Hintergrundtexte

KU-Service auf der CD

Zu fast jedem Artikel findet sich Arbeits- und Anschauungsmaterial, das die Umsetzung der Projekte und Bausteine in die eigene Praxis unterstützt.

Zu diesem Heft

Mit Konfirmandinnen und Konfirmanden unterwegs sein. Mit dem Wartburg durch Deutschland zur Wartburg fahren, von Tür zu Tür wandern bis in die eigene Gemeinde, mit dem Rad in vielen Ferienetappen und schließlich zu Fuß nach Santiago di Compostela. Jeder Mann ist als Junge auch unterwegs zum Mann. Wie aus solchen Ideen Projekte werden und schließlich Konfirmandenunterricht, beschreibt dieses Heft.

»Da kannst du was erleben!« Das kann JederMann und jedeFrau sich vorstellen. Und um solche Erlebnisse geht es. Sie sind Anlass, Gegenstand und Motor des Unterrichts und lassen den Konfirmandenunterricht selbst zu einem Erlebnis werden, das man nicht vergisst, auch wenn man alt und grau geworden ist.

Wir stellen damit eine gemeindepädagogische Form der klassischen Erlebnispädagogik zur Diskussion, wie sie durch den Diakon Dieter Niermann in der Gemeinde St. Martini in Bremen-Lesum praktiziert wird. Erleben kann man vieles. Zur Lebensbewältigung kommt es darauf an, wie man es deutet. Ich klopfe an eine Tür. Sie geht auf. Das erwarte ich auch. Genauso muss ich damit rechnen, dass niemand zu Hause ist. Ich kann aber auch verstehen, dass sich öffnende Türen ein Wesensmerkmal des Glaubens und der Kirche sind, die in diesem Glauben Gestalt gewinnt. Es ist jemand da, der mich erwartet und aufnimmt. Im Konfirmandenunterricht kommt es also darauf an, das geplant oder zufällig Erlebte im Kontext christlichen Glaubens und christlicher Tradition zu verstehen und daraus Lebenskraft und Handlungsorientierung zu gewinnen. Die verschiedenen Beiträge dieses Heftes führen das Ineinander von Erleben und Deuten, Verstehen und Handeln vor Augen.

Der Prozess des Deutens und Aneignens kultiviert eine Unterrichtstechnik, die in den letzten Jahren weniger Beachtung fand: Das Gespräch. Nicht das gute Unterrichtsmaterial steht im Mittelpunkt oder eine sorgfältig formulierte Arbeitsaufgabe. Das muss es auch geben. Aber der Schwerpunkt liegt immer wieder darauf, die Situation zu nutzen. Am Wegrand, in einer Kirche, im eigenen Gemeindehaus, im Schatten eines Baumes, auf der Bühne, im Kloster und wo auch immer werden die Konfirmandinnen und Konfirmanden verstrickt in das, was ihnen begegnet ist. Sie werden zur Stellungnahme herausgefordert, nicht nur von den Unterrichtenden, immer wieder auch von Passantinnen und Passanten, mit denen sie es auf dem Weg zu tun haben. Das animiert, Hintergründe zu recherchieren, biblische Geschichten und die Traditionen des Glaubens zu bedenken. Das Gespräch, die Diskussion, die Auswertungsrunde ist jeden Tag der Ort, an dem auf dem Prüfstand steht, was im Augenblick für wahr, richtig und glaubwürdig gehalten wird. Konfirmandenunterricht als Schule der Sprachfähigkeit. Die bewusste Einbeziehung von »Öffentlichkeit« gibt dieser Meinungsbildung ein beachtliches Gewicht. Jugendliche merken, dass sie von den Erwachsenen Ernst genommen werden, durchaus etwas zu sagen haben, sich verteidigen und auch mal korrigieren müssen. Weil es allen anderen Gliedern des Leibes Christi aber genauso geht, erfahren sie eindrucksvoll, dass sie wirklich dazugehören.

Das lässt sich schwer aufschreiben. Damit es sich aber nachvollziehen lässt, werden die Möglichkeiten eines narrativen Stils benutzt. Das will die neue Kategorie KU-REPORTAGE andeuten. Wir wollen Lust machen »zum Schmökern« und bauen darauf, dass Sie sich dabei vielleicht schon in Gedanken »auf die Reise« begeben. Dann ist das eigene Projekt nicht mehr weit.

Damit wollen wir auch sagen: Wir verkennen den Aufwand nicht, mit dem diese Projekte durchgeführt werden. Sie sind auch nicht aus dem Nichts entstanden, sondern in langen Jahren, in denen sich Gemeindearbeit von festen Gruppen zu einem breiten Angebot an Projekten für die ganze Bürger- und Christengemeinde weiter entwickelt hat. Die Quintessenz lässt sich in vier Artikeln der KU-THEORIE nachlesen.

Für die schnellere und unaufwendigere Umsetzung ist der KU-BAUKASTEN gedacht: 10 Bausteine beschreiben ungewöhnliche Unterrichtsideen, die sich mit etwas Planung sofort verwirklichen lassen. Im Grunde sind das schon kleine Projekte, die den örtlichen Gegebenheiten angepasst werden wollen und sich mit lange bewährter Unterrichtspraxis verbinden lassen. Das gibt dem eigenen Konzept »schon mit einem Mal« ein ungewohntes Gesicht.

Diese dialogische, projektorientierte und jederzeit ergebnisoffene Form der Konfirmandenarbeit braucht eine hauptamtliche Mitte und dazu ehrenamtliche Mitarbeiterinnen und Mitarbeiter. Wie sie geschult werden können, ist in KU-Praxis 47 »Never walk alone« beschrieben. Das dazugehörige Teamerhandbuch gibt gerade älteren Jugendlichen viele Hilfen bei der eigenen Rollenfindung und für den Umgang mit Konfirmandengruppen. Das vorliegende Heft unterstreicht wichtige Aspekte der Gewinnung von Ehrenamtlichen:

- Das Projekt ist zeitlich begrenzt. Auf dieses Zeitfenster können sich auch Menschen einlassen, denen das sonst »aus Zeitgründen« nicht möglich ist.
- Das Thema macht auch deshalb Lust, weil es Abenteuer verspricht.
- Ohne die Fähigkeiten älterer Jugendlicher und Kompetenz der erwachsenen Ehrenamtlichen geht es nicht: Regieerfahrung, Kommunikations- und Organisationstalente, saubere Konstruktionszeichnungen, Kraftfahrzeugsachverstand mit einem Auge auf den schraubenden Jungen, Kontakte, beruflich wie privat. Das heißt, Ehrenamtliche bringen in die Gemeinde etwas mit und sind nicht allein Empfänger theologisch-pädagogischen Fachwissens an einem Schulungsabend. Geben und Nehmen sind eher gleichberechtigt.

Für die Redaktion
Christian Witting

Erlebnisse haben Folgen

Anhand dieser Unterrichtseinheit werden die theologischen und didaktischen Grundentscheidungen des Autors praktisch beschrieben

Die folgende Unterrichtseinheit steht häufig am Anfang erfahrungsorientierter Projekte im KU unserer Gemeinde, kann aber auch an anderen Stellen und im Zusammenhang mit anderen Themen (Aufbau von Gemeinde, Kirchenraum, biblische Basistexte, Gottesdienstordnung etc.) Verwendung finden.

Alle in dieser Unterrichtseinheit verwendeten Materialien befinden sich als bearbeitbare Vorlagen auf der dem Heft beiliegenden CD-ROM im Verzeichnis zu diesem Artikel.

Was wir erreichen wollen

Leben hängt mit »er-leben« zusammen. Ein wichtiger Mensch tritt in mein Leben. Es nimmt eine andere Richtung. Ein wunderbarer Urlaub liegt hinter mir. Ich zehre davon. Eine bittere Erfahrung. Meinen Groll bekommen auch Unbeteiligte zu spüren. Jemand zeigt mir sein Hobby. Die Begeisterung springt über und hält mich seitdem gefangen. Erfolge machen selbstbewusst, Niederlagen verunsichern. Freundinnen und Freunde teilen das Leben mit einem. In schwierigen Situationen merke ich am deutlichsten, was ich an ihnen habe.
Erlebnisse und Erfahrungen prägen uns mehr als Bücher. Deshalb stehen sie im Mittelpunkt der Projektbeschreibungen und Konzepte dieses KU-Praxis-Hefts. Sie sind das Material, der Ausgangspunkt für das Lernen und Handeln mit Konfirmandinnen und Konfirmanden. Im Zentrum geht es darum, was wir mit Gott erleben können. Das wird in einem Gottesdienst gefeiert. Wir bauen darauf, dass mit dem Focus auf dem »Erleben« Spuren zurückbleiben, die nicht so schnell vergessen werden.

1. Treffen: »Was ich schon alles erlebt habe« | Erzählzeit

Zeit: ca. 90 Minuten

Absicht

Die Jugendlichen knüpfen an eigene Erlebnisse an. Der Fokus liegt dabei auf Höhepunkten im Leben, auf den Dingen, die besonders eindrucksvoll waren. Allerdings sollen »Schicksalsschläge« und »Tiefpunkte« nicht ausgeblendet werden. Im Verlauf sollen die Jugendlichen erkennen können, dass Erlebnisse, so unterschiedlich und persönlich sie auch sind, doch ähnliche Folgen haben können. Diese Folgen werden abschließend zugespitzt und unter fünf Überschriften gesammelt, die in den folgenden Stunden weiter verwendet werden.

Material

Flipchartbögen, farbige A3-Blätter, ggf. eigene Fotos (Urlaub, Hobbys, wichtige Personen, symbolische Dinge, ...).

Verlauf

1. Der / Die Unterrichtende beginnt damit, von sich selber zu erzählen. Dabei können auch Erlebnisse zur Sprache gebracht werden, die schon viele Jahre oder Jahrzehnte zurückliegen. Daran wird deutlich, dass wir uns an einschneidende Erlebnisse über einen langen Zeitraum hinweg erinnern und diese nicht an Bedeutung für unser Leben verlieren. Fotos können als Erzählhilfe dienen, um von einem besonderen Urlaubserlebnis zu berichten, von etwas, das noch einmal glimpflich ausgegangen ist, von einem Menschen, der für das eigene Leben wichtig war oder aber auch vom neuesten Hobby.
2. Durch diesen Einstieg sollen die Jugendlichen angeregt werden, selber von Erlebnissen zu berichten. Auch 12, 13 oder 14 Jahre liefern ja schon eine Menge Stoff für Erzählungen. Eigene Geschichten kommen den Jugendlichen beim Zuhören wieder in den Sinn, ähnliche, aber auch ganz andere Erfahrungen. Sie berichten einander von Dingen, Menschen, wichtigen Entscheidungen, Schicksalsschlägen usw. kurzum: von Ereignissen, die ihren Alltag durchbrachen.
3. Es folgt eine Kleingruppenarbeit in verschiedenen Räumen oder aber im selben Raum an verschiedenen Stellen in sog. »Grummel-« oder »Murmelgruppen« von vier bis maximal sieben Personen. Auf einem großen Bogen Papier (Flipchartbögen) notieren die Jugendlichen Antworten auf folgende Fragen:
- Was ist danach (mit dir) passiert?
- Wie ist es (mit dir / mit den anderen) nach dem Erlebnis weitergegangen?
- Was hast du getan? – Worüber hast du nachgedacht?
- Hat sich durch das Erlebnis etwas grundsätzlich verändert? Für wen? Was genau?

4. Im Plenum werden die Ergebnisse zusammengetragen und gewürdigt. Manches muss erläutert werden, anderes spricht für sich selbst. Vieles ähnelt sich, was in unterschiedlichen Kleingruppen zusammengetragen worden ist. Es zeichnen sich Trends ab. Diese werden auf fünf verschiedenfarbigen A3-Zetteln mithilfe der Gruppe zusammengetragen.
5. Gemeinsam machen wir uns auf die Suche nach Überschriften, Schlagworten oder Arbeitstiteln für diese »Folgen«, die Erlebnisse haben können. Häufig finden sich folgende oder ähnliche Titel:
- Weitersagen, anderen erzählen und berichten ...
- Es noch einmal machen, wieder hinfahren ...
- Sich bedanken, sich freuen ...
- Mit anderen zusammentun, die das Gleiche erlebt haben oder tun möchten; einen »Fan-Club« aufmachen ...
- Etwas gelernt haben, es jetzt »besser wissen«, sich auf etwas verlassen können ...

6. Die Unterrichtseinheit endet mit einem Spiel und nicht zuletzt mit einem kurzen Dank für die Einblicke in das Leben und Erleben der Einzelnen.

2. Treffen: »Was Menschen mit Gott oder Jesus erleben konnten« | Studierzeit

Zeit: ca. 90 Minuten

Absicht

Auch mit Gott haben Menschen im Laufe der Zeit Erlebnisse gehabt, haben Erfahrungen machen können. Die Konfirmandinnen und Konfirmanden sollen die Bibel als ein Erfahrungs- und Erlebnis-Buch erkennen und nutzen. Sie können dabei auf die unterschiedliche Art der Erzählform aufmerksam gemacht werden. In einem zweiten Schritt sollen die Erlebnisse der Menschen, die die Bibel überliefert, mit unseren eigenen Erlebnissen der letzten Unterrichtseinheit in einen Zusammenhang gebracht werden.

Material

Bibeln; **M 1** zu kleinen Zetteln auseinanderschneiden; ggf. Spielkarten **M 2** »Das Jüngste Gericht« kopieren wie in den Spielregeln **M 3** beschrieben.

Verlauf

1. Ankommen, z.B. mit dem Lied (»Wir haben Gottes Spuren festgestellt«) oder einem Spiel, das der Gruppe vertraut ist. Ein guter Einstieg kann auch eine Runde des Spiels »Das Jüngste Gericht« sein. (**M 2 und M 3**)
2. Lesezeit: Wir blicken zurück auf das Thema »Erlebnisse« des letzten Treffens. Anhand einiger Stichworte werden spezielle Erfahrungen aus der Gruppe (großes Glück, Erleichterung, »Wunder(bares)«, »Heilung« ...) noch einmal aufgegriffen und ausgeführt, dass auch die Menschen, von denen die Bibel erzählt, ähnliche Erfahrungen gemacht haben.
3. Die Jugendlichen ziehen sich aus einer Schale ein Kärtchen mit einer Bibelstelle (**M 1**) und suchen sich mit der Bibel einen Platz im Raum. Nachdem jede und jeder einen Text gelesen hat, sucht man sich ein Gegenüber, um von seinem Text zu erzählen. Gemeinsam überlegt das Zweierteam dann für beide Textstellen jeweils eine kurze Botschaft: Welche Erfahrungen machen Menschen hier mit Gott, mit Jesus?
4. Auf einem großen Bogen wird im Plenum zusammengetragen, was Menschen alles mit Gott/Jesus erleben können.
5. Dann wird überlegt, welche Folgen diese Erlebnisse wohl gehabt haben werden. Häufig greifen die Jugendlichen schon jetzt auf die Begrifflichkeiten der letzten Unterrichtseinheit zurück, die man abschließend durch spezifisch kirchliche Begrifflichkeiten ergänzen kann. Nachstehender Vorschlag wird vorgestellt und diskutiert:
Weitersagen, anderen erzählen und berichten ... ➤ VERKÜNDIGUNG
Es noch einmal machen, wieder hinfahren ... ➤ NACHFOLGE / DIAKONIE
Sich bedanken, freuen ... ➤ GOTTESLOB
Mit anderen zusammentun, die das Gleiche erlebt haben oder tun möchten, einen »Fan-Club« aufmachen ... ➤ GEMEINSCHAFT
Etwas gelernt haben, es jetzt »besser wissen«, sich auf etwas verlassen können ... ➤ GOTTVERTRAUEN

3. Treffen: »Erlebnisse haben Folgen in Kirche und Gemeinde« | Entdeck-Zeit

Zeit: ca. 90 Minuten

Absicht

Den Konfirmandinnen und Konfirmanden soll deutlich werden, dass fast alles, was in Kirche und Gemeinde eine Rolle spielt, auf reales Erleben von Menschen zurückzuführen ist. Von diesen Erlebnissen erzählt die Bibel. Dabei handelt es sich um Erfahrungen, die Menschen auch heute noch in ähnlicher Weise machen können. Diese Erfahrungen sind leitend für das Handeln der Kirche geworden. Sie haben sich bis in die Gestaltung der Gottesdienste, den Gebrauch sakraler Gegenstände und die Architektur von Kirchengebäuden eingeprägt. In allem lässt sich ein »roter Faden« entdecken, der den Jugendlichen dann hilft, »das Ganze zu verstehen«.

Material

M 4 Farbige Karten mit den aufgedruckten Arbeitsbegriffen, Klebeband; Arbeitsblatt **M 5** »Was macht die Kirche eigentlich? Und warum?«; Tabelle **M 6** »Folgen in Gemeinde und Gottesdienst«; ggf. **LM 1**.

Verlauf

1. Alle versammeln sich zunächst in der Kirche/im Gottesdienstraum. In der Mitte liegen ca. 20 Karten (**M 4**), je vier davon in einer Farbe und mit einem der mittlerweile vertrauten Arbeitsbegriffe (Verkündigung, Nachfolge/Diakonie, Gotteslob, Gemeinschaft, Gottvertrauen).
2. Der / Die Unterrichtende rekapituliert die Begriffe und verknüpft sie noch einmal exemplarisch mit biblischen Begebenheiten, in denen sich Erfahrungen von Menschen verdichtet haben. Ebenso wird eine Verbindung zum Leben und Handeln der Christen heute hergestellt.
3. Die Jugendlichen sind nun eingeladen, »den roten Faden« in die Hand zu bekommen, indem sie im Kirchenraum entdecken, wie diese Begriffe sich dort eingeprägt haben.[1] Da die Glocken sich nicht im Kirchraum befinden, werden die Abbildungen zweier Glocken an der Tür ange-

bracht, die zum Kirchturm führt. Das Abendmahlsgeschirr ist zuvor auf den Altar gestellt worden. Die Jugendlichen kleben nun die entsprechenden farbigen Zettel (Verkündigung, Nachfolge/Diakonie ...) auf die dazu passenden Einrichtungsgegenstände des Kirchraumes. An manchen Stellen kleben Zettel unterschiedlicher Rubriken, weil verschiedene Zuordnungen möglich sind. Die Jugendlichen sollen sich dann zu einem Gegenstand begeben, an den sie eine Karte geklebt haben.

4. Aus der Mitte des Kirchenraums heraus wird dann jede und jeder aufgefordert zu sagen, wo er oder sie steht, welches Stichwort hier angeklebt wurde, und warum?! So werden die einzelnen Gegenstände nach und nach im Kirchenraum zusammengetragen und mithilfe der schon bekannten Begrifflichkeit systematisiert.

5. In einer Plenumsrunde wird deutlich, wie logisch sich die Gestaltung des Kirchenraums mit dem Umgang von Gemeinde mit Gotteserlebnissen verbinden lässt. »Da muss sich schon jemand etwas dabei gedacht haben!«, sagte eine Konfirmandin einmal in dieser Situation.

6. In Kleingruppen arbeiten die Jugendlichen jetzt, verteilt im Kirchenraum, mit dem Arbeitsblatt **M 5** »Was macht die Kirche eigentlich ...?« und weiten das zuordnende Vorgehen nun mit farbigen Stiften oder einer Numerierung[2] auf weitere Bereiche aus: Wo finden sich Folgen von Erlebnissen im Leben der Gemeinde, im Ablauf eines Gottesdienstes, in Gebäuden, eventuell auch in Berufen/Tätigkeiten in Kirche oder in landeskirchlichen Einrichtungen bzw. Initiativen der EKD (z.B. Brot für die Welt ...)?

7. Ggf. kann in einem letzten Schritt die Tabelle (**M 6**) unter den Rubriken »Gebäude« und »Gemeindeleben« mit Eintragungen gefüllt werden. Sie bildet auch die Brücke zum abschließenden Treffen, das im Rahmen eines Gottesdienst-Nachgespräches stattfindet.

4. Treffen (nach einem gemeinsamen Gottesdienstbesuch) »Gottesdienst als Antwort auf Erfahrungen mit Gott«

Zeit: ca. 30-45 Minuten

Absicht

Die Jugendlichen sollen gemeinsam einen Gottesdienst besuchen und im Anschluss reflektieren, was dort gesehen, gehört, einfach »erlebt« worden ist. Dabei soll vor allem deutlich werden, dass sich die Folgen von Erlebnissen der Menschen mit Gott auch in der Gestaltung des Gottesdienstes niedergeschlagen haben. Gerade die Funktion der liturgischen Gesänge und anderer Elemente kann so besser verstanden werden. Variationen gewohnter Gottesdienstteile können später leichter eingeordnet und gedeutet werden.

Material

Evtl. eine gedruckte Gottesdienstordnung, Liedblatt oder notfalls das EG; Klebepunkte oder farbige Stifte; **M 5** als OH-Folie; OH-Projektor.

Verlauf

Nach dem gemeinsamen Besuch des Gottesdienstes sammeln wir uns im KU-Raum oder bei schönem Wetter draußen vor der Kirche, auf Bänken oder auf der Wiese.

1. Im Gottesdienstnachgespräch soll es dieses Mal nicht um inhaltliche Fragen, den Predigttext, die Lesungen und auch nicht um eigene Befindlichkeiten oder Bewertungen gehen. Die Form steht im Mittelpunkt. Anhand einer Gottesdienstordnung (gedruckt, auf dem Liedblatt, im EG) gehen wir unsere Erinnerungen zunächst schnell durch. Was war was? Was kann ich nicht zuordnen? Was steht da, habe ich aber nicht mitbekommen? Was ist mir deutlich in Erinnerung geblieben?

2. Jeweils zwei Jugendliche wenden sich einander zu und arbeiten dann mithilfe des gedruckten Gottesdienstablaufs. Sie werden daran erinnert, dass sie beim letzten Treffen den Gegenständen in der Kirche farbige Karten zugeordnet haben, die für verschiedene Rubriken (Verkündigung, Nachfolge ...) stehen. Jetzt versuchen sie, jedem Element des Gottesdienstes eine oder mehrere Funktionen zuzuordnen und fragen sich dabei z.B.: Ist das Singen nur gut für die Gemeinschaft? Oder ist es auch Verkündigung? Womöglich auch Gotteslob? Welche Funktion hat die Kollekte, die Predigt, die Abkündigungen? Was ist beim Eingangsgebet anders als bei den Fürbitten? Die getroffenen Zuordnungen markieren sie mit farbigen Punkten.

3. Die Jugendlichen kleben die von ihnen kommentierte und mit farbigen Klebepunkten versehene Gottesdienstordnung dann in ihr Gesangbuch, in ihre Bibel oder heften sie in die Konfusmappe ein. Gemeinsam ergänzen wir dann die Tabelle (**M 6**) vom letzten Treffen, die als OH-Folie vorliegt, indem wir Eintragungen in die Rubrik »Gottesdienst« vornehmen.

Erlebnisse haben Folgen! Und diese Folgen gilt es zu entschlüsseln und für das eigene Leben fruchtbar zu machen. Das ist meine Erfahrung. Diese Erkenntnis setzt sich auch über diese KU-Einheit hinaus immer wieder bei Unterrichtenden, aber auch bei Konfirmandinnen und Konfirmanden durch und prägt sich ein. Sie kann die Basis sein für eine Wertschätzung erfahrungsorientierter Methoden und Konzepte im Rahmen der Vorbereitung auf die Konfirmation.

Anmerkungen

1. Das »Gotteslob« findet Ausdruck in den Lie dern, im Geläut der Glocken, im Schmuck der Kirche, in der Größe und Höhe der Kirche. »Nachfolge u. Diakonie« in der Kollekte (Kollektendose), »Gemeinschaft« wird symbolisiert durch das Abendmahl (Abendmahlsgeschirr), die Sitzordnung, den Versammlungsraum. »Verkündigung« wird anschaulich durch die Kanzel, die Altarbibel etc. Vgl. dazu auch LM 1.
2. Auf dem Arbeitsblatt M 5 rekapitulieren die Jugendlichen noch einmal die Folgen eines Erlebnisses, indem sie diese in eine Reihenfolge von 1-5 bringen. Zuordnungen sind also über diese Zahlen oder aber auch über die entsprechenden Farben möglich.

Von Tür zu Tür

Auf einer zweijährigen Reise in die eigene Gemeinde Türen öffnen und durch die Begegnung mit den Menschen dahinter den eigenen Glauben profilieren

»So schwammen einst auf einem Landsee, an welchen ich auf einer Jagdstreiferei geriet, einige Dutzend wilder Enten allzu weit voneinander zerstreut umher, als dass ich mehr denn eine einzige auf einen Schuss zu erlegen hoffen konnte; und zum Unglück hatte ich meinen letzten Schuss schon in der Flinte. Gleichwohl hätte ich sie gern alle gehabt, weil ich nächstens eine ganze Menge guter Freunde und Bekannten bei mir zu bewirten willens war. Da besann ich mich auf ein Stückchen Schinkenspeck, welches von meinem mitgenommenen Mundvorrat in meiner Jagdtasche noch übriggeblieben war. Dies befestigte ich an eine ziemlich lange Hundeleine, die ich aufdrehte und so wenigstens noch um viermal verlängerte. Nun verbarg ich mich im Schilfgesträuch am Ufer, warf meinen Speckbrocken aus und hatte das Vergnügen, zu sehen, wie die nächste Ente hurtig herbei schwamm und ihn verschlang. Der ersten folgten bald alle übrigen nach, und da der glatte Brocken am Faden gar bald unverdaut hinten wieder herauskam, so verschlang ihn die nächste, und so immer weiter. Kurz, der Brocken machte die Reise durch alle Enten samt und sonders hindurch, ohne von seinem Faden loszureißen. So saßen sie denn alle daran wie Perlen an der Schnur. Ich zog sie gar allerliebst ans Land, schlang mir die Schnur ein halbes Dutzend Mal um Schultern und Leib und ging meines Weges nach Hause zu.«

Ganz ernsthaft erzählt ein älterer Herr uns diese Geschichte im Seitenzimmer des Rathauses von Bodenwerder an der Weser. Schon seit gut einer Stunde sind wir hier: 15 Jugendliche im Konfirmandenalter und das vierköpfige Leitungsteam des Projekts »Von Tür zu Tür«. Der ältere Herr ist einer von mehreren Bewohnern der kleinen Oberweserstadt, der die Person und die Geschichten des Lügenbarons Freiherr von Münchhausen in seiner Heimatstadt lebendig erhalten will. Und auch wenn unsere Gruppe dem Alter kindlicher Begeisterung schon entwachsen ist, zieht uns dieser Mann mit seiner Art und seinen Geschichten in seinen Bann. Aber:

Lügen – darf man das eigentlich?

Wir sind auf dem dritten Teilstück eines mehrjährigen Reiseprojektes unterwegs. Mit dem Rad geht es in acht Tagen von Höxter nach Neustadt am Rübenberge, immer entlang der Weser. Inhaltlich begleiten uns in diesen Tagen die 10 Gebote. Methodisch baut das Gesamtprojekt auf Erfahrungen beim Unterwegssein und auf die Begegnung mit Menschen hinter ihren Türen.
Im Münchhausenzimmer der Gemeinde Bodenwerder ist es die Begegnung mit dem Geschichtenerzähler und damit eigentlich eine Begegnung mit der faszinierenden Person des Münchhausen. Sie hilft uns hinein in eine ganz praktische Aktion zum Gebot »Du sollst kein falsches Zeugnis reden ...«. Nach dem vormittäglichen Besuch in Bodenwerder geht die Radtour weiter. Allerdings haben wir nun auf gemeinsamen Beschluss hin dieses Gebot bis Sonnenuntergang außer Kraft gesetzt. Und die Erfahrungen sind überraschend, sind enorm.

Von hinten ruft jemand die lange Reihe der Radfahrer entlang: »Fahrrad von hinten!« Noch heute Morgen wären alle, beinahe automatisch, im Reißverschlussverfahren von der Zweierreihe zur Einerreihe übergegangen. Ein Radfahrer hätte nun überholen können. Aber jetzt? Zunächst mal blickt sich ein jeder um. Überprüft, ob denn nun wirklich ein Rad von hinten kommt. Ziemlich schnell hat einer der Betreuer, der die Spitze übernommen hat, entschieden, dass eine Einerreihe zu fahren ist, und gibt das entsprechende Kommando, das folgsam von den Vorderen durchgesagt wird. Aber plötzlich bricht die Weitergabe ab: »Wirklich?«, fragt jemand zurück. »Du lügst doch!« »Ach, frag doch selber vorn!«, bekommt er zur Antwort. Das macht er dann auch direkt, Chaos bricht aus. Jede und jeder entscheidet nun selbst auf Basis eigener Eindrücke. Das Vertrauen in Auskünfte von vorne oder hinten, in Einschätzungen anderer ist dahin! Ganz zum Stillstand kommt der Tross, als jemand bei Kilometerstand 6 nach Aufhebung des Gebots mit einem »Vorsicht Glas!« eine Vollbremsung aus-

KU-Praxis 53, S. 8 – 16

löst, die nicht ohne Folgen bleibt. Einzelne Mitfahrer schaffen das Abbremsen nicht rechtzeitig und rollen den Vorderleuten ins Gepäck oder Hinterrad. Das »Hey, war doch bloß Spaß« kommt zu spät und rettet die Stimmung nun auch nicht mehr. Die Wogen müssen geglättet werden. Die Ersten sind von diesem »blöden« Selbstversuch genervt. Andere sortieren das Gepäck und die Satteltaschen; einer beginnt mit der Reparatur seines zu Bruch gegangenen Rücklichts.

Eine tolle Situation!

Wirklich! Schnell entwickelt sich ein kurzes, sehr »praxisnahes« Gespräch über »Du sollst nicht lügen«. Eine tolle Situation! Es braucht nur ein wenig Moderation, um allen Beteiligten klarzumachen, wie Gottes Gebot unser Leben und Zusammenleben ermöglichen will und kann:

- wie entlastend es ist, Vertrauen in das Leben und in einzelne Situationen haben zu können.
- wie gut es tut, sein Zelt verlassen zu können, ohne um seinen Besitz fürchten zu müssen.
- wie tröstlich es ist, einem anderen den Rücken zudrehen zu können, ohne um sein Leben zu fürchten.
- wie lebensnotwendig es ist, einer Aussage trauen zu können, ohne ihren Wahrheitsgehalt immer wieder neu und immer wieder selbst überprüfen zu müssen.
- welche Wohltat, wenn es einen gibt, der unser so verletzliches Leben schützen will und es durch Regeln des Zusammenlebens auch tut.

Das Projekt

Im Rahmen des gemeindlichen Jahresthemas »Türen« entstand das Projekt »Von Tür zu Tür«. In der Ausschreibung stand das gemeinsame Reisen auf unterschiedliche Weise im Mittelpunkt. Als Startpunkt hatte das Team Eisenach in Thüringen festgelegt und wechselnde Reiseformen (Radtour, Wanderung, Kanutour) in Aussicht gestellt. In der Ausschreibung blieb bewusst offen, ob das Vorhaben tatsächlich über den angepeilten Zeitraum von zwei Jahren würde realisiert werden können:

»Wir wollen gemeinsam mit euch einen langen Weg zurücklegen. Nach ein paar Treffen zur Vorbereitung reisen wir zum Start des Projekts zur Wartburg nach Eisenach. Dort beginnt die erste Etappe. Mit dem Rad reisen wir Richtung Norden entlang der Werra. Vom Etappenziel bringt uns die Bahn zurück nach Lesum.

Zur 2. Etappe reisen wir im Herbst 2000 dann wieder dorthin, wo wir aufgehört haben. Jetzt steht eine Wanderung durch das Weserbergland auf dem Programm.

Von Tür zu Tür reisen heißt aber nicht nur, jeden Abend in einem anderen Gemeindehaus,

oder

auch mal in einem Zelt oder auf einem Bauernhof unterzukommen.

Wir haben die Möglichkeit, unterwegs auch hinter Türen zu schauen, die sonst verschlossen bleiben: Türen ungewöhnlicher Personen, Klostertüren, Burgtüren, Türen zu uralten oder ganz modernen Räumen.

... wenn euch unser Vorhaben jedoch bis dahin Spaß gemacht hat und wir uns in der kleinen Gruppe gut verstanden haben, kann und soll das Projekt im Jahr 2001 weiterlaufen. Eine weitere Wanderung, eine Kanu-Tour und die Abschlussetappe (wieder zu Fuß) bis vor die heimatliche Tür in Lesum liegen noch vor uns. Wer mag, kann sich in dieser Zeit unterwegs auch auf die Konfirmation im Frühjahr 2002 vorbereiten. Außer den Reiseetappen verabreden wir uns zu gemeinsamen Treffen zwischendurch im Gemeindehaus und erleben Stadtabenteuer in Bremen.

Als vorbereitendes Team leitete uns von Anfang an das Motiv, dass jede Tür eine Option ist, eine Gelegenheit zur Begegnung. Dieser Gedanke stand am Beginn der Planungen und konnte in der gesamten Projektzeit durchgehalten werden

Die Option, dieses Projekt zur Vorbereitung auf die Konfirmation zu nutzen, wurde genannt, aber nicht in den Mittelpunkt gerückt. So meldeten sich zwar 15 Jungen und Mädchen aus der 6. Klasse an, aber bei mindestens zweien war von vorneherein eher unwahrscheinlich, dass sie am Ende konfirmiert werden wollten (katholisch bzw. »auf dem Weg zur Jugendweihe«).

Der erste Kontakt

Gleich beim ersten Treffen setzten wir auf das Medium »Tür« und baten die Teilnehmenden, zu Hause zu warten. Vom äußersten Zipfel des Gemeindegebiets aus zog das Leitungsteam »von Tür zu Tür« und sammelte die Gruppe nach und nach ein. Jede und Jeder wurde an der eigenen Haustür abgeholt, dort noch einmal fotografiert und die mitreisende Gruppe, die ja stetig anwuchs, bekam einen ersten Eindruck vom Alltag der Gruppenmitglieder.

Zukünftig hatte man ein Bild vor Augen, wenn es am Ende des Treffens hieß: »Ich

fahr' dann mal nach Hause!« Für das Leitungsteam ergaben sich so unkomplizierte Erstkontakte mit den Eltern. Für die Familien bekam das Team ein Gesicht und das etwas skurrile Vorhaben gewann an Seriosität.

Als die Gruppe im Gemeindehaus ankam, gab es zunächst einen kleinen Imbiss. Das Kennenlernen sollte noch vertieft werden, obwohl schon unterwegs viele Gespräche stattgefunden hatten. Ein Kennenlernspiel zum Anwärmen wurde natürlich unter das Motto »Türen« gestellt.

Ein Spielzettel mit lauter Türen wurde ausgeteilt. In jeder Tür stand eine Bedingung, die ein Mitspieler oder eine Mitspielerin erfüllen musste, um in diesem Feld unterschreiben zu dürfen. »Hier wohnt jemand, der ...« stand als Überschrift über dem Blatt. Auf den Türen fand sich dann u.a: »... der auf mindestens zwei Instrumenten ,Alle meine Entchen' spielen kann«, »... der nicht in Bremen geboren wurde!«, »... der schon mal eine 5 im Zeugnis hatte«; »... der hinter einer weißen Tür wohnt«, »... der der Jüngste unserer Gruppe ist!« usw.
Mit einem Stift in der Hand stürzten sich schon bald alle ins Geschehen und befragten die Anwesenden. Niemand durfte auf dem Blatt eines Mitspielers zweimal unterschreiben. Diese Regel machte es schwierig, alle Felder unterschrieben zu bekommen. Wir hatten jedoch zuvor die BINGO-Spielregeln zugrunde gelegt, so dass immer dann, wenn man 4 Türen in einer Reihe unterschrieben hatte, ein lautes »Bingo!« gerufen werden durfte. Das spornte auch die anderen an, und so lockerte diese Aktion die etwas »stille Anfangsstimmung« schnell auf.

Wieder im Stuhlkreis stellten sich die Mitarbeitenden genauer vor und erzählten vom Zustandekommen des Projekts, von den Rahmenbedingungen und den ersten Ideen. Auf einer Landkarte zeigten wir mögliche Etappen. Auch die Verknüpfung mit der Konfirmandenarbeit wurde erläutert.

Ein erster Schritt in diesem Zusammenhang war das spielerische Kennenlernen der Gemeinde und der kirchlichen Arbeit, zunächst anhand der Räume im Gemeindehaus.

In einem Wettspiel ging es hier von Tür zu Tür! An den Türen hingen kleine Zettel, die über Aktivitäten in diesen Räumen informierten. So erfuhren die Jugendlichen eine Menge von dem, was in so einer Gemeinde die Menschen umtreibt, wer dort arbeitet, welche anderen Gruppen sich regelmäßig treffen, welche Themen im Mittelpunkt stehen. Wieder im Plenum versammelt, trugen wir die Ergebnisse zusammen und systematisierten sie (Themen, Personen, Gruppen, Tätigkeiten). Gemeinde bekam ein erstes »Gesicht«, eigene Vorstellungen konnten bestätigt, überdacht, ergänzt oder auch revidiert werden.

Nach gut zwei Stunden vor Ort ging die Gruppe auseinander. Ein Start war gemacht, und die Lust auf mehr hatte von uns allen Besitz ergriffen.

Vernetzung

Zum Jahresthema TÜREN gestaltete eine andere KU-Gruppe den alljährlichen Reisesegen, einen Abend-Gottesdienst zu Beginn der Ferienzeit. Unter dem Bibelwort: »Klopfet an, und es wird euch aufgetan« waren wir mit gut 200 Menschen versammelt, beteten und sangen. Für die Jugendlichen war dies ein besonderes Ereignis, vor allem, weil im Rahmen dieses Gottesdienstes mehrere Freizeitgruppen in ihre Ferienaktivitäten entsandt wurden. So bekam auch unser Vorhaben Aufmerksamkeit und wurde bemerkt. Es wuchs in »unserer« Gruppe das Bewusstsein von Zugehörigkeit und Zusammengehörigkeit und die Erkenntnis, Teil von etwas Großem, etwas Großartigem zu sein. Im gemeinsamen Sprechen der folgenden Zeilen gewann für uns alle der Reisesegen eine ganz starke und unterwegs häufig erinnerte Tiefe und Bedeutung:

»Gott, segne uns die Erde,
auf der wir jetzt stehen.
Gott, segne unsere Wege,
auf denen wir gehen.
Gott, segne das Ziel, für das wir leben.
Gott, segne die Menschen,
denen wir begegnen, und lass uns
für sie zum Segen werden.
Möge der Weg uns freundlich entgegenkommen, der Wind niemals gegen uns stehen, Sonnenschein unsere Gesichter bräunen, Wärme und Freundschaft uns erfüllen. Der Blick möge sich weiten, damit wir den Bruder und die Schwester nicht aus den Augen verlieren.
Wie der Regen unsere Felder tränken kann, so soll all' das sein, was uns in den kommenden Wochen geschieht, damit in uns Gutes wachsen und reifen kann, Und bis wir alle, du und ich, uns wiedersehn, halte Gott uns schützend in der Hand.«

Die einzelnen Teile des Projektes

Das Gesamt-Projekt »Von Tür zu Tür« umfasste Ferienetappen, zwei Wochenendfreizeiten und ca. 30 Treffen im Gemeindehaus. Die Ferienetappen hatten unterschiedlichen Charakter, vor allem bestimmt durch die gewählte Fortbewegungsart. Aber auch inhaltlich bemühten wir uns, in jeder Freizeit einen »roten Faden« zu verfolgen.

Ferienetappen

1. Ferienetappe: »Überzeugungen / Eigenarten / Bekenntnis«
Im Mittelpunkt der Begegnungen auf dieser ersten Etappe standen Menschen in Bedrängnis, Menschen, die für ihre Überzeugungen oder ihre Zugehörigkeit zu einer bestimmten Gruppe in Schwierigkeiten geraten oder gerieten. Sie führte uns mit dem Rad von Eisenach bis Hannoversch Münden, am Zusammenfluss von Fulda und Werra.

- Wir schauten hinter die Türen der Wartburg und erfuhren von Luthers Zeiten in Bedrängnis.
- Wir übernachteten im Grenzdurchgangslager Friedland in der Kirchenbaracke und lernten Menschen und Schicksale im Zusammenhang mit Flucht, Ausbürgerung oder Übersiedlung kennen. Eindrucksvoll waren die vielen »Mehrgenerationenfamilien«. Insbesondere das Schicksal der deutschstämmigen evangelischen Christen in den Staaten der ehemaligen Sowjetunion ging den Jugendlichen nahe. Für die Konfirmandinnen und Konfirmanden bekam die Frage nach dem »Sich-Bekennen« (auch angesichts von Unannehmlichkeiten) ein ganz neues Gewicht. Parallelen zum Gespräch mit dem Verwalter des Falkhofs in Eisenach, der einiges von der Situation der Christen in der ehemaligen DDR berichtet hatte, drängten sich den Jugendlichen auf. Lange wurde an diesem Abend in Friedland noch geredet.
- In Eschwege hatten wir am Tag zuvor in einer Gemeinde übernachtet, die im sozialen Brennpunkt liegt. Auch diese Erfahrung floss

nun in die Gespräche ein und wurde vor dem Hintergrund von Zugehörigkeit, von Vielfalt der Menschen, Überzeugungen und Bedrängnissen noch einmal neu reflektiert.

- In Hannoversch Münden ergab sich dann durch die zufällige Wahl der Übernachtungsgemeinde eine weitere Facette des Themas. Zweimal fuhren wir an der Evangelisch Reformierten Kirche mitten in der Fußgängerzone der Innenstadt vorbei. Das kann doch nicht möglich sein! Stimmt die Adresse womöglich doch nicht? Wir machten Halt, schauten auf Stadtplan und Karte, kramten noch einmal das Fax mit der Zusage des Pastors hervor, da trat er aus einem der Fachwerkgebäude heraus. Wir waren schon richtig! Aber die Evangelisch Reformierte Kirche hatte in Zeiten der Bedrängnis ein eher verstecktes Krchengebäude gewählt. Hinter der Fassade von zwei Stadthäusern war (»klammheimlich«, wie die Konfirmanden das kommentierten) eine Kirche eingerichtet worden, von außen kaum erkennbar. Lediglich ein Holzschild weist heute auf das Gotteshaus hinter der Fassade hin. Für die Jugendlichen war dieses Ankommen eine ganz neue Erfahrung. Ansonsten ragen die Kirchtürme aus den Dörfern und Städten heraus, weisen weit sichtbar auf die Existenz von Kirche hin. Und jetzt hier ein Gotteshaus im Versteck? Eine gute Gelegenheit, den Begriff »Konfession« einzuführen und zu erklären. Eine gute Gelegenheit aber auch, um der »Luther-Fährte« aus Eisenach ihr reformiertes Pendant an die Seite zu stellen. Auch die Spannbreite von mittelalterlicher Papstkirche an der Macht bis hin zur gläubigen Schar der »Gemeinde im Untergrund« wurde in diesen wenigen Tagen für die Gruppe deutlich.

En passant

Das Übernachten in gastfreundlichen Kirchengemeinden war eines der Wesensmerkmale dieses Projekts (s. KU-Theorie / Gastfreundliche Gemeinde, S. 89ff.). Immer wieder bot sich auf diese Weise aber auch Stoff für Gespräch, für Information, für »Konfirmandenunterricht«, nicht geplant, sondern je nach Haus, Einrichtung, Situation, quasi »en passant«. Da hängt ein Bild im Gemeindehaus, ein 20+C+M+B+07 verwundert den protestantischen Jugendlichen; ein Hungertuch ist auf dem Gemeindebrief abgebildet (»Hä, was ist denn ein Hunger-Tuch?«), im Wochenplan stehen die Blau-Kreuzler, die Frauenhilfe oder das Treffen des Presbyteriums (ein Begriff, den die wenigsten Bremer bislang gehört haben). Auf manchen Kirchtürmen befindet sich ein Hahn. der Fisch am Heck von Pastors Wagen oder ein Bibelwort ist im Balken über der Tür des Gemeindezentrums eingeschnitzt: unendlich viele Anknüpfungspunkte für die Vorbereitung auf die Konfirmation.

2. Ferienetappe: Studierstunden im Focus

Die zweite Etappe war als Wanderung im Oberwesertal (Hannoversch Münden – Höxter) organisiert. Die langsame Form der Fortbewegung und das gute Wetter ließen eine wesentliche Arbeitsform unseres Gesamtprojektes jetzt besonders zu Tage treten: Studierstunden (s. KU-Baukasten / Baustein 9, S. 81ff.). Unter diesem Titel firmierten während der gesamten Reisezeit lange Pausen am Wegesrand, in denen sich Kleingruppen zusammensetzten, um ein Thema zu besprechen. Diese Unterrichtseinheiten entwickelten sich schnell zu einem festen Baustein im Lebensrhythmus unterwegs. Die Kleingruppen blieben während einer Etappe in ihrer Zusammensetzung konstant. Auf jeder Etappe wechselte Zusammensetzung von Kleingruppe und Betreuung. So hatte jede/r der haupt- oder ehrenamtlich Mitarbeitenden im Laufe der Zeit intensive Gespräche mit jedem Konfirmanden und jeder Konfirmandin.

Unterricht in Studierstunden heißt vor allem: Verzicht auf jegliches Material. Und doch ist das nicht die Rückkehr zum Monolog des/der Unterrichtenden, ganz im Gegenteil: Studierstunden verweisen uns in den Dialog.

Zu viert oder fünft im Grünen sitzend, gehen wir von einer konkreten Fragestellung aus, folgen wir einem »roten Faden« oder erörtern Meinungen zu einem vorgegebenen Thema. Aber immer wieder gewinnen solche Studierstunden eine besondere Bedeutung, wenn eine Konfirmandin oder ein Konfirmand unvermittelt eine Frage einbringt. »Sag mal, wo wir gerade über .... reden! Wie ist das eigentlich mit ...?« oder »Ist dir das eigentlich selbst schon mal passiert?« oder »Betet ihr zuhause eigentlich, oder bist du nur hier fromm, wenn du mit uns unterwegs bist?«. Die Jugendlichen nehmen solche besonderen Situationen und ihre Atmosphäre häufig zum Anlass, bestehende Unklarheiten, oder auch ganz neu auftretende Anfragen zum Thema zu machen. Das bestehende Angebot zum Gespräch (eingebettet in eine gute Beziehung) wird genutzt, um über das Thema und darüber hinaus im Gespräch zu sein. Dadurch sind diese Studierstunden immer auch ein interaktives Geschehen, das kaum planbar, aber doch immer gestaltbar ist. Schnell wird den Konfirmandinnen und Konfirmanden klar, dass eine einzige Frage von ihnen selbst dem Gespräch eine komplett

Die Welt ist voller Gelegenheiten, die es zu ergreifen lohnt. Und wer sich mit offenen Augen durch die Welt bewegt, bekommt die Unterrichtsthemen »auf dem Tablett serviert«, oder besser noch: die Jugendlichen fragen nach Deutung, nach Erklärung oder äußern zumindest Verwunderung. Und dann ist von »Bemerken« zu »Verstehen« nur noch ein kleiner Schritt.

andere Richtung geben kann. Sie sind Akteurin oder Akteur in einem gemeinsamen Geschehen.
Als Themen für die Studierstunden in diesem Projekt wählten wir häufig aufeinender aufbauende oder miteinander verbundene Fragestellungen: so z.B. Gott, der Vater / Gott, der Schöpfer / Gott, der Allmächtige, oder die einzelnen Gebote, eine Liste von Tätigkeitsworten nach T. Giesens »Was tun Christen, wenn sie glauben?«[1] oder Wasser- bzw. Weg-/Wandergeschichten.

Treffen im Gemeindehaus und Wochenendfreizeiten

Neben den fünf Ferienetappen bestand das Projekt auch aus einzelnen Treffen im Gemeindehaus, die in der Regel 14-tägig für jeweils zwei Stunden stattfanden, sowie zwei Wochenendfreizeiten mit unterschiedlichem Profil.

Die regelmäßigen Treffen stellten die Kontinuität des Projekts über die lange Dauer hinweg sicher. Um sie bewusst von regulären KU-Treffen zu unterscheiden, wählten wir unterschiedliche Akzente, zwischen denen wir von Termin zu Termin wechselten:

- Treffen, die dem Miteinander, dem intensiven Kennenlernen und der Wertschätzung des/der Einzelnen besonderes Augenmerk widmeten;
- Treffen, die einzelne Themen in den Mittelpunkt stellten;
- Treffen, die das Projekt mithilfe eigener Aktionen bzw. durch die Beteiligung an bestehenden Aktionen mit der Gemeinde und ihren Gruppen verzahnten.

»Mein Tag«

Eine durchlaufende »Reihe« nahm den ersten Akzent auf. Wie schon beim Abholen der Jugendlichen von zuhause, so sollte auch die »Mein Tag«-Reihe, dem besseren Kennenlernen dienen. Die Gesamtgruppe sollte sich interessieren für den/die Einzelne, Einblick bekommen in den Alltag, die Hobbies und Interessen. In loser Folge hatte so jede und jeder einmal »seinen Tag« bzw. »ihren Tag«. Und so vielfältig, wie die einzelnen Gruppenmitglieder waren, so vielfältig und bunt war auch unser Programm an diesen Terminen:

- Wir blickten hinter »Jakobs Tür« und entdeckten im großen Saal Judomatten und seinen Trainer, der mit uns allen eine erste Judo-Stunde absolvierte.
- Mit Anna waren wir einen Nachmittag bei den Pfadfindern.
- Mit Rebecca erlebten wir einen Shopping-Tag in Bremen, der auf besondere Weise gefüllt war: Das Gruppenwettspiel »Karstadt und Kaufhof« hatten wir in eine »Live«-Version überführt.

Bei diesem Wettspiel sitzen normalerweise zwei Gruppen in Staffelreihen hintereinander und bekommen jeweils den gleichen »Einkaufsauftrag«, z.B. Wer besorgt am schnellsten ... einen Apfel, ein grünes Kleidungsstück, einen Gegenstand, der älter als 30 Jahre ist usw. Auf »Los« machen sich die jeweils vorderen SpielerInnen beider Gruppen auf die Suche. Wer zuerst fündig wird und zurückkehrt, bringt seiner Gruppe einen Punkt.

In der Passage zwischen beiden Kaufhäusern schlugen wir unser »Basis-Lager« auf und sandten von dort jeweils einen Spieler oder eine Spielerin jedes Teams in eines der beiden Kaufhäuser. Jetzt galt es ungewöhnliche Aufgaben zu lösen: einen Gegenstand für genau € 2,39 zu kaufen, etwas Goldenes für unter 50 ct zu erwerben, einen Gegenstand für € 1,- zu kaufen und den Verkäufer dazu zu bewegen, mit vor die Tür zu kommen. Ein bestimmtes Produkt zu kaufen und dabei weniger als im gegnerischen Kaufhaus auszugeben, einen Artikel herunterhandeln, einen eben erst gekauften Gegenstand möglichst schnell wieder zurückgeben bzw. umtauschen ... usw.! Neben diesem Wettspiel gab es einen schlaglichtartigen Input, der sich mit der Frage nach Konsum, nach Kaufrausch, nach dem »Ich bin, was ich habe« bzw. »Ich bin, was ich mir leisten kann!« beschäftigte.

Immer wieder waren die Treffen unter dem Motto »Mein Tag« kleine Höhepunkte im Verlauf des Projekts, nicht nur für denjenigen, dessen Tag gerade anstand. Gerade die zunächst mal ganz auf Spaß und auf das Interesse des bzw. der Jugendlichen ausgerichtete Aktion tat dem Gruppenklima gut und ließ sich oft auch als »Begegnung hinter einer Tür« mit einem Gedanken oder einer kleinen Aktion mit der Vorbereitung auf die Konfirmation in Beziehung setzen.

So z.B. als wir für Ännie, die alles sammelt, was mit Kühen zu tun hat, den »Welt-Kuh-Tag« ausrichteten. Einer förmlichen Einladung per Post an alle folgte ein buntes Programm am Gemeindehaus. Mit Kuhschwanzjagen, Milchshakes und Wettmelken, dem Kuhglocken-Orchester und weiteren Spielen bestritten wir den ersten Teil. Als Auszeichnung und Erinnerung erhielt Ännie dann eine goldene Kuh auf einem Sockel. Und schon kurz nach der »Verleihung« gab es den ersten Zwischenruf eines Konfirmanden: »Wie das Goldene Kalb in der Bibel! Oder war das ein Schaf?« Gut, wenn man dann gemeinsam die Geschichte zusammentragen kann. Mit Luthers Satz »Woran du dein Herz hängst, das ist dein Gott« führten wir vom Goldenen Kalb den Gedankengang weiter zu unseren modernen »Götzen«. Ännies Kalb musste kurz herhalten, um mit Stichworten dazu beklebt zu werden. Und da erst zwei Monate zuvor, bei der letzen Reiseetappe, die 10 Gebote im Mittelpunkt standen, gelingt den Jugendlichen dann »fast von alleine« eine Verknüpfung mit dem 1.Gebot. Klingt idealtypisch, war aber so!

Überraschungstüren

So nannten wir bei einem der letzten regelmäßigen Treffen des Projekts eine Aktion, die den Jugendlichen mehr Auseinandersetzung mit sich selbst ermöglichte, mit der Art, wie sie sich sehen und den Optionen, die sie wählten. Hinter 5 Türen des Gemeindehauses hatten wir mit Unterstützung von Gästen jeweils eine kurze Aktion versteckt. Wir teilten die Gruppe in fünf Dreierteams auf, die wir jeweils an einer dieser Türen klopfen ließen. Für 30 Minuten erwartete sie nun etwas eher Ungewöhnliches, denn zu Gast war eine Farbberaterin, ein Boxinstructor[2], ein Crepebäcker, eine Fotografin, ein Schlosser, der zum Schweißen eines eigenen Kunstwerks aus Schrott ermutigte.

Beim Boxinstructor

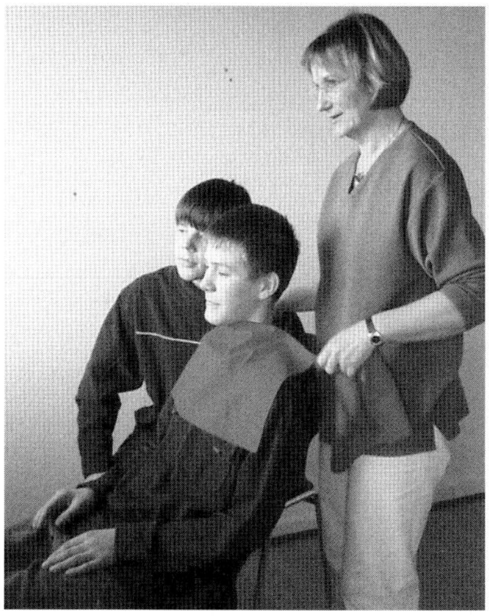
Bei der Farbberaterin

Schweißen mit dem Schlosser

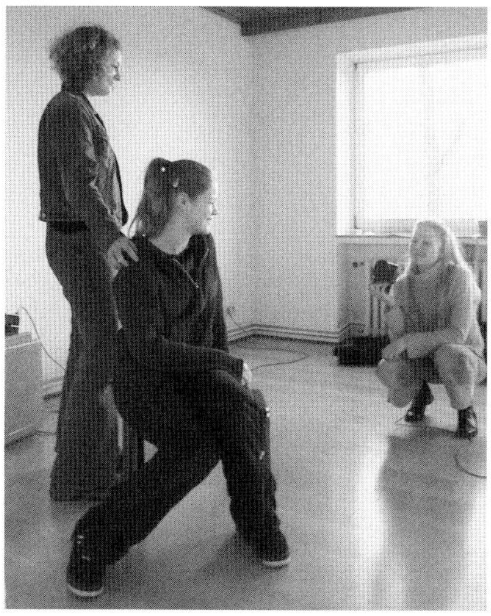
Bei der Fotografin

Die Überraschungstüren entfalteten eine große und nachhaltige Wirkung. Noch in den folgenden Tagen und auf der Abschlusstour wurden immer wieder Einzelheiten daraus berichtet. Im Team führten wir dies auf mehrere Komponenten zurück, die wir zukünftig bei ähnlichen Aktionen bewusster einsetzten:

- **Überraschung**
  Sie macht in hohem Maße aufnahmefähig und präsent.
- **Ungewöhnlichkeit**
  Kein »Ach, schon wieder!« steht dem Mitmachen im Weg.
- **Fremdheit**
  Die Gäste ermöglichen den Jugendlichen das Ausbrechen aus den mittlerweile auch eingefahrenen Strukturen und Rollen innerhalb der Projektgruppe.
- **Betroffenheit**
  An allen Stationen geht es um die Einzelnen, um eigene Empfindungen und Meinungen. Gerade bei der Stilberatung oder der Fotoreihe sind es Menschen von außen, die Interesse zeigen und eine neue Sicht auf die eigene Person anregen

An allen Stationen standen Fragen im Raum, lagen aus oder wurden im Rahmen des gemeinsamen Tuns thematisiert: Wie siehst du dich? Wie würdest du gerne sein? Was hast du schon immer mal tun wollen? Was hindert dich daran? Was gönnst du dir? Wer tut dir gut? Wie reagierst du? Worauf konzentrierst du dich? Eine wichtige »Weisheit des Boxens« lautet: Gib deiner Energie eine Richtung!

An vier Stellen soll gezeigt werden, wie sich die durch die Überraschungstüren initiierte Beschäftigung mit dem Thema »Identität« im Fortgang des Projekts auswirkte.

1. Zunächst ergab sich spontan eine KU-Stunde zum Thema »Namen«. Ein Klingelstreich von zwei Jungen war Ausgangspunkt eines Gesprächs, das am Abend unter Zuhilfenahme des Liedes »Living next door to Alice« und dem Spielen mit Türschildern fortgeführt wurde. Über die Frage nach dem eigenen Namen, der Bedeutung von Namen allgemein (Vornamen, Nachnamen als Familienamen) kamen wir zur Frage nach eigener Identität.

2. Dann organisierten wir einen langen Schreibabend. Jede und jeder schrieb in das Studierstundenheft (s. KU-Baukasten / Baustein 9, S. 81ff.). Zusagen für jede/n Einzelne/n. Zwei Stunden lang kursierten die Hefte, und wir alle mühten uns, Gutes (aber nur Wahres) den Anderen »ins Heft zu schreiben«. Allein die verwendete Zeit, die Mühe, die sich die Jugendlichen gaben, wurde zum Beleg von Wertschätzung.

3. Die Beschäftigung mit der Persönlichkeit, den Wünschen und Träumen der Teilnehmenden mündete in die Suche nach einer passenden biblischen Zusage, nach einem Konfirmationsspruch ein. In den Runden der Mitarbeitenden, des Nachts, wenn die Jugendlichen schliefen, wurde ein Spruch als Vorschlag jeweils ausgewählt, der dann tagsüber beim Wandern erklärt und mit dem oder der Betreffenden beraten wurde. »Findest du dich wieder?«. »Führt dich der Spruch über das Hier und Heute hinaus? Ist er ein Wege-Wort zum Abarbeiten und Sich-Leiten-Lassen?«

4. Aus den Fotos der Fotografin wählten später die Jugendlichen ein Foto aus, das sie für ihre Konfirmationseinladung verwenden wollten (»So möchte ich gerne gesehen werden«). Die Eltern wählten eines aus, das im Konfirmationsgottesdienst groß und gerahmt im Altarraum stand und uns in der Predigt zur Frage führte, wie wir gesehen werden, wie Gott uns sieht.

Biblische Türen und Glaubensbekenntnis

Weitere Treffen dienten vor allem der Vertiefung einzelner KU-Themen mit Methoden, die »unterwegs« nicht oder nur schwer zu verwenden sind. Hier öffneten wir auch symbolisch biblische Türen, waren zu Gast bei Abraham, Isaak oder Jakob. Wir lasen Jesusgeschichten und brachten sie als Puppentheater (Sockenpuppen) – nein: nicht auf die Bühne, sondern »in die Tür«!

Unter dem Motto »Jesus – Gott macht sich auf die Socken zu uns Menschen!« führten die kleinen Teams uns anhand von 15 Szenen durch die wichtigsten Stationen und Geschichten aus dem Leben Jesu. Nach dem aufbrandenden Beifall des Publikums spielten dann die Mitarbeitenden eine Auswahl der Szenen noch einmal und zeigten so, wie wenig vom Leben, Handeln und Reden Jesu Eingang ins Glaubensbekenntnis gefunden hat. Als Geburt, Verhör, Geißelung, Kreuzigung und Grablegung noch einmal »über die Bühne gingen«, begannen wir mit dem gemeinsamen Erarbeiten des Glaubensbekenntnisses.

Während der folgenden Radetappen war das Apostolicum dann Thema in den Studierstunden, die wir mit einem leeren Heft begannen, das sich während der Tage füllte. Auch der Text des Glaubensbekenntnisses, den die Jugendlichen parallel auswendig lernten, wurde so Tag für Tag, zeilen- oder abschnittsweise auf dem hinteren Heftdeckel notiert.

Türen im Advent
Mit einer ganz besonderen »Türen-Aktion« machte die Projektgruppe in der Adventszeit auf sich aufmerksam und interessierte so eine größere Zahl von Gemeindegliedern auch für das Konzept des Projekts »Von Tür zu Tür«.
Es hatte mit einer kleinen Randbemerkung begonnen: »Ich wette«, sagte eine Konfirmandin, »jetzt hab' ich schon mehr Türen während des Projekts irgendwo unterwegs aufgemacht oder besucht, als hier in Lesum!« – Das konnte man ändern!

Die Nähe des Weihnachtsfestes nahmen wir zum Anlass, über Geschenke nachzudenken. In einer Erzählzeit erfuhren wir von den letzten, den tollsten, den überflüssigsten und skurrilsten Geschenken, die wir schon bekommen oder selbst verschenkt hatten. Auf kleinen Zetteln in »Paket-Optik« notierten wir einzeln »Womit ein Mensch beschenkt sein kann«, und weiteten so den Blick über die materiellen Geschenke hinaus. Aus einem großen Sammelpaket heraus wurden die Zettel dann anonym verlesen und auf einer Wandzeitung gesammelt. »Schenken«, so führte dann die Schlussandacht des Treffens weiter, »Schenken ist Antwort auf Beschenkt-Sein!« Wer sich selbst als beschenkt begreifen kann, wird von sich aus und aus vollem Herzen heraus schenken wollen.
Dieses Schenken-Wollen nahm unsere Gruppe dann ganz ernst. Beim nächsten Treffen packten sie 600 kleine Tüten mit Bonbons, goldener Nuss, kopiertem Lesezeichen, Mandarine und Tannenzweig. Zunächst war geplant, diese kleinen Gaben an den Häusern rund um Kirche und Gemeindehaus völlig anonym vor die Türen zu stellen. Als die Verteilung anstand, kursierten aber Tage zuvor bittere Meldungen über Attacken mit Milzbranderregern in Deutschland in den Medien. Damit nicht der Großteil der nettgemeinten Gaben in den Mülleimer wandern würde, wurde schnell noch ein Hinweis auf das »Von Tür zu Tür«-Projekt und die Kirchengemeinde mit in die Tüten gepackt. Und dann, schon spät am Abend, sah man unsere Jugendlichen mit Säcken bepackt, die sie über der Schulter trugen, nach und nach das Gemeindehaus verlassen. Von Tür zu Tür gingen sie und machten »klammheimlich« vielen Menschen eine unverhoffte Freude.

Thematische Wochenendfreizeiten

Ergänzend zu den Wegstrecken und den Einzeltreffen fanden zwei thematische Wochenendfreizeiten in Bremen bzw. einem Tagungshaus bei Bremen statt.

Das **erste Wochenende** stellten wir unter das Thema »Wie sich die Kirche in der Welt einrichtet«. Die Jugendlichen sollten bei einer Radtour kreuz und quer durch Bremen erste Erfahrungen mit gastgebenden Gemeinden sammeln und dabei auch die Vielfalt der Kirchengebäude und der Gemeinden in den Stadtteilen Bremens kennenlernen. Wir besuchten auch kirchliche Einrichtungen oder entdeckten Spuren des Christentums in der scheinbar so säkular geprägten Innenstadt. Ein Nachmittag diente vier Kleingruppen zu einem intensiveren Besuch, einem tieferen Blick hinter eine Tür, die ihnen bislang verschlossen geblieben war. Der Gefängnisseelsorger der Jugendvollzugsanstalt hatte ein Treffen mit inhaftierten Jugendlichen organisiert, die dort nachträglich KU absolvierten. Eine zweite Gruppe war mit dem Seemannspastor im Hafengebiet unter-wegs, während die Gruppen drei und vier den »Bremer Treff« für Obdachlose bzw. die Bahnhofsmission besuchten und dort einen Einblick in deren Alltag nehmen konnten.

Die **zweite Wochenendfreizeit** fand kurz vor der Abschlusstour und der Konfirmation statt. Sie diente dem Erarbeiten der Bedeutungen des Abendmahls. Dabei bereiteten wir auch mit den Jugendlichen den Abendmahlsgottesdienst zum Gründonnerstag vor: Texte wurden verfasst, Aufgaben verteilt. Das Abendmahl sollte zu einem Gottesdienst der Gruppe werden, während die Konfirmation bewusst als Festgottesdienst der Gemeinde gefeiert werden sollte, in dem die Jugendlichen weniger Gestaltende als Empfangende sein sollten. Erstmalig verwendeten wir im Rahmen der Erarbeitung des Themas »Abendmahl« eine Liturgie, die sich an Elementen des Sederabends der jüdischen Pessach-Liturgie orientiert. Das gemeinsame Zubereiten der Speisen, das Decken der Tafel und Eintauchen in die ritualisierte Form des Erinnerns mit ihren Texten, Fragen und Speisen beeindruckte alle. Es half, gedanklich dem letzten Mahl Jesu mit seinen Jüngern nachzuspüren und den historischen Ort der Einsetzungsworte kennenzulernen. Er und die Seinen feierten als Juden ein jüdisches Fest. Jesus nahm Brot und Wein des Sedermahls. Die Evangelien überliefern, wie Jesus den Elementen Brot und Wein und dieser Feier eine andere Bedeutung gab.

Die weiteren Ferienetappen

3. Ferienetappe: (Kl)Osterradtour
Die dritte Ferienetappe »Von Tür zu Tür« hatten wir schon bald als »(Kl)Oster-Radtour« ins Gespräch gebracht, denn außer dem Besuch im Münchhausen-Zimmer in Bodenwerder (s.o.) waren vor allem Klöster Stationen unserer Tour. Kloster Corvey und Kloster Fischbeck passierten wir nur. In Kloster Möllenbeck machten wir für drei Tage Station und nutzten den Ort und seine Ausstrahlung für die Gestaltung »Stiller Tage« (s. KU-Baukasten/Baustein 5, S. 64ff.). Schon unterwegs hieß das Heft der Studierstunden »Brevier«, ein ungewohnter Begriff, dessen Erklärung zu einem ersten Einstieg ins Kennenlernen klösterlichen Lebens und Denkens führte. Für die »Von Tür zu Tür«- Gruppe wurde in diesen Tagen auch die Grundlage für ein eigenes Stück gelebter (Gruppen-)Frömmigkeit gelegt. Die bislang übliche Form des Abendabschlusses (zwei bis drei Lieder, ein kurzer Impuls zu einem Gegenstand oder einem Text, ein Abendgebet oder Abendsegen) wurde in den Stundengebeten aufgenommen und weitergeführt. Die liturgischen Gesänge fanden hier ihren Platz und konnten auf diese Weise von den Jugendlichen erlernt werden. Gerade auch das freie Gebet bzw. das laute Beten eines ausgewählten Textes fand in der Folgezeit Einzug in die Gestaltung weiterer Andachten und Abendabschlüsse.

4. Ferienetappe: Bergen-Belsen, Wind und Wasser
Die vierte Tour erlebten wir zweigeteilt. Zunächst als Wanderung beginnend in Neustadt am Rübenberge bis zur Aller. Wege-Geschichten begleiteten uns. Eine echte Unterbrechung, eine beinahe zeitlose Situation entstand durch den Besuch der Gedenkstätte Bergen-Belsen. Ohne Worte, sprachlos, erwanderten die Jugendlichen und wir uns das Gelände, informierten uns dann im Gedenkstätten-Gebäude noch weiter und sahen einen Film über den Zustand zum Zeitpunkt der Befreiung des Lagers 1945. Eine einfühlsame Mitarbeiterin nahm uns behutsam an die Hand und machte den Besuch in der Gedenkstätte zu einem bleibenden, prägenden Ereignis. Abschließend verbrachten wir lange Zeit im Stillen Raum

des KZ-Geländes, einem Ort des Gedenkens, der durch seine Architektur (alles ist aus den Fugen geraten, schiefwinklig, widersprüchlich) die Besuchenden in seinen Bann zieht. Viele Menschen vor uns hatten Botschaften, Gebete und Gedanken hinterlassen, die nun ihrerseits unsere Jugendlichen zur eigenen Stellungnahme und Verarbeitung ihrer Eindrücke einluden und ermutigten. Die zweite Hälfte dieser Tour führte uns von Winsen/Aller bis Verden im Kanu.

Mitarbeitende in der Arbeit mit Konfirmandinnen und Konfirmanden sollten daher nicht nur organisatorische Kompetenzen haben und an sich entwickeln, sondern vor allem auch die Bereitschaft, sich einer Situation auszuliefern und zu öffnen, sowie moderierend mit ihr umzugehen.

Jetzt waren es nicht mehr so sehr geplante Besuche hinter Türen, die im Mittelpunkt standen. Auch Gemeindehäuser sahen wir kaum noch, denn die Übernachtung in diesen Tagen erfolgte in mitgebrachten Igluzelten. Wind und Wasser, das hautnahe Erleben der Natur und eben auch das Leben draußen, tagsüber wie nachts, prägten unsere gemeinsame Zeit. Das Leitungsteam und auch die Gruppe konnte in diesen Tagen eine bemerkenswerte Erfahrung machen, die sich auf nachfolgende Projekte auswirkte. Jetzt, wo Planung ein Ende gefunden hatte, brachte das Leben die tollsten Erlebnisse mit sich:

- Der Himmel reißt auf, Sonnenstrahlen durchdringen die Wolkendecke, auch irgendwie ein Fenster, eine Tür. Und wir reden bei einem Paddelstop über den Buchtitel »Manchmal ist der Himmel über uns offen«.
- Am Gattertor bei Hudemühlen lehnt ein Schäfer. Wir legen an; staunend über die riesige Herde. Im Gespräch erfahren wir eine Menge über das Leben eines Hirten, der zugegebenermaßen in diesem Falle fast schon ein Weiser war! Abends nehmen wir uns im Abendschluss dann natürlich mal den 23. Psalm vor. So bekommt dieser, anders als zunächst von uns geplant, doch noch seinen Platz im KU-Curriculum; jetzt mit einem gehörigen Schuss an Authentizität.
- Und so wie die recht deutliche Hubhöhe beim Schleusen in Marklendorf uns zum Nachdenken über »Hochs« und »Tiefs« anregte,
- so gelangte auch die Dusche auf dem Campingplatz Rittergut Frankenfeld noch zu besonderen (KU-) Ehren. Den spontanen Ausspruch einer Konfirmandin: »Jetzt brauche ich nichts anderes zum Glücklichsein, als eine heiße Dusche!« griffen wir später beim Sitzen an den Zelten auf, während das Essen vor sich hin kochte. Es entwickelte sich ein Gespräch rund um die Dinge, die uns wirklich wichtig sind. Beim Abendabschluss, nahmen wir Stichworte dazu wieder auf und entdecken die Parallelen im »Vater

unser« wieder: Was nicht so alles »täglich Brot« für uns sein kann.
Mithilfe eines Wolkenbruchs, eines Schäfers, einer Schleuse und der Tür zum Duschraum auf einem Campingplatz lernten wir eine Menge über »Dinge, die sich fügen«.
Dem Team erwuchs durch diese Erfahrungen eine gewisse Gelassenheit bei der Planung der nächsten Tour. Sie tat auch weiteren Projekten gut. Nicht alles müssen wir erdenken, aber es ist gut, offen und sensibel für das zu sein, was uns geschieht. John Lennon's Erkenntnis ist mir seither besonders wertvoll: »Life is, what happens to you, while you are busy making other plans!«

Endphase

In der Endphase des Projektes durchwachten wir in unserer Kirche die Osternacht und feierten im Osterfrühgottesdienst unter dem Thema »Von der Finsternis ins Licht« die Taufe von zwei Konfirmanden. Auch aus anderen Gruppen wurden Jugendliche an diesem Ostermorgen getauft, so dass der große Saal beim anschließenden Osterfrühstück gut gefüllt war. Unsere Gruppe konnte gemeinsam mit vielen anderen den Ostertag beginnen.
Die Abschlusswanderung führte uns – schon ganz in heimatlichen Gefilden – von Verden bis nach Bremen-Lesum. Eine besondere Begegnung dabei war ein großes Essen unter freiem Himmel, das eine ältere Dame für uns ausrichtete.

Morgens in Verden, in der katholischen Messe der Pfarrei, die uns beherbergt hatte, sprach sie uns an. Die Jugendlichen erzählten vom Projekt, sie war begeistert und interessiert und fragte nach, wohin es denn heute gehen würde. Schnell war klar, dass nur ein kleiner Umweg uns direkt vor ihrer Haustür vorbeiführen würde. So lud sie uns ein, und wir versprachen, so gegen Mittag mal vorbeizuschauen. Mit frisch gebackenem Brot, Kuchen, Obst, Saft, kleinen Speisen und Leckereien hatte sie bei unserem Eintreffen einen großen, alten Holztisch im Garten zum Buffet umgewandelt. Da fiel uns die Dankbarkeit nicht schwer und Eva-Maria wurde sogleich zum Mitfeiern des Konfirmationsgottesdienstes am kommenden Sonntag in Lesum eingeladen.

Gesättigt, gerührt und dankbar zogen wir weiter, noch fünf Tage lang, bevor wir endlich, nach vielen hundert Kilometern und vielen, vielen Tagen und Begegnungen, die Lesumer Kirche erreichten. Eine Konfirmandin schreibt darüber im Projekttagebuch:

»Die Wanderung war echt ein Klacks (jedenfalls im Gegensatz zu anderen Wanderungen). Aber die Betreuer mussten sie ja noch unbedingt verlängern, und so machten wir einen riesengroßen Umweg, nur um genau von hinten an die Kirche zu treffen. Niemand ahnte was Böses, aber als wir die hintere Kirchentüre öffneten, kam uns ein großer Feuerball entgegen: die ganzen Eltern saßen da und schauten uns an! Ich fand, dass es eine schöne Überraschung war. Nachdem wir getrunken und gegessen und uns unterhalten hatten, machten noch einige Leute Fotos und alle Mädchen heulten. Echt, warum heulten die denn? Wir sehen uns doch noch dreimal! Echt, nee ... Das war eine schöne Abschlussfreizeit!«

Fazit: Und danach?

»Von Tür zu Tür« war das erste Projekt im Rahmen der Jugendarbeit in St. Martini Lesum, das auch zur Vorbereitung auf die Konfirmation genutzt werden konnte. Aber nicht alle Jugendlichen, die dabei waren, ließen sich konfirmieren. Das war Bestandteil des Konzeptes. So konnte der Konfirmationsgottesdienst, auch wenn er ein Höhepunkt im Spannungsbogen des Projektes war, nicht den Schlusspunkt setzen. Am 1. Mai trafen sich alle Familien zum großen Abschlussfest des Projektes. Alle brachten etwas Leckeres mit. Die Konfirmandinnen und Konfirmanden hatten ein paar Überraschungen für das Team im Gepäck, das seinerseits für Spiel und Spaß an diesem Nachmittag gesorgt hatte. »Von Tür zu Tür« ging so zu Ende, wie es während der gut zwei Jahre verlaufen war: abwechslungsreich, bunt und geprägt durch die Begegnungen mit Menschen in guter Atmosphäre. Viele der Konfirmandinnen und Konfirmanden des Projekts sind später in St. Martini aktiv geblieben, als Teilnehmende von Projekten und anderen Angeboten, oder sogar als Ehrenamtliche in der Kinder- und Jugendarbeit. Ein Satz von André Gide, der die letzte Seite des Projekt-Tagebuchs ziert, hat sich damit auch für uns bestätigt:

Es ist ein Gesetz im Leben:
Wenn sich eine Tür schließt,
öffnet sich dafür eine andere!

Anmerkungen

1. Traugott Giesen, Was tun Christen, wenn sie glauben. 10 Antworten, Gütersloh 1988
2. Pädagogische Zusatzqualifikation aus der Arbeit mit Jungen, nähere Informationen: www.forju.de

jederMANN 10 - 100

Konfirmandenarbeit im Rahmen eines altersgemischten Projekts mit Jungen und Männern

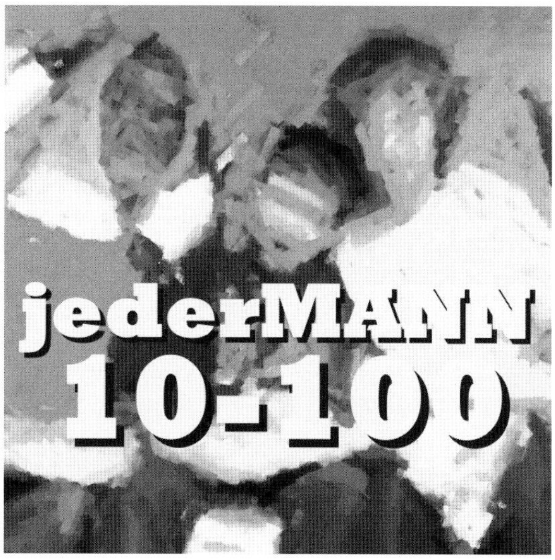

Vorlauf

Jahr für Jahr bietet unsere Kirchengemeinde Vater- und Sohn-Projekte an. Väter rücken so auch als Teilnehmer in den Mittelpunkt und finden nicht nur über ihre Rolle als Eltern eines Kindes oder Jugendlichen einen Platz in den Aktionen und Angeboten. Diese Projekte orientieren sich häufig am Jahresthema der Gemeinde oder stellen spezifische Aspekte des Miteinanders von Vätern und Söhnen bzw. der Rolle als Junge oder Mann in den Mittelpunkt. In allen Projekten ist Handlungsorientierung ein wichtiges Prinzip: Gemeinsam wird gereist (Wandern, Radtour, Floßfahrt, Kanu), etwas hergestellt (Floß, Tipi, Kanu) oder ein Vorhaben im Austausch der Generationen entwickelt. Es ging um Fragen von Identität (»Heute back' ich, morgen brau' ich ...- Zur Macht der Namen«), um Vorbilder bzw. Männer-Rollen (z.B. »Clowns und Helden«), Initiation (»Nacht des Feuers«), Zusammenleben der Generationen (»jederMANN 6-60«), beste Freunde (»Blutsbrüder – Männer können (mehr) als Freunde sein«) oder Mut und Risiko (»Ein ganz normaler Held«).
Auf diesem Hintergrund entstand die Idee, die Arbeit mit Vätern und Söhnen zur Vorbereitung auf die Konfirmation zu nutzen. Ein Vorbereitungskreis (drei Konfirmierte, ein Vater, der Diakon) hatte folgende »Vision«: Jede Altersgruppe kann einen spezifischen Beitrag zur Vorbereitung auf die Konfirmation leisten. Die Männer bringen ihre Lebenserfahrung, ihre eigene Auseinandersetzung mit dem Glauben, ihre altersbedingte Autorität und »Distanz« zu den Jugendlichen mit. Die schon Konfirmierten haben noch Kontakt zur Lebenswelt der Konfirmanden, sprechen ihre Sprache, sind in Glaubensfragen eher skeptisch bis fragend. Ihre eigene Konfirmandenzeit ist vielleicht ein eher inselähnlicher Kontakt mit christlicher Lebenspraxis geblieben; aber sie sind der Gemeinde treu, engagieren sich ehrenamtlich in Projekten der Kinder- und Jugendarbeit, kennen sich da aus und betrachten Gemeindehaus und Kirche als Lebensort. Die 10 -12-Jährigen wären gerne schon älter ...! Ein wenig neidisch blicken sie auf die Konfirmanden, die nur wenig älter sind als sie und nun im Mittelpunkt des Projektes stehen. Aber sie haben auch Anfragen an die Älteren. Sie stecken noch in ihren eher kindlichen Glaubensvorstellungen. Das prägt ihre Anfragen, ihre Sicht der Dinge. Aber sie wollen wissen, was die Älteren, die Konfirmanden da machen und besprechen. Die Konfirmanden sollten von der Interaktion »unter Männern« profitieren, themenbezogen, geistlich, menschlich.
So sah die erste Ideensammlung zu den Altersgruppen und ihrer Rolle im Gesamtprojekt aus. Nach diesen ersten Treffen entstand die Grobstruktur des Vorhabens und die Ausschreibung konnte erfolgen: 10 Konfirmanden sollten von Männern und Jugendlichen zwischen »10 und 100« eineinhalb Jahre auf die Konfirmation vorbereitet werden. Es war uns klar, dass dieses Vorhaben eine Gratwanderung der besonderen, aber eben auch der besonders interessanten Art werden würde: Obwohl die Vorbereitung auf die Konfirmation erklärtes Herzstück der gemeinsamen Zeit sein würde, sollte jede Altersgruppe auf »ihre Kosten« kommen, sich wertgeschätzt fühlen und nicht nur als »Mittel zum Zweck«.

Angemeldet haben sich 5 »Kurze« (Jungen von 10 -12), 8 Konfirmanden, 5 Konfirmierte (15-20), 6 Männer, sowie ein Vater und der Diakon, die gemeinsam mit den konfirmierten Jugendlichen die Leitung des Projekts wahrnahmen, insgesamt also eine bunte und interessante Mischung, die sich die Vorbereitung der 8 Konfirmanden als gemeinsame Aufgabe im Rahmen ihres Projektes auf die Fahne schrieb. Für die Konfirmanden ergaben sich innerhalb der 1,5 Jahre des Projekts folgende (thematische) Phasen, in denen die anderen Altersgruppen jeweils unterschiedlich beteiligt waren (vgl. Tabelle am Ende des Berichts):

1. Kennenlernen (sich, die Gruppe und biblische Männergestalten)
2. Gott und Götter (Spielaktion und Beschäftigung mit biblischen Bildworten zu Gott)
3. Biblische Grundlagen, Arbeit an/mit biblischen Texten
4. Wo führt dieses Projekt hin (Besuch der Konfirmation der Vorjahresgruppe, Abendmahlsbrot)
5. Erlebnisse haben Folgen (Gottesdienst, Gemeinde, Kirchenraum, Kirche als Institution)
6. Jesus Christus (Lebensweg, Gedanken, Worte, Taten, ...)
7. Gottesdienst und Gebet (Klostertage)
8. Projektzeit (Verzahnung mit anderen KU-Gruppen und den Bereichen der Gemeinde)
9. Wie wir leben sollen (10 Gebote als Tischgruppenthema) und Seligpreisungen)
10. Was glaubst denn du? (Befragung durch die »Kurzen« und Gespräche am Rande der Tischgruppen)
11. Osternacht durchwachen / Taufen
12. Nacht des Feuers (Rituale, Zusage/Zuspruch, Initiation)
13. Konfirmationszeit
14. Sommertour des Projekts (Abschluss, »Der kleine Prinz«, ...)

Alle in dieser Unterrichtseinheit beschriebenen Arbeits- und Anschauungsmaterialien befinden sich auf der dem Heft beiliegenden CD-ROM im Verzeichnis zu diesem Artikel. Die meisten Dateien lassen sich bearbeiten.

KU-Praxis 53, S. 17 – 26

Die Phasen des Projekts

1. Kennenlernen – Mein Typ in der Bibel

Es gab zu Beginn so vieles kennenzulernen: Jeder Einzelne sich selbst, die anderen Teilnehmer, die Altersgruppe, das jeweils Spezifische der anderen Altersstufen, die Strukturen des Projekts und jeder ein wenig von Bibel und biblischen Männergestalten. So lautete unsere Zielsetzung für das erste Treffen der 24 Teilnehmer. Für 3 Stunden luden wir an einem späten Sonntagnachmittag alle Jungen und Männer in das Gemeindehaus ein.
Über dem Eingang prangte die »100« als zentrale Zahl im Projekt. Beim Eintreffen erhielt jeder ein Namensschild und zog eine Zahl zwischen 10 und 100 aus dem Hut, die als Aufkleber direkt neben dem Namensschild am Pullover ihren Platz fand. Kurz sammelten wir Bezeichnungen von Jungen und Männern (Knaben, alte Knacker, Kerle, Knirpse, Jungs, Bengel, Macker, Buben, Herren etc.) und wählten 5 aus, um damit eine abgewandelte Version des »Obstkorb«-Spiels zu spielen.

Einer hat keinen Platz und steht in der Mitte. Er ruft eine oder mehrere Personengruppen auf, die dann ihren Sitzplatz wechseln müssen. Im allgemeinen Platzsuchen findet auch der Spieler aus der Mitte einen Platz (meistens...) und ein anderer Spieler ruft die nächste(n) Personengruppe(n) auf. Bei »jederMANN« wechseln alle den Sitzplatz.

Am Ende der Spielerunde saß die Gruppe bunt durcheinandergewürfelt im Kreis. Man hatte sich bewegt, gelacht, schon mal ein wenig Körperkontakt aufgenommen. Jetzt war Gelegenheit, einander ausführlicher zuzuhören.

Jeder Junge, jeder Mann stellte sich kurz mit Namen und Alter vor und zog dann aus einem Hut eine Aktion, die nun mit seiner Zahl in Verbindung gebracht wurde. Die Aktion wurde direkt in die Tat umgesetzt. So konnte der Eine oder Andere z.B. 10, 29, 46, oder gar 100 Mal Seilspringen, Dinge aufzählen, die für dieses Alter typisch sind, eine Apfelschorle im Mischungsverhältnis 1: n serviert bekommen, die Zahl aus den Körpern der Anwesenden auf dem Boden auslegen müssen, in n Tagen eine Postkarte mit den Unterschriften aller geschickt bekommen, den jeweiligen Psalm vorlesen, oder gar so viele Euros überantwortet bekommen, um damit auf der ersten Freizeit eine Gruppenaktivität zu ermöglichen.

In einer zweiten Runde nahmen wir die Altersmischung, sprich die einzelnen Lebensabschnitte, genauer unter die Lupe.

Als »Opa« trat einer der ehrenamtlichen Männer auf. Zu seinem Hundertsten wünschte er sich eine kleine Dia-Vorführung, die wichtige Etappen seines Lebens noch einmal Revue passieren lässt. Wir teilten die Gruppe in kleine Teams, die jeweils einen Augenblick, einen wichtigen Moment zugelost bekamen. Man ging auseinander, um ein ‚Standbild' dazu zu entwerfen, also eine eingefrorene Szene, die für sich spricht.

Opas Diavortrag: 10 Dias aus 100 Jahren / JOACHIM's HUNDERTSTER
5 Kleingruppen spielen je 2 Szenen auf der Bühne / mögliche Themen:

1. Mein 4. Kindergeburtstag (1910)
2. Sportfest in der Schule
3. Abschlussball in der Tanzschule
4. Wilde Parties und erste große Liebe
5. Der schönste Tag in unserem Leben
6. Familienurlaub
7. Meine Konfirmationsfeier zu Hause
8. Ich werde getauft
9. Ein Foto aus meinem Arbeitsalltag
10. Freizeitspaß mit 50
11. Die Enkel zu Besuch
12. Alltag im Altenpflegeheim

Nach kurzer Vorbereitungszeit trafen sich alle im Saal. »Opa«, mit grau getönten Haaren und vom Diakon im Rollstuhl in den Saal gebracht, wurde begeistert begrüßt, »Viel Glück und viel Segen« angestimmt, und Opa selbst richtete ein paar Worte an alle Gäste, bevor es im Saal dunkel wurde. Auf der Bühne war die Leinwand vorbereitet; ein Diaprojektor (ohne Bild) lieferte das Licht für die Szenen. Ein Erzähler geleitete uns durch Opas bewegte Lebensjahre. Immer wieder gab es dazu dann »ein Dia« zu sehen. Dafür baute sich das jeweilige Team leise im Dunkeln vor der Leinwand auf und die Szene »fror« ein. Jetzt beleuchtete der Projektor die Szene und die »Diavorführung« konnte weitergehen.

Nicht nur für »Opa« wurde die Bandbreite, die Varianz eines Lebens besonders deutlich. Gerade auch die jüngeren Jungen bekamen ein Gespür für Hochs und Tiefs im Laufe eines Lebens. Mancher Junge beugte sich zu seinem Vater rüber und fragte nach: »War das bei dir auch so?« Fürs später zu druckende Projekttagebuch wurden die Standbilder mit einer Digitalkamera festgehalten.
Nach dieser Aktion lud ein kleiner Imbiss zur Pause und zum lockeren Weiterreden über die gesehenen Szenen ein.
Im abschließenden letzten und dritten Teil des Treffens ging es dann inhaltlich um Männerrollen.

Als Grundlage dienten uns dabei beschreibende Texte einer EKD-Homepage[1], auf der sich biblische Männertypen nachlesen lassen. Die Texte zu Mose, David, Johannes dem Täufer, Paulus, Josef und Jakob hatten wir ausgewählt und in kurze Texte zur Selbsteinschätzung umformuliert (**M 1**). Der Tonfall sollte dabei an Typentests in Illustrierten erinnern. In der großen Runde wurden die Texte zunächst laut vorgelesen und dann im Raum verteilt ausgehängt. So konnte jeder Junge, jeder Mann, nach und nach für sich die Personen kennen lernen. Das Ziel war, ›seinen‹ Typ in der Bibel zu entdecken.

Nachdem sich alle entschieden hatten, fanden sich die Männer und Jungen in den jeweiligen Typen-Gruppen zusammen und tauschten sich kurz aus. Vor allem ging es in dieser Phase darum, sich nochmals intensiver kennen zu lernen und sich dabei in Bezug zur biblischen Person zu setzen. »Ich bin in dieser Gruppe, weil ...«, »Mir ist Mose am ähnlichsten, denn ...« usw.; in solchen Sätzen fanden die Kleingruppen-Teilnehmer nach und nach mehr über einander, über sich selbst und natürlich über die biblischen Männergestalten heraus.
Hier endete unser erstes Treffen. Die geleisteten Vorarbeiten und Vorüberlegungen bildeten im nächsten Block, der Harzfreizeit, die Grundlage für die inhaltliche Arbeit.

Bei sonnigem Wetter verbrachten wir mit allen Jungen und Männern vier Tage Ende Januar im verschneiten Harz. Das Leben im Selbstversorger-Haus tat der Gemeinschaft gut und die Gruppe fand so, gleich zu Beginn der Projekt-Zeit, zusammen.
Inhaltlich griffen wir den roten Faden des Auftakttreffens zu Männertypen wieder auf. Am ersten Abend saßen die »Typen-Gruppen« zusammen und erzählten noch einmal intensiver von sich. Dazu hatte jeder einige Fotos aus unterschiedlichen Lebensabschnitten von sich mitgebracht. So fanden wir wieder hinein ins Thema und konnten am nächsten Tag mit der Arbeit an biblischen Texten beginnen. Voran ging natürlich ein Rodeltag, nach dem dann alle am Nachmittag wieder in ihre Gruppen gingen.

Ein Vater berichtet kurz und knapp von diesem Tag im Projekt-Tagebuch:

»Heute Morgen, nach dem Aufstehen, sind wir alle zu einer Erkundungstour durch Hohegeiß aufgebrochen. Das tolle Wetter mit Sonne satt, ca. -4° Grad und wunderbar klarer Luft wird in vollen Zügen genossen. Leider ist der Rodelberg so weit weg, dass wir alle entscheiden, das nächste Mal, wenn überhaupt, nur mit dem Auto dorthin zu fahren. Nach drei Stunden Wanderung ging es zurück in unser Heim, wo wir von den Bäckern aus unserer Gruppe mit neun Blechen Pizza verwöhnt wurden.
Reinhard und ich ziehen uns erst mal in unsere Gemächer zurück, um gut gelaunt, gegen 16.00 Uhr zu unserem Mosesteam zu stoßen. Die Rolle von Moses in der biblischen Geschichte näher zu erforschen, auf Bilder einer Digitalkamera zu bannen und später mit Hilfe eines Bildbearbeitungsprogramms zu verfremden, war die Aufgabe für die Gruppe.[2]
Ein nicht ganz einfaches Unterfangen in einer Gruppe mit lauter Führungspersönlichkeiten (typisch Mose eben!), im Schnee die Teilung des Meeres bei abnehmendem Licht darzustellen. Ein Mose färbte den Fluss rot und nahm anschließend die Tafeln mit den 10 Geboten am Berg Sinai entgegen. Abschließend schlug ein weiterer Mose Wasser aus einem Stein. In die Moderne wurde das ganze mit Hilfe einer Bildbearbeitungssoftware (gekreidet, kontrastiert und die Farben verändert) gebracht. Siehe hierzu vor allem »unser« Buch: »Gottes tolle Typen« – Konfirmanden entdecken biblische Männer. (**LM 1**)
Dann haben wir erst mal viel gesungen. Das habe ich schon lange nicht mehr gemacht, bevor ich in dieses Vater – Sohn Projekt gekommen bin. Es gefällt mir ausgesprochen gut.
Nun sitze ich hier, satt, gut gelaunt, entspannt und warte auf die Präsentation unserer und der Bilder der anderen Gruppen, bevor es nach einer kurzen Nachtwanderung (ein gigantischer Sternenhimmel erwartet uns, weil die Luftfeuchtigkeit bei mindestens -12° Grad sehr niedrig ist und der Harz ja ein Gebirge ist, d.h. »man ist dem Himmel näher«) zum Abschluss des Abends zur Aufarbeitung von Lebens- und Erziehungsfragen im Kreis der Väter kommt.«

Als Material hatten die Gruppen Texte aus der Neukirchener Erzählbibel bekommen. Die Erarbeitung der Texte, Festlegung von Fotomotiven für die »Bildergeschichte zur Person« und letztlich das Fotografieren und Bearbeiten nahm ca. vier bis fünf Stunden in Anspruch.
Noch am selben Abend konnten die Ergebnisse präsentiert werden. Für das später erscheinende Bibel-Bilder-Buch (**LM 1**), das ein Beitrag der Konfirmanden unserer Gruppe zum Wettbewerb »Spurensuche« der Stiftung Bibel und Kultur wurde, schrieben die Konfirmanden später die Bildtexte. Sie erzählten die biblischen Geschichten der Männer in ihrer eigenen Sprache und aus ihrer persönlichen Sicht.

2. Gott & Götter (Spielaktion auf der Harzfreizeit)

Im Rahmen der Harzfreizeit wurde ein zweiter Themenbereich des Konfirmandenjahrs begonnen. Der letzte Abend bildete den spielerischen Einstieg. Zum Thema Gottesvorstellungen hatten wir lange nach einem Start gesucht, der alle Altersgruppen mit einbezog und nach der sehr dichten Arbeit an den biblischen Männertypen einen eher lockeren, unterhaltsameren Abend versprach. Auf der anderen Seite sollte das Thema damit »aufgemacht« werden, und die Konfirmanden sollten trotz des »witzigen Rahmens« Meinungen, Einschätzungen, Statements der anderen Jungen und Männer zum Thema »Gottesvorstelllungen/ Götter« mit in ihre Weiterarbeit in den KU-Treffen nehmen können. Wir entschlossen uns, ein szenisches Spiel, ein Planspiel mit Rollen aus der griechischen Götterwelt zu versuchen. Die Rollenbeschreibungen bedienten durchaus Klischees; wir trauten den Jungen und Männern aber genügend Sensibilität zu damit umzugehen, was sie auch taten!

Am Nachmittag sammelten sich alle im Seminarraum und nahmen Kenntnis von folgendem Spiel und seinen Rollen bzw. Arbeitsaufträgen:

Griechisches Götterspektakel auf dem Olymp
Im Götterhimmel der alten Griechen ist die Hölle los!
Kaum ist die kleine Athene aus den Windeln raus, entwickelt sie sich in Riesenschritten zu einer wehrhaften Göttin, die sich ungern sagen lässt, was zu tun ist. Immer wieder muss Götter-Mama Hera ihre Geduld zusammennehmen oder Göttervater Zeus mit Handyentzug und Götterdämmerung drohen.
So ist das, wenn die Brut in die Jahre kommt.
Doch die momentane Krise stellt alles in den Schatten, was bislang dagewesen ist.
Zur Schadensbegrenzung sind Hera und Zeus auf den Trichter gekommen, der guten Athene ein wenig Abwechslung zu gönnen. Sie machen sich auf die Suche nach dem Mann fürs Götterleben, dem man neben der Hand jener schlagfertigen Tochter als Bonus sozusagen einen Platz im Götterhimmel auf dem Olymp anbieten möchte.
Noch ahnt Athene nichts von dem heranziehenden Hochzeitsereignis, doch noch heute soll ihr reiner Wein eingeschenkt werden.
Und bevor das Ganze zum Fiasko wird, haben Hera und Zeus alle Hebel in Bewegung gesetzt, damit Nägel mit Köpfen gemacht werden können: Zwei Freier stehen bereit. Das Auswahlprozedere wurde in Auftrag gegeben. Die Trauzeremonie ist vorbereitet. Und auf dem Olymp hat man die Sitzgelegenheiten ein wenig zusammengerückt, damit ein weiterer Götterthron Platz findet.
Doch nun lasst uns sehen, was der Abend bringen wird ...

Rollenverteilung und Aufgaben **M 2**.

Zur Weiterarbeit am Thema Gottesvorstellungen nutzten wir später einen regulären KU-Termin, bei dem biblische Bildworte für Gott im Mittelpunkt standen. Ein erster Blick in das apostolische Glaubensbekenntnis ergänzte diese Arbeit.

3. Bibel und Bibelüberlieferung

Die Arbeit an biblischen Texten war innerhalb des Projekts nun schon einige Male vorgekommen, so dass wir uns im nächsten Projekt-Abschnitt, der an drei der regulären Unterrichtstreffen der sieben Konfirmanden stattfand, den Fragen nach Bibel und Bibelsystematik, nach dem historischen Bezug der Texte und dem möglichen Umgang mit ihnen widmeten.

Die Jungen erhielten zunächst ihre Bibel, die unsere Gemeinde jedem Konfirmanden schenkt, und lernten in unterschiedlichen Schritten den Umgang mit ihr. Wir lasen die beigehefteten Textseiten der Bibelausgabe, übten das Auffinden von Textstellen, formulierten Kurzbeschreibungen der einzelnen Bibelbücher (Worum geht es hier?) und suchten nach einem inhaltlichen roten Faden in der Bibel (Mit wem/ an wem handelt Gott hier?).
Das Team der älteren Jugendlichen spielte eine kurze Szene aus dem Alltag (»In einem Zugabteil«) vor, die von jedem der Konfirmanden »für die Nachwelt schriftlich überliefert werden sollte«. Während der Szene machten sich die Jungen Stichworte und formulierten ihre Berichte dann aus. Wir verglichen die Ergebnisse. Eine Auswertungsrunde spitzte die Beobachtungen an den recht unterschiedlichen Texten zu ein und derselben Szene dann zu: Obwohl alle dasselbe beobachteten, unterschieden sich die Berichte in Wortwahl, beschriebenen Einzelheiten, Interpretationen und versteckten Deutungen, Sprachstil usw.!
An einem weiteren Termin arbeiteten wir dann an vier fiktiven Zeitungsberichten eines Endspiels im Rahmen der Fußballweltmeisterschaft der Frauen (**M 3**). Das Thema inspirierte die Jungen und machte Spaß am Erarbeiten der teilweise recht pointierten Berichte. Schnell wurde klar: Was wir lesen können, hängt von einigen Faktoren ab:

- Wer schreibt?
- Für wen?
- Wann?
- Wo?
- Mit welchem Ziel, welcher Intention?
- usw.

Nun war es nur noch ein kleiner Schritt, das erworbene Wissen auf die biblischen Texte zu übertragen. Matthäus, Markus, Lukas und Johannes (als »Pappfiguren«) halfen uns, der Unterschiedlichkeit der Evangelien beizukommen (Wer schreibt? Für wen? Hat er selbst beobachten können? Welche Quellen nutzte er? Was war ihm wichtig? Was war seine Intention? Was war sein »Schreibstil«?)

Der eher biblisch geprägte Projektabschnitt von jederMANN 10-100 fand seinen Abschluss im Erarbeiten der Texte zum Bibel-Bilder-Buch »Gottes tolle Typen« (**LM 1**), das die verfremdeten Fotos der Harztour mit den anderen Jungen und Männer in den richtigen Zusammenhang stellte und kommentierend die Geschichte der jeweiligen Bibeltypen präsentierte.

4. Wo führt dieses Projekt hin? (Besuch der Konfirmation der Vorjahresgruppe, Abendmahlsbrot)

Mittlerweile hatten die sieben Konfirmanden des Projektes und die drei jungen Männer, die als Ehrenamtliche auch bei den regelmäßigen KU-Treffen mitwirkten, alle Arbeitsformen von »10-100« einmal kennengelernt: die jederMANN-Treffen mit allen Jungen und Männern, Freizeitblöcke und regelmäßige KU-Treffen (14-tägig, ca. 2 Stunden). Die Idee, im Rahmen eines Vater- und-

Sohn-Projekts die Konfirmation vorzubereiten, hatte Gestalt angenommen. Uns erschien es nun an der Zeit, vorauszuschauen und den Jungen das Thema »Konfirmation« näher zu bringen, ihre Vorstellungen und Erwartungen kennenzulernen und sie zueinander in Beziehung zu setzen.
Da in unserer Gemeinde üblicherweise das Abendmahl einer Konfirmandengruppe nicht im Konfirmationsgottesdienst gefeiert wird, sondern am Vorabend, sind Abendmahl und Konfirmation in der Wahrnehmung der Jungen und ihrer Familien zwei Ereignisse, auf die das KU-Jahr zuläuft. Um beiden gerecht zu werden, stellten wir sie in den Mittelpunkt von zwei unterschiedlichen Aktionen des jederMANN-Projekts.
Zunächst versammelten wir uns mit allen Jungen und Männern am alten Steinbackofen, der hinter unserem 2. Gemeindezentrum auf dem Lande steht. Ein Backtag war angesagt! Viele kleine Arbeitsteams bereiteten dafür alles vor. Der Ofen wurde angeheizt, Bleche und Brotschieber geschrubbt, Teig für Brot, für Pizza, für Butterkuchen und Blumentopfbrote (kleine Brote, die in einem Tontopf gebacken und gelagert werden) hergestellt.

Und dann, nachdem der Ofen ausgeräumt und gereinigt war, wurden nach und nach mit abnehmender Hitze alle Köstlichkeiten gebacken und z.T. direkt danach verspeist. Ein schöner, leckerer Nachmittag, der im Besuch eines Abendmahlsgottesdienstes mündete. Für die Konfirmandengruppe, die dort mit ihren Familien feierte und natürlich auch für unsere Gruppe, die den Gottesdienst mitgestaltete, war am Nachmittag auch Abendmahlsbrot gebacken worden, das nun, auch in der Predigt, im Mittelpunkt stand. Die Hinführung zum Abendmahl, die in diesen Gottesdienst eingebettet war, griffen wir später im KU -Treffen mit der Kleingruppe wieder auf und erarbeiteten so mögliche Bedeutungen und biblische Bezüge des Abendmahls. Vertieft werden sollte dieses Thema später auf zweierlei Weise: Zum einen in einer Mahlfeier mit Elementen vergleichbar der Tradition der jüdischen Sederfeier im Rahmen der Osternacht 2007 und zum anderen in einer thematischen KU-Einheit, die kurz vor der Konfirmation unserer Gruppe stattfinden sollte.
Gemeinsam besuchten wir, gut drei Wochen später, die Konfirmation einer Gruppe des Vorgängerjahrgangs und klärten in einem Gottesdienstnachgespräch Fragen zum Gottesdienstablauf, aber vor allem auch, was die Konfirmanden durch Predigt, Rituale und Abläufe über Konfirmation in dem mitgefeierten Gottesdienst erfahren und verstanden hatten. Welche Botschaft kam an, welche Worte tauchten immer wieder auf und scheinen mit der Bedeutung von »Konfirmation« in Beziehung zu stehen? Einige Themen des Nachgesprächs gingen dabei auch direkt in einen Ausblick und in Wünsche über: Wie soll das bei unserem Konfirmationsgottesdienst sein? Wie beziehen wir die anderen Jungen mit ein? Und die Männer? Wie finden wir Formen, die »für sich sprechen«?

5. Erlebnisse haben Folgen (Gottesdienst, Gemeinde, Kirchenraum, Kirche als Institution)

Im weiteren Verlauf des Projektes nutzten wir einen Abend mit der Gesamt-Projektgruppe, um in das Thema »Erlebnisse haben Folgen« (s. S. 5ff.) einzusteigen. Der große Erlebnis- und Erfahrungsschatz der Großgruppe machte das Arbeiten mit diesem Baustein besonders gewinnbringend. Die folgenden zwei KU-Treffen folgten dieser Spur und thematisierten Kirchengebäude und Gottesdienst bzw. Gemeinde mit ihren Angeboten und Kirche als Institution.

6. Jesus Christus (Lebensweg, Gedanken, Worte, Taten, ...)

Da auch unsere kleine KU-Gruppe eine Woche im gemeinsamen Konfus-Camp der Gemeinden Bremen-Nords verbringen würde, nahmen wir im Rahmen der KU-Treffen vor den Sommerferien bereits den roten Faden des KU -Themas im Camp auf. Eine kleine Arbeitsgruppe erarbeitete Unterrichtsmaterialien, die während der Camp-Tage vormittags im Rahmen der Gemeindegruppen Verwendung finden. Der Nachmittag im Camp dient zahlreichen Workshop-Angeboten; die Abende stehen für große gemeinsame Events zur Verfügung (s. KU-Praxis 52, S. 44-62). Das KU-Thema 2006 im Camp nahm den Lebensweg Jesu in den Blick. Ein Fantasy-Rollenspiel war entwickelt worden, das half, den Lebensweg Jesu und den Lebensweg der Konfirmanden zueinander in Beziehung zu setzen. Ehrenamtliche spielten/moderierten die einzelnen Sequenzen, die dann im Kreis der KU-Gruppe thematisch zugespitzt wurden. Die Etappen lauteten:

- »Was Gott dir mitgibt« (Taufe)
- »Verliere nicht das Vertrauen« (Versuchung)
- »Entlastung erfahren« (Vergebung)
- »Du kommst an's große Ziel« (Sieg über den Tod)

Um den Konfirmanden den Transfer der Rollenspiel-Themen zu erleichtern, nutzten wir zwei Treffen vor der Reise ins Camp, um uns der Person des Jesus von Nazareth anzunähern. Zugleich erarbeiteten wir die Grundlagen für den zweiten Artikel des Glaubensbekenntnisses, dessen Memorieren den Konfirmanden bereits bei der Beschäftigung mit dem ersten Artikel aufgegeben worden war.

Eine Jesus-Säule wurde bei diesen Treffen zum Medium unserer Arbeit. An einer der Säulen in der Eingangshalle des Gemeindehauses platzierten wir unterschiedliche Gegenstände, Zitate, Tätigkeiten, Namen, Orte usw. aus dem Leben Jesu bzw. aus Jesus-Geschichten. Ein Kunstwerk entstand, zunächst noch ohne Deutung und Bezug zur Herkunft des »Verarbeiteten«. Die Materialcollage vereinte so zunächst unsortiert symbolische Ge-

genstände, die auf Begegnungsgeschichten verwiesen, z. B.: Sonnenbrille des blinden Bartimäus, Münzen der Geldwechsler im Tempel, Hahnenfeder (Petrus), Geschirrhandtuch (Martha), Würfel der Soldaten unter dem Kreuz u.s.f.), aber auch Gebrauchsgegenstände (1. Hilfe-Koffer (Heilen), Brot (Abendmahl, Brotvermehrung), Hobel (Zimmermanns-Sohn), Stroh (Krippe), Begriffe auf Karten und Gedanken bzw. Worte Jesu in Sprech-/Denkblasen.
Die Konfirmanden waren nun aufgefordert, den Gegenständen auf der Säule ihre Bedeutung zuzuschreiben. Eine Recherche-Phase wurde notwendig. Die Jungen stöberten in biblischen Texten, in Lexika oder auch im Internet und versuchten, eine Werkbeschreibung zu erarbeiten. Den Besucherinnen und Besuchern unseres Gemeindezentrums sollte damit das Kunstwerk erschlossen bzw. der Zugang zu einer Deutung erleichtert werden. Dazu wurden Teilbereiche fotografiert und die Ausschnittfotos mit Kommentarkärtchen an der Wand neben der Säule platziert. Jetzt wurde auch noch einmal an der Anordnung der Gegenstände gearbeitet und z.T. Dinge in einem Sinnzusammenhang an der Säule vereint.

Den Jungen und den ehrenamtlichen Mitarbeitern bot sich über diese künstlerische Herangehensweise eine intensive Einarbeitung in Leben, Denken und Handeln Jesu, die der Auseinandersetzung mit den Themen im Konfus-Camp dienlich war.

7. Gottesdienst & Gebet (Klostertage)

Jahr für Jahr erleben Jugendliche und Konfirmanden im Rahmen von Angeboten der Jugendarbeit in St.Martini Stille Tage in der Ökumenischen Tagungsstätte Kloster Frenswegen bei Nordhorn in der Grafschaft Bentheim. Solche stillen Klostertage (s. KU-Baukasten / Baustein 5, S. 64ff.) ermöglichen vielfältiges Lernen und (Er-)leben und sind immer wieder Höhepunkte, auch in der Vorbereitung auf die Konfirmation.
Mit Erwachsenen, speziell mit Männern, hatten wir diese Möglichkeit in Frenswegen bislang noch nicht genutzt. Für die »jederMÄNNER« erhofften wir uns schon in der Planungsphase aus den Klostertagen einen großen Gewinn für die Entwicklung christlicher Identität und damit für die engere Vorbereitung der Konfirmanden.
So brachen wir im Herbst 2006 auf. Fünf Tage waren gebucht. Die Gruppe ging mit gemischten, aber überwiegend positiven, Erwartungen und Gefühlen an die ungewöhnliche Zeit am ungewöhnlichen Ort heran.
Am Nachmittag des Ankunftstages erkundeten alle gemeinsam das Klostergelände: Kreuzgang, Zimmer, Innenhof, Bibliothek, Speisesaal im Kellergewölbe, die gemütlichen Klausen, die moderne Kapelle, das große Außengelände. Langsam kamen wir alle auch innerlich an. Den Abend verbrachten wir mit Spielen im großen Kreis und gemeinsamem Singen im Kaminraum.
Am nächsten Tag begannen die Vorbereitungen für unser gemeinsames Vorhaben: Zwei komplette Tage wollten wir im benediktinischen Zeittakt leben. Neben vielen Erfahrungen, die auch andere Gruppen in solchen Situationen bislang sammeln konnten, ermöglichte der vorhandene Rahmen, die spirituell »aufgeladene Atmosphäre«, das Üblichsein von Gebet, Gesang und Stille, den Jugendlichen und Männern, miteinander über Glaubensthemen zu reden, einander zu befragen, etwas auszuprobieren. Es fiel allen leicht, sich auf das »Abenteuer: Klosterleben« einzulassen.
Den konzentrierten Stundengebeten folgte gelöste Atmosphäre bei der Apfelernte oder der Arbeit in den Beeten, an den Teichen und auf den Rasenflächen. Eine besonders schöne Erfahrung war es, innerhalb der Schreibzeit, des »Scriptoriums«, (s. KU-Praxis 49, S. 5f.) miteinander die »kleinen Propheten« in die Lesumer Bibelhandschrift aufzunehmen. Viele Seiten Papier füllten sich mit den unterschiedlichen Handschriften der Jungen und Männer, und doch blieb bis zuletzt die Schreibbereitschaft erhalten, selbst bei den »Kurzen«.

Nach dem ersten Klostertag, der auch die Mitternachtsandacht umfasste, startete im Morgengrauen der zweite Tag. Langsam aber sicher wurde uns der Wechsel von Beten und Arbeiten, von Aktion und Kontemplation, zum Lebensrhythmus. Die Klostertage erfüllten alle mit besonderer, innerer Zufriedenheit. Nach weiteren zwei Tagen endete dieses Vorhaben. Nach dem Frühstück kamen wir zu einer intensiven Zeit des Rückblicks auf den klösterlichen Selbstversuch zusammen. Die Rückmeldungen waren überwiegend sehr positiv. Insbesondere die regelmäßigen Stundengebete in ihrer »strengen« Form, aber mit der Möglichkeit zum freien Gebet bzw. zum Auswählen eigener Gebetstexte, wurde als sehr schön beschrieben. Für einige der Männer hätte es auch ganz ohne Musik sein dürfen; den Jungen half die ruhige Klaviermusik

zum Ausgang, die Stille zu halten. Nach Rückblick, letzten Arbeiten an unseren Sanduhren (Bauanleitung auf der dem Heft beiliegenden CD-ROM im Verzeichnis zu Baustein 5, Stille Tage), die im Rahmen der Arbeitszeit im Haus entstanden waren, machten am Nachmittag alle eine Wanderung auf dem Skulpturenweg von Lohne nach Wietmarschen.

»›**Steine des Anstoßes**‹ sollen sie sein, die Skulpturen am Glaubensweg von Lohne nach Wietmarschen. Sie beziehen sich inhaltlich auf die Seligpreisungen des Matthäus-Evangeliums in Verbindung mit aktuellen und regionalen Themen ... Monumentale Steinblöcke stehen wie Zeichen am Wege. Sparsame bildhauerische Bearbeitungen setzen Assoziationen in Gang ... Die Seligpreisungen sind ein Lebensprogramm, in dem der Anspruch der Menschheit überzeugend zum Ausdruck kommt: Die Sehnsucht nach Frieden, Gerechtigkeit,

Bewahrung der Schöpfung, die Überwindung von Trauer, Angst, Armut, Hunger und Arbeitslosigkeit.
Die aus Bentheimer Sandstein gestalteten Monumente fügen sich harmonisch in das Landschaftsbild ein. Sie sind ein stiller, aber immer sichtbarer Appell an das Gute im Menschen.«[3]
Die Anregungen und Gespräche dieser Aktion führten über den Tag hinaus und flossen später ein in eine Werkstatt-Phase der Konfirmanden, die mit Ytongstein eigene Skulpturen zu den Seligpreisungen für den Lesumer Kirchberg herstellten (s. KU-Baukasten in KU-Praxis 54).
Damit endeten die Tage im Kloster Frenswegen. Die Gesamtgruppe ging bis zum 3. Advent auseinander; für die Konfirmanden folgte eine Projektzeit mit den anderen Konfis aus der Gemeinde.

8. Projektzeit (Verzahnung mit anderen KU-Gruppen und den Bereichen der Gemeinde)

Diese Projektzeit brachte für die sieben Konfirmanden des jederMANN-Projektes ein Wiedersehen mit Jugendlichen, die ihnen aus Konfus-Camp-Zeiten bekannt waren. Kleine Themen, Randgebiete des KU-Kanons, konnten nach persönlicher Vorliebe ausgewählt werden. Die Auswahl war umfassend: Weltreligionen, Tod und Sterben, Biblisch kochen, Bibel-Theater, Stille erleben, Papier schöpfen, »Der Fisch auf dem Dach« (religiöse Stadtrallye durch Bremen, KU-Praxis 48, S. 5f.), Mosaik basteln, Afrikanisches aus Togo und Ghana, Perlen des Glaubens, FRIEDEHORST- die große diakonische Einrichtung in unserer Nachbarschaft, Internettes zum Thema: Glaube und Kirche, mit Diakonin und Kantor »den Bach rauf und runter« u.v.m.
Unsere Jungs fanden schnell ihre Wunschprojekte und bekamen ihre erste, notfalls ihre zweite Wahl auch zusortiert. Einen Monat lang traf sich unsere Gruppe dann nicht; erst im Abschlussgottesdienst der Projektzeit (1. Advent) gab es ein Wiedersehen.

9. Bibel begehen, die Adventswanderung

Am 3. Advent waren wir alle wieder beisammen! Unter dem Motto »Bibel begehen« (s. KU-Baukasten / Baustein 4, S. 61ff.) hatten wir uns auf eine winterliche Adventswanderung eingestellt, die uns die Weihnachtsgeschichte auf ganz ungewöhnliche Weise nahebringen sollte. Leider hatte es Tage zuvor lang anhaltend geregnet. Die Wege waren zunächst aufgeweicht und über Nacht bei einem Kälteeinbruch überfroren. An Wandern war beim besten Willen nicht zu denken: So fand leider nur ein adventliches Abendprogramm in St. Martini statt; 24 Türchen bargen 24 kleine adventliche Aktionen, die wir nach und nach erledigten und dabei zumindest eine schöne gemeinsame Zeit verbrachten (**M 4**).

10. Wie wir leben sollen (10 Gebote als Tischgruppenthema und Seligpreisungen)

Anfang des neuen Jahres ging es zunächst bei zwei Treffen in der Gruppe der Konfirmanden um eigene Standpunkte und Überzeugung. Wir thematisierten den Unterschied zwischen »stillen« Überzeugungen und »lauten« Bekenntnissen. Das Apostolicum wurde nun komplett eingeführt, besprochen und bei den folgenden Treffen gemeinsam memoriert.
Das eigentliche Thema zu Jahresbeginn war jedoch die Frage: Wie kann/ wie soll ich leben? Mit den Seligpreisungen verband sich eine gedankliche Auseinandersetzung mit ethischen Fragen in Tischgruppen (s. KU-Baukasten / Baustein 3, S. 58ff.) zum Thema »Die 10 Gebote«. Die Jungen wurden in zwei Tischgruppen aufgeteilt; zwei der Männer des Projekts luden zu sich nach Hause ein. So wurden ein weiteres Mal auch die Männer des Projekts zu Unterrichtenden im weiteren Sinne. Ihre Sicht der Dinge, ihre Anfragen an die biblischen Texte und ihre Art von Umgang mit den Konfirmanden prägte die Sequenz im KU-Konzept.
Die Vorbereitung der Männer ist in dem oben genannten Baustein 3 »Die Bibel auf dem Esstisch – Tischgruppenarbeit« beschrieben.

11. Was glaubst denn du? (Befragung durch die »Kurzen« und Gespräche am Rande der Tischgruppen)

Auch die Jungs von 10-12 hatten in dieser Phase eigene Treffen und leisteten einen kleinen, aber feinen Beitrag zum KU der Älteren. In einer Fragestunde formulierten sie Anfragen an die Konfirmanden. Ihr »Kinderglaube« traf dabei auf den mittlerweile gereiften Erfahrungsschatz und revidierte Sichtweisen der Jugendlichen. Die Älteren versuchten Auskunft zu geben, über das, was sich für sie nun als »Sicht der Dinge in Sachen christlicher Glaube« darstellt. Alleine schon der behutsame Umgang mit den kindlichen Vorstellungen einiger

»Kurzer« zeugte dabei vom gewachsenen Verständnis dafür, dass Glaube kein richtig und falsch kennt und dass Glaubensdinge ein hohes Gut sein können, das Menschen ungern verletzt sehen wollen. Auch diese (Lern-)Erfahrung war ein wichtiges Ergebnis des bisherigen Unterrichtsjahres. Am Rande der Tischgruppen bei den beiden Männern wurden die Anfragen der »Kurzen« thematisiert. Die Konfirmanden schrieben einen Brief mit den gefundenen Antworten an die 10-12-Jährigen.

12. Osternacht durchwachen/Taufen

Mit Macht ging es im Projekt »jederMANN 10-100« ab dem Frühjahr 2007 auf die Konfirmation zu. Gemeinsam mit Jugendlichen einer anderen KU-Gruppe durchwachten die Männer und die Jungen die Osternacht (s. KU-Baukasten / Baustein 8, S. 75ff.) und nahmen im Morgengrauen beim traditionellen Osterfrühgottesdienst an der Taufe eines unserer Konfirmanden teil. Mit der ritualisierten Form der Osternacht knüpften wir äußerlich an die Formen im Kloster Frenswegen an. Inhaltlich führte die Nacht mit ihren einzelnen Stunden-Stationen (s. S. 75ff., Variante 1) durch die Geschichten des Passions- und Ostergeschehens. Für die Jungen und Männer war der stete Wechsel der Kleingruppe, in der man die jeweils aktuelle Aktion anging, eine gute Gelegenheit, miteinander ins Gespräch zu kommen und noch vertrauter miteinander zu werden. Je nach Stundenthema profitierten die Männer vom jugendlichen oder kindlichen Herangehen der Jüngeren an szenische oder handwerkliche Aufgaben; die Jungen wiederum nahmen dankbar an, wenn die Männer oder älteren Jungen in den inhaltlichen Aspekten (z.B. »urgent actions«) initiativ wurden.

13. Nacht des Feuers (Rituale, Zusage/ Zuspruch, Initiation)

Während die 10 -12-jährigen Jungen im Mai eine gemeinsame Segeltour an Bord unserer selbst gebauten Kajütsegelboote auf der Weser unternahmen, tauchten die Konfirmanden mit den Männern in eine weitere, ritualisierte Arbeitsform ein. Mittlerweile war immer mal wieder die Bedeutung von Konfirmation Thema in den Treffen oder einzelnen Gesprächen gewesen. Den Jungen war der Gedanke, die Taufzusage Gottes noch einmal bekräftigt zu bekommen, aber nun auch selbst annehmen zu können, immer deutlicher geworden. Die Vorstellung einer Konfirmation als »Kirchenbeitritts-Fest«, wie es sie bei einigen anfangs noch gab, hatte sich klären lassen. Blieb die gesellschaftliche Komponente, die Ausgestaltung des Schwellenrituals, die Konfirmation als »Fest des Erwachsenwerdens«.

Schon in der Vorbereitungszeit des Projekts hatten wir im Team überlegt, im Rahmen einer so genannten »Nacht des Feuers«[4] den Jungen eine Auseinandersetzung mit ihrem Lebensalter, ihren Visionen und ihrer »Lust am Älterwerden« zu ermöglichen. Wir griffen dabei zurück auf Erfahrungen in einer früheren Jungen-KU-Gruppe.

Vor einigen Jahren hatten die damals Unterrichtenden bzw. interessierte Männer mehrere Konzepte für solche initiatorischen Settings durchgearbeitet und in eine Form überführt, die dann einmal erfolgreich durchgeführt wurde. Im Kreis der »10-100-Männer« lasen und diskutierten wir dieses Konzept, tauschten uns aus über eigene initiatorische Erfahrungen, über unsere Konfirmanden, ihren Platz im Leben und ihren bisherigen Weg in diesem Projekt. Es bestand Einvernehmen, den Konfirmanden (und mit ihnen auch den schon Konfirmierten) eine solche »Nacht des Feuers« anzubieten.

Auf einem Gelände, gut 30 Kilometer entfernt, konnte ein Lager mit Jurte, Feuerstelle und Schwitzhütte aufgebaut werden. Die besondere Erfahrung von den Männern des Projekts, in einer Eins-zu-eins-Situation durch die nächtliche Landschaft und dabei durch eine Geschichte geleitet zu werden, prägte sich bei den Jungen intensiv ein. Nicht alle symbolischen oder allegorischen Handlungen erschlossen sich ihnen in dieser Nacht, aber die atmosphärische Dichte beeindruckte Jungen und Männer gleichermaßen. Über die Einzelheiten der »Nacht des Feuers« ist Stillschweigen vereinbart worden. Die Dinge, die gesagt und getan wurden, sollten den Kreis der beteiligten Männer und Jungen nicht verlassen. Deshalb wird hier auch nicht darüber berichtet.

14. Konfirmationszeit

Am Ende des Spannungsbogens der »Nacht des Feuers« erfolgte der Übergang in die Konfirmation. Am Morgen erwachten die Männer und Konfirmanden, zum großen Teil unter freiem Himmel, um im Sonnenschein zu frühstücken und Rückschau zu halten auf die Erlebnisse der letzten Stunden. Gegen Mittag war das Lager wieder abgebaut; die Jungen und Männer trennten sich, aber nicht für lange! Denn schon am nächsten Morgen kamen alle zum Konfirmationsgottesdienst in St. Martini wieder zusammen. Auch die »Kurzen« waren von ihrer Segeltour zurück.

Konfirmation aber, Konfirmation ist da etwas ganz anderes! Hier galt es öffentlich zu machen, dass Gottes Liebeserklärung für diese Jungen Bestand hat. Hier sollte ihnen noch einmal zugesagt werden, was seit ihrer Taufe bereits als Verheißung für sie gilt. Zur Tauferinnerung, nach dem Verlesen des Evangeliums aus Markus 1, 9-13 richteten die Männer denn auch Worte wie diese an die sieben Konfirmanden:

Gerade habt ihr es gehört: Gott sagt Jesus etwas zu. Aber nicht nur Jesus, sondern allen in der Taufe: Du bist mein Kind. Dir gilt meine vorbehaltlose Liebe. Dich habe ich auserwählt. Deine Einmaligkeit ist mir wichtig. Dein Recht, so zu sein, wie du bist, will ich garantieren ... Bei eurer Taufe wurde dies' den Erwachsenen eingeprägt, die euch zur Seite standen. Die meisten von euch konnten Gottes Versprechen bei der Taufe noch nicht hören und verstehen.

Jetzt sollt ihr selbst wahrnehmen, dass Gott euch seine Liebe anbietet. Dass er zu euch steht und euch liebt. Auch jetzt in einer Zeit, in der es für uns Erwachsene nicht immer ganz so leicht ist, euch vorbehaltlos zu lieben und anzunehmen. Sein Segen soll aus den Worten sprechen, die wir euch zusagen, und in seinem Segen sollt ihr die Wege gehen, die nun vor euch liegen.

Der Konfirmationsgottesdienst war sicher ein Höhepunkt, wenn auch nicht der Schlusspunkt im zu Ende gehenden jederMANN-Projekt. Es war für die Jungen, Männer und ihre Familien Gelegenheit, noch einmal das Geschehene und Getane einzuordnen in den Kontext »Vorbereitung auf die Konfirmation«. Zum anderen bildete die Predigt und der gesamte Gottesdienst auch eine Chance, der interessierten Gemeinde den zurückgelegten Weg, die erfolgte Konfirmationsvorbereitung, vorzustellen und zu erklären (**LM 2**). Das Buch von »Gottes tollen Typen« (**LM 1**), auch in der Predigt zitiert, wurde danach von vielen Menschen nachgefragt, so dass wir noch einmal eine kleinere Auflage drucken ließen.

15. Sommertour des Projekts (Abschluss, »Der kleine Prinz«)

Seinen tatsächlichen Abschluss fand das jederMANN-Projekt in den Sommerferien 2007, als die ganze Gruppe mit dem Rad auf der französischen Rheinseite unterwegs war. Von Basel aus ging es zunächst immer den Rhein entlang; später schlugen wir uns östlich »in die Büsche«, um die Reise in Heidelberg zu beenden. Eine Besonderheit bildete bei unserer Sommertour sicherlich die Unterkunft. Wie schon bei anderen Projekten hatten wir zwei LKWs mit einer 2. Etage ausgestattet, so dass auf der Ladefläche Gepäck und Küchenausrüstung unterkamen, und im 2. Stock auf Iso-Matten und im Schlafsack geschlafen werden konnte (Umbauhinweise auf der CD-ROM, im Ordner zu dem Artikel »Jakobus auf der Spur«). Nachts wurde die Ladebordwand nahe-zu ganz geschlossen; gerade mal ein Spalt ließ den nächtlichen »Gang in die Büsche« zu. Morgens dann, wurde die Ladebordwand zum hydraulischen Tisch fürs Frühstück, der sich in jeder denkbaren Höhe und Neigung positionieren ließ, besonders für die Jungs immer wieder ein Spaß.

Mit diesen beiden »Wohnmobilen der besonderen Art« waren wir dann auch ziemlich mobil. Die Gruppe konnte mit DB-Gruppensparpreis schnell, bequem und preiswert nach Basel gelangen und später ab Heidelberg zurückfahren. Räder und Ausrüstung kamen im LKW unkompliziert zur Gruppe. Und an den Tagen unterwegs machten immer zwei der Männer »Trucker«-Dienst und sorgten so dafür, dass allabendlich der LKW einen schönen Platz gefunden hatte, Getränke schon bereitstanden und die Vorbereitungen für ein warmes Abendessen langsam beginnen konnten.

Neben dem Radfahren, vielen Spielen unterwegs und gemeinsamer Zeit für Männer und Jungen gehörten die täglichen Abendschluss-Runden zum festen Bestandteil der zehn sommerlichen Tage. Das Buch vom »Kleinen Prinzen« begleitete uns dabei mit seiner besonderen Weisheit, das Kindlichkeit und reife Weltsicht auf so wunderbare und poetische Weise miteinander verbindet. Jeden Abend lasen wir einen Abschnitt. Ein anschließender Impuls lud zu einem kurzen Gespräch oder auch »nur« zum Nachdenken über das angeschlagene Thema ein (**LM 3**).

Anmerkungen

1. http://www.ekd.de/gottestypen/42504.html
2. Zur Methode: s. auch: KU-Praxis 50 »KUnst«
3. www.wietmarschen.de/171.htm. Dort auch Ausführliches zum Skulpturenweg »Glaubensweg der Seligpreisung«.
4. Felix Rohner-Dobler hat 1998 unter diesem Titel ein Konzept veröffentlicht, das sich vor allem an R. Rohr und an R.Bly's Deutungen zum Märchen vom Eisenhans orientiert. Auch heute noch werden »Nächte des Feuers« von Rohner-Dobler u.a. z.B. im Bildungshaus St. Arbogast in Österreich durchgeführt. Vielfach adaptiert und weiterentwickelt wurde es an unterschiedlichen Stellen in Deutschland. Auch Heft 88 von konfernormal (www.konfernormal.de) stellt einen Konzeptentwurf vor.

Das Projekt und die jeweils beteiligten Gruppen im Überblick

<table>
<tr><th>Aktionsform</th><th>Phase</th><th>Männer</th><th>Konfirmanden</th><th>10-12-Jährige</th></tr>
<tr><td>Auftakttreffen
4-tägige Freizeit</td><td>1</td><td colspan="3">Kennenlernen: Mein Typ in der Bibel
Mein Typ in der Bibel: Arbeit am Bibel-Bilder-Buch</td></tr>
<tr><td>1 KU-Treffen</td><td>2</td><td colspan="3">Gott und Götter: Griechisches Götterspektakel</td></tr>
<tr><td></td><td></td><td></td><td>Gottesvorstellungen
Gottesbilder in der Bibel</td><td></td></tr>
<tr><td>4 KU-Treffen</td><td>3</td><td></td><td>Bibel und Bibelüberlieferung</td><td></td></tr>
<tr><td></td><td></td><td colspan="3">Begrüßungsgottesdienst für alle Konfirmandinnen und Konfirmanden der Gemeinde</td></tr>
<tr><td>Backtag</td><td>4</td><td colspan="3">Wo führt dieses Projekt hin?
Backen des Abendmahlbrots im Steinbackofen; Konfirmation als Thema; Besuch der Konfirmation 2006 mit anschließendem Gottesdienstnachgespräch über die Konfirmation</td></tr>
<tr><td>Gemeinsames Treffen</td><td>5</td><td colspan="3">Erlebnisse haben Folgen Erlebnisse mit Gott – Erzählzeit</td></tr>
<tr><td>2 KU-Treffen</td><td></td><td></td><td>Kirchgebäude und
Gottesdienst Gemeinde;
Kirche als Institution</td><td></td></tr>
<tr><td>Kurzen-Treffen</td><td></td><td></td><td></td><td>Männer in meinem
Leben / Vorbilder</td></tr>
<tr><td>2 KU-Treffen</td><td>6</td><td></td><td>Jesus Christus
Jesus-Säule mit Gegenständen</td><td></td></tr>
<tr><td>Konficamp</td><td></td><td colspan="3">Reisesegen und Grillabend</td></tr>
<tr><td>2 KU-Treffen</td><td></td><td></td><td>Jesus Christus
Nacharbeit zum Konficamp</td><td></td></tr>
<tr><td>Kurzen-Treffen</td><td></td><td></td><td></td><td>Traummänner –
Männerträume</td></tr>
<tr><td></td><td></td><td colspan="3">Gottesdienst aller Konfirmandinnen und Konfirmanden</td></tr>
<tr><td>1 KU-Treffen</td><td>7</td><td colspan="3">Gottesdienst und Gebet
Was mir wichtig ist; Gebet; Vaterunser, Umgang mit Zeit; Stille</td></tr>
<tr><td>Klostertage in
Frenswegen</td><td></td><td></td><td>Ora et labora</td><td></td></tr>
<tr><td></td><td></td><td colspan="3">Beten und Arbeiten; Abendmahl feiern, schreiben für die »Lesumer Bibelhandschrift«;
Bau von Sanduhren; Wanderung auf dem Skulpturenweg</td></tr>
<tr><td>Projektzeit</td><td>8</td><td></td><td>Teilnahme an den
Projekten der Gemeinde</td><td></td></tr>
<tr><td>Gemeinsames Treffen</td><td>9</td><td colspan="3">Feste und Feiertage; Kirchenjahr; Was ist Advent?</td></tr>
<tr><td>Väterabend</td><td></td><td>Vorbereitung der Nacht
des Feuers</td><td></td><td></td></tr>
<tr><td>Adventswanderung</td><td></td><td colspan="3">Bibel begehen und ein Abendprogramm zum Adventskalender</td></tr>
<tr><td>2 KU-Treffen</td><td></td><td></td><td>Glaubensbekenntnis</td><td></td></tr>
<tr><td>Tischgruppenzeit</td><td>10</td><td colspan="2">Wie wir leben sollen
10 Gebote und Seligpreisungen</td><td></td></tr>
<tr><td>Kurzen-Treffen</td><td>11</td><td></td><td></td><td>Fragen zum Glauben
an die Älteren</td></tr>
<tr><td>Gemeinsame Aktion</td><td>12</td><td colspan="3">Osternacht durchwachen
Passionsgeschichten; Kreuzwege, Taufe im Frühgottesdienst</td></tr>
<tr><td>Gemeinsame Aktion</td><td>13</td><td colspan="2">Nacht des Feuers: Rituale; Zuspruch; Initiation</td><td>Segeltour auf der Weser</td></tr>
<tr><td>2 KU-Treffen</td><td></td><td></td><td>Besprechung des
Konfirmationsspruches</td><td></td></tr>
<tr><td></td><td>14</td><td colspan="3">Konfirmationsgottesdienst</td></tr>
<tr><td></td><td>15</td><td colspan="3">Sommertour des Projekts – Fahrradfreizeit
Gespräche über Gott und die Welt; Abendthema »Der Kleine Prinz«</td></tr>
</table>

Mit dem Wartburg zur Wartburg

Mit zwei alten WARTBURGS und einem BARKAS-Bus durch Geschichte und Gegenwart des Christentums in Deutschland

Prolog

Wer mit Kindern schon einmal auf Schnitzeljagd war oder sie im Kindergarten bei der Schatzsuche beobachtet hat, war vermutlich Zeuge großer Aufmerksamkeit und gespannter Erwartung. Immer wieder stürmen Einzelne voraus, möchten als Erste die weiterführenden Zeichen und Hinweise entdecken und deuten. Mancher Kleinigkeit, die gar nicht zum Spiel, nicht zur Fährte gehört, wird dabei eine ungewohnte Aufmerksamkeit zuteil. In ihrer Lust und Begeisterung, ein Puzzlestück der Lösung entdeckt zu haben, konstruieren die Kinder wilde Zusammenhänge und Beziehungen.

Dieses Phänomen, diese Lust an Entdeckung stand letztlich Pate beim Erfinden und Ausarbeiten des Projekts »Mit dem Wartburg zur Wartburg«. Immer wieder hatten wir bei Stadtspielen oder christlichen Stadtführungen in Bremen und anderen Städten christliche Symbole, Spuren kirchlichen Lebens und religiöser Bezüge aufspüren lassen, nun sollte die gleiche Grundidee »größer gedacht werden«. Warum nicht durch ganz Deutschland reisen, in mehreren Touren durch mehrere Regionen, und dabei dem Christentum auf die Spur kommen?

Zunächst mal ganz praktisch und »touristisch«, dann aber nicht nur dem Christentum allgemein, sondern auch »meinem Christentum« auf die Spur kommen, den Dingen, die ich glauben und hoffen kann.

Kann man Konfirmandinnen und Konfirmanden auf diese Weise womöglich mit allen Themen der Vorbereitung auf die Konfirmation vertraut machen und befassen? Wir hielten dies für möglich und notierten unsere ersten Assoziationen von Orten und ihrer Bedeutung auf einem Schmierzettel: Bethel, Rauhes Haus, Wartburg, Worms, Kirche in der ehemaligen DDR, Kirche in der politischen Auseinandersetzung (z.B. im Wendland), Lutherstätten, Museen mit berühmten oder bedeutenden biblischen Motiven, Gedenkstätten, ...

Ein zweites Phänomen wollten wir uns im Rahmen des Projekts zunutze machen: Es macht Wissen und Erfahrung intensiver und verfügbarer, wenn man es mit Bildern eines realen Ortes verbinden kann.

Natürlich wissen wir, dass nicht Luthers Thesenzettel an der Schlosskirche in Wittenberg aushängt, und doch zieht es uns und viele andere dort hin, wenn wir in dieser Stadt sind. Die Thesentür scheint in unserem Gefühl den Thesen selbst ein Stück mehr Authentizität, ein Stück mehr Wirklichkeit (und damit auch Wirkkraft) zu geben. Orte werden zu Zeugen von Worten, zum Beleg für ihre Existenz und Bedeutung. Und wer einmal am geschichtlichen, ja selbst am symbolischen oder allegorischen Ort von Geschichte oder Geschichten stand, wird diese deutlich besser in Erinnerung behalten, wird ihr mehr trauen. Das gilt sogar für die Besucher unserer Hansestadt Bremen, die sich durchfragen, um letztlich, fast verborgen, an der hinteren Ecke des Rathauses das Standbild der Bremer Stadtmusikanten zu entdecken. Ein wenig größer und zentraler hatten sich die meisten die vier Tiergestalten gedacht, aber sei's drum. Schnell des Esels Vorderläufe umfasst (das soll Glück bringen) und ein Foto gemacht. Weiter geht's! Dass die echten Musikanten, wie wir alle dem Märchen entnehmen können, nicht einmal bis Bremen kamen, sondern mit dem Leben im ehemaligen Räuberhaus irgendwo im niedersächsischen Umland vorliebnahmen, stört alle wenig. Man war da. Man hat sie gesehen, gar berührt. Hier gehören sie hin.

Ich will damit sagen, dass die Wirkkraft von Geschichten, Überzeugungen, Taten und Gedanken im erheblichen Maße auch von ihrer »gefühlten Realität« abhängig ist. Und diese nährt sich aus Zeichen, Orten und Erlebnissen. Sie gebiert innere Bilder und Gefühle; macht uns offen und sensibel, ja berührt uns manchmal sogar.

Wie aber sollte es uns gelingen, unsere Reisen zu Orten christlicher Tradition oder Bedeutsamkeit von den Familienausflügen (incl. Kirchen begucken ...) oder den Klassen- und Studienfahrten der Schule abzugrenzen? Wandern? Zu kleiner Aktionsradius! Fahrradfahren? Schon besser, aber häufig über Tag recht »unkommunikativ«, da viel hintereinander gefahren werden muss. Wenn aber auch ein Austausch untereinander zwischen einzelnen Stationen über gemachte Erfahrungen und aufgesuchte Orte gelingen soll, schien Radfahren eher ungeeignet. Auch Floß- und Kanufahrten schieden aus, sollten es doch nicht nur Ziele in Flussnähe sein.

»Na ja«, so eine leise Stimme im Vorbereitungskreis, »am besten rum kommt man halt doch mit dem Auto – oder?« Und dann ging es auf einmal ganz schnell: Natürlich! Aber nicht einfach mit dem Auto, sondern mit etwas Besonderem. In kleinen Teams an Bord. Wendig, mobil – wie wäre es mit einer kleinen Flotte von Wartburgs? Schon war auch das Wortspiel im Titel des Projekts geboren: Mit dem Wartburg zur Wartburg! Das klingt schlüssig, überraschend, witzig (Prüfen Sie ruhig mal Ihre erste Reaktion, als Sie dieses Heft mit dem Titel in die Hand nahmen). Einige wenige Kritiker in der Gemeinde spöttelten bei der ersten Vorstellung des Vorhabens. Aber der Schwung der Projektplanungsphase trug uns über diese Holperstrecken hinweg.

Die Spurensuche unterwegs wollten wir intensivieren und spannender gestalten, indem wir Geocaching (s. KU-Baukasten / Baustein 1, S. 52ff.) als festen methodischen Bestandteil im Projekt aufnahmen. So bekam das Vorhaben nach und nach seine Ecken und Kanten, eben sein Profil: Orte in Deutschland, Autos aus DDR-Zeiten, Spuren-Suche.

Wir schrieben das Projekt zur Teilnahme aus. Das Jahresthema SCHÄTZE ließ sich aufnehmen (s. KU-Theorie / Jah-

KU-Praxis 53, S. 27 – 34

resthemen im KU, S. 87ff.), wollten wir doch an bedeutende Orte reisen, Weltkulturerbe aufsuchen, Schätze des Glaubens kennenlernen und beim Geocachen kleinen Schätzen auf die Spur kommen. Mädchen und Jungen der 6. Klassen waren gleichermaßen eingeladen. Bald schon waren alle Plätze belegt, doch nicht ein einziges Mädchen hatte sich angemeldet. Schade, fanden (und finden) wir. Und das, obwohl in der Ausschreibung bewusst der Auto-Bastel-Anteil eher am Rande erwähnt wurde, während die Spurensuche, das Auffinden der Caches und das gemeinsame Reisen im Mittelpunkt standen.

Bald war auch eine Auswahl an Autos gefunden; ein alter BARKAS-Bus ergänzte das Projekt. Auch mithilfe von Sponsorengeldern kauften wir die Fahrzeuge und überantworteten sie direkt den ehrenamtlichen Mitarbeitern des Projekts. Diese verpflichteten sich, die Fahrzeuge anzumelden und zu versichern und für die Dauer des Projekts zur Verfügung zu stellen. Dafür zahlten sie nicht den vollen Kaufpreis, sondern erhielten einen Anteil erlassen.
Dieser Vorlauf reichte bis in die ersten Monate des Jahres 2008 hinein.

Die Gegenwart

Das WARTBURG-Projekt, wie es in St. Martini mittlerweile kurz heißt, läuft mittlerweile (Anfang September 2008) seit gut zehn Monaten. Was ist aus den Ideen der Anfangsphase geworden? Wie wurde aus den Grundgedanken eine Struktur? Und wie arbeitet es sich in ihr?

Struktur

Die gemeinsamen Aktivitäten finden statt in Form von Treffen (jeweils 14-tägig montags, 17.00 – 19.00 Uhr), Tagen (nach Bedarf, z.B. für Bauaktivitäten oder Kurztouren) und Touren (mehrtägige Fahrten mit den Fahrzeugen, meist mit thematischem »roten Faden«). Wir lassen uns dabei vom Grundprinzip der Projektarbeit leiten, nach dem die Form dem Inhalt folgt (s. KU-Theorie/Projektarbeit – 16 Thesen, S. 91ff.): Wenn z.B. das Basteln an den Autos mehr Zeit erfordert, als ein normales Treffen es hergibt, dann verabredet man gemeinsam einen Bautag. Die regelmäßigen Treffen und die großen Touren stehen jedoch schon jetzt für die gesamte Projektdauer fest, damit alle Beteiligten und ihre Familien sich daran orientieren können (Terminplan **LM 1** auf der CD). Die regelmäßigen Treffen starten in der Regel mit einer gemeinsamen großen Runde. Anschließend findet entweder thematische Arbeit in der Großgruppe bzw. in Kleingruppen statt, oder wir arbeiten umschichtig: Ein kleines Team plant einen Teil der nächsten Tour, ein weiteres arbeitet an einem Auto (zumeist am BARKAS-Bus, der unser »Bastel-Auto« geworden ist und äußerlich in den Ursprungszustand als Krankenwagen zurückversetzt werden soll). Das dritte Team arbeitet an einem Thema des Unterrichts. An den beiden Folgetreffen rotieren die Teams dann, so dass jeder einmal an jeder »Baustelle« aktiv ist. Ergänzt werden die Treffen, Tage und Touren zukünftig noch durch die Teilnahme der Jungen an der gesamtgemeindlichen Tischgruppen-Zeit (s. KU-Baukasten / Baustein 3, S. 58ff.) und kleineren Themenprojekten in St. Martini, die sich Jugendliche aller KU-Gruppen im letzten Drittel ihrer KU-Zeit gruppenübergreifend und additiv wählen. Immer wieder gibt es auch Gottesdienste, die sich speziell an Konfirmandinnen und Konfirmanden wenden[1] und zu denen die Jungen des Wartburg-Projekts eingeladen werden.

Atmosphärisches

Spätestens als die Autos »auf den Hof kamen«, passierte mit allen Beteiligten etwas Besonderes: Auf unterschiedlichen Ebenen wurde Aufmerksamkeit erregt. »Aufmerksamkeit erregen« war zwar nicht als Projektziel geplant oder

benannt, erscheint jetzt jedoch als wichtige atmosphärische »Zutat« des Ganzen. Die Jungen »merkten auf«, nahmen erstmals Autos zur Kenntnis, deren Schlichtheit erklärungsbedürftig war (»Konnten die sich nichts Vernünftiges leisten?«). Auch Menschen in der Gemeinde merkten auf, vor allem weil der BARKAS-Bus noch »ganz unchristlich« als nachgemachte »Militärstreife« daherkam (»Wie kann man nur!!?? Kirchenarbeit mit Symbol des ehemaligen Unrechtsstaates?« »Warum Unrecht ...«, fragten die Jungs zurück und lernten viel gerade auch über die Situation der christlichen Kirchen in der ehemaligen DDR kennen). Überhaupt: Viele Menschen blickten in Richtung dieses Projekts. Die Presse berichtete und die Jungen waren mitten drin. Konfirmand zu sein war die Basis bekannt zu werden. Konfirmandenarbeit weckte Interesse an den Jugendlichen. Etwas ungewohnt war das anfangs schon, aber doch auch ganz gut und im Sinne der Ziele des Projekts.

Aufmerksamkeit wurde bei den Jungen für die jüngere deutsche Geschichte erregt, für Wurzeln des Christentums, für Menschen, deren Lebensalltag ganz anders war und ist als der eigene. Damit wurden die Jungen auch auf sich selbst aufmerksam, für das, was sie glauben, denken, fühlen, erleben durften oder auch mussten. Aufmerksamkeit macht auch stolz. Sie führt zu einem hohen Maß an Identifikation mit dem Vorhaben. Das Vorhandensein einer »gemeinsamen Sache« – so auch schon in den Vorgänger-Projekten beobachtbar – steigert den Zusammenhalt und das Zugehörigkeitsgefühl in einer solchen Gruppe. Da sind die Erfahrungen im Wartburg-Projekt nicht anders als solche beim Pilgern (s. KU-Reportagen / Jakobus auf der Spur, S. 35ff.), beim Erstellen einer Bühnenshow (s. KU-Baukasten / Baustein 6, S. 69ff.) oder bei der Arbeit an einem eigenen Buch (s. KU-Praxis 49, S. 5f.).
Atmosphärisch ebenfalls nicht unwichtig ist der Umgang mit Unbekanntem. Gerade weil viele Dinge neu, fremd, ungewohnt für die Jungen und das Team sind, erleben wir sie intensiver, tasten wir uns bewusster an sie heran. Das gilt für das Zerlegen des Wartburg-Getriebes genauso wie für das Eintreffen in einer uns unbekannten Gast-Gemeinde, für manches Thema im KU, für manche Kirche und ihre Kunstgegenstände, die wir besuchen, für manche handwerkliche Tätigkeit, die wir noch nie taten und erst recht für jeden einzelnen Geocache auf unserem Weg, den wir suchen, aufspüren, öffnen und wieder zurücklegen. Kaum etwas wiederholt sich. Wir sind unterwegs auf einer Kennenlern-Tour ins bislang Unbekannte.

Die ersten »Etappen«

Doch bevor von den ersten Tour-Tagen im Sommer 2008 berichtet wird, sollen schlaglichtartig einige der Treffen aus der Anfangszeit als »gedankliche Etappen« des Projekts beschrieben werden.

1. Projektstart mit Werkzeugkasten – Das Auftakttreffen

Im Kreis sitzend blicken wir alle auf einen geöffneten Handwerker-Werkzeugkasten. Eine bunte Vielfalt an Werkzeugen ist vorhanden. Nun wählt jeder einen Gegenstand aus und nimmt ihn an sich. Die Eigenschaften des Gegenstandes wollen jedoch bedacht sein, denn in der sich anschließenden Vorstellungsrunde soll ein Bezug zur eigenen Person hergestellt werden: »Ich heiße ... und habe mir den Maulschlüssel genommen, weil ...«. So erfahren wir gleich in der ersten Runde nicht nur Name und Alter, sondern auch ein wenig von den Eigenarten, dem Temperament, der Sicht auf sich selbst, die jeder der Jungen und Mitarbeiter sein Eigen nennt. Und ganz nebenbei kann Frank, der Ingenieur im Team, mit Unterstützung von Sebastian und Dieter (der »Heimwerker-Fraktion«) ein wenig Werkzeugkunde betreiben. Angesichts der vielen ratlosen Blicke (»Ich weiß zwar, was man ungefähr mit dem Ding machen kann, weiß aber nicht, wie es heißt ...«) bei der Wahl und Vorstellung der Werkzeuge, ist dies sicher kein unwesentlicher Beitrag zum Gelingen der Folgetreffen gewesen.

2. Meditative Hausbegehung: »In deinem Haus bin ich gern, Vater«

Innere Erlebnisse und Erfahrungen lassen sich »erden«. Sie haben oftmals einen Ort in unserem Leben oder unserem Umfeld. Daran anknüpfend erwarten wir die Jungen an einem der nächsten Tage im KU des Wartburg-Projekts vor unserem Gemeindehaus. Wir sagen »Hallo«, prüfen die Anwesenheit, gehen schon mal in die Eingangshalle hinein. Im Kreisgespräch klären wir Erwartungen an den KU. Die Jungen erzählen, was sie von Eltern oder älteren Geschwistern über die Konfirmandenzeit gehört haben. Als das Stichwort »Singen« fällt, haken wir ein, »Na klar, singen gehört auch dazu. Und das machen wir auch direkt einmal!«. Mit dem Lied: »In deinem Haus bin ich gern, Vater« eröffnen wir die Aktion des Tages. Eine Hausbegehung[2] wird angekündigt. Eine Hausbegehung, die zwei Ziele zugleich verfolgt. Vordergründig werden die Jungen vertraut mit dem Haus ihrer Gemeinde, lernen den Ort genauer kennen, an dem sie nun über ein Jahr hinweg immer mal wieder zu Gast oder gar zu Hause sein werden. Diejenigen, die schon häufiger hier waren, schlüpfen an der einen oder anderen Stellen schon mal in die Rolle des »Fremdenführers«, holen Erinnerungen hervor, freuen sich am Wiedererkennen. So gehen wir von Raum zu Raum, doch immer wieder verknüpft sich mit der Sachinformation zum Ort, auch eine Frage nach dem eigenen Leben. Auf dem Liedblatt haben wir die Rückseite dazu genutzt, um ein kleines Arbeits-/Notizblatt unterzubringen (**M 1** auf der CD).
Kleine Gespräche, manchmal erstaunlich tiefgehend entwickeln sich. Gemeinsam finden wir Antworten, erfahren mehr voneinander, nehmen Anteil, geben Rückmeldung. Raum für Raum erschließen wir uns das Gemeindehaus und auch den jeweils Anderen. Wir laden ein, sich vor dem Weitergehen, kurze Notizen zu machen. So notiert mancher für sich auch das, was er der Gruppe (noch) nicht sagen möchte.

Am Ende des Hausrundgangs stehen wir wieder in der Eingangshalle und fragen uns, was eigentlich gemeint ist, wenn wir singen oder sagen, das Kirche/Gemeindehaus »Haus Gottes« ist. Wohnt er dort? Ist er Eigentümer – oder nur Gast? Wie kann dieser Begriff noch gedeutet werden? »Vielleicht«, so äußert ein Konfirmand, »ist ein Haus auch ein Haus Gottes, wenn man in seinem Sinne dort lebt ...?«
Das »Willkommen« in St. Martini beschließen wir im Turmraum, der Sakristei unserer St. Martini-Kirche. Hier, im ältesten Gebäude von Bremen-Nord, sitzen wir noch einmal zusammen und erinnern uns daran, dass schon lange vor uns Menschen in Beziehung zu Gott lebten. Dass hier, in Kirche und Gemeinde, Menschen an ihren Schnittstellen und Wendepunkten des Lebens ihren Weg mit Gottes Wort verknüpften.

So sind die Jugendlichen eingeladen, sich selbst als Teil einer fortwährenden Geschichte Gottes mit den Menschen zu begreifen, sich hineinzubegeben in dieses Miteinander über Zeit und Ort hinweg. Und so wie Glaube und Gemeinde nicht bei Null beginnen, so bringen auch wir schon vieles mit. KU ist nicht der Anfang. Manchem, der sich für »kirchenfern« hielt, fallen in dieser Runde doch Menschen, Situationen, Erinnerungen ein, die ihn mit Gott, Glauben oder Gemeinde bereits bekannt gemacht haben.

3. Dinge verstehen: Die Explosionszeichnung

Beim dritten Termin sind endlich auch die Autos da! Aus Brandenburg haben wir sie überführt, weil das Angebot an ehemaligen Ost-Autos in den neuen Bundesländern verständlicherweise größer ist als bei uns.
Jetzt umringen die Jungs die Fahrzeuge, steigen ein, probieren alle Schalter, Hebel und Pedale erst mal aus. Großes Staunen über die teilweise spartanische Ausstattung, sind die Jungen doch fast alle einen West-Standard aus dem aktuellen Jahrtausend gewohnt. Der BARKAS-Bus hat noch sein militaristisches Aussehen, das ihm der Vorbesitzer gegeben hat. Vom Ursprungszustand als Krankenwagen künden noch das Blaulicht und die roten Kreuze an den Scheiben. Erste Ideen zur weiteren Umgestaltung entwickeln sich. Aber das hat noch Zeit.
Zunächst einmal nutzen wir das Interesse der Jungen an technischen Details, am Verstehen der Fahrzeuge, um eine KU-Einheit zu Autos und zu Kirche und Gemeinde »anzuschieben«. Im Internet waren wir auf der Suche nach Explosionszeichnungen vom WARTBURG fündig geworden. Diese mehrseitige Aufstellung aller Teile ist sortiert. Von außen nach innen zeigen die Skizzen alle Systeme und Teile. Ursprünglich ist so ein Blatt für die Kalkulation von Reparaturen gemacht, also für Unfallgutachten o.Ä.!

An den Autos stehend füllen die Jungen zunächst mal die 1. Seite aus (Welches Fahrzeug? Untertyp, Ausführungsvariante, Baujahr, Halter + Adresse etc.). Dann erforschen sie nach und nach Karosserie, Innenausstattung, Kontrollinstrumente, Antriebsmaschine und die weiteren Aggregate (Bremssystem, Beleuchtung etc.). Verstehen erfordert genaues Hinschauen; das Leitungsteam hilft den Jungen, auf ihren Klemmbrettern, die wir stilgerecht wie in der Autowerkstatt als KU-Arbeitsmaterial im Unterrichtsraum aufbewahren, Zustand und entdeckte Teile zu notieren oder bunt anzumalen. Auch kleine Schäden werden so bereits bemerkt und auf den To-Do-Zettel gesetzt.

Das Treffen vergeht wie im Flug. Die Begeisterung für die Autos motiviert uns alle zum Handeln.
Zwei Wochen später starten wir nicht auf dem Parkplatz, sondern im KU-Raum. Wieder nehmen alle ihre Klemmbretter mit den Explosionszeichnungen zur Hand. In einem kurzen Rückblick tragen wir noch einmal kleinere Entdeckungen zusammen, dann wechseln wir die Perspektive! Oder besser: Das Objekt der Untersuchung.
In einem ersten Schritt ergänzen wir die Überschriften auf dem Datenblatt mit kurzen Fragestellungen:
KAROSSERIE – Was ist der äußere Rahmen?
INNENAUSSTATTUNG – Womit richten wir uns ein? Gegenstände?
KONTROLLINSTRUMENTE – Wonach richtet sich unser Handeln?
ANTRIEB – Was beschäftigt uns? Was motiviert uns?
AGGREGATE – Wer macht was?
Jetzt überarbeiten wir auch die Titelseite des Formulars und gehen einmal an unsere Gemeinde mit dem gleichen Forschergeist heran wie zwei Wochen zuvor an die Autos.
In kleinen Gruppen machen sich jeweils 4-5 Konfirmanden und ein Mitarbeitender an die Arbeit.
St. Martini zu Bremen-Lesum, eine Gemeinde. Aber: Welcher Untertyp von Gemeinde ist es denn?
Wir sammeln, klären den Begriff »Bekenntnis«, verorten uns als evangelische, ja als lutherische Gemeinde. Auf dem Formblatt notieren wir auch die weiteren »Varianten« (katholisch, reformiert, orthodox, ... muslimisch,- »Moment, gehört das da hin???«), klären Begrifflichkeiten und kreuzen dann an, was auf unsere Gemeinde zutrifft.

Eine Liste der Ausführungsvarianten nennt dann die evangelischen Gemeinden in unserer Umgebung, sofern sie den Jungen einfallen. Auch da kreuzen wir letztlich dann »St. Martini« an und gehen weiter im Formular: Baujahr, Adresse etc. Ab Seite zwei werden die Gespräche und Überlegungen dann schwieriger, die Atmosphäre dichter, die Gruppe leiser. In den vier Ecken des Raumes brüten wir über den Bögen und formulieren leise unsere Antworten. Der äußere Rahmen von St. Martini (Gebäude, Einrichtungen, Friedhof, Kindertagesheim, Kleiderkammer, zwei Kirchen usw.), Einrichtung (Taufstein, Kanzel, Altar usw.), Prinzipien und Überzeugungen (Was ist uns wichtig? Was prägt das Handeln einer Gemeinde? Worum kümmern wir uns?). Was motiviert Gemeinde, was treibt sie an? Welche Menschen arbeiten hier? Welche Berufe und Tätigkeiten gibt es? Schnell sind die zwei Stunden um, in denen wir St. Martini einmal im Stile einer Explosionszeichnung betrachtet haben.

4. Sich überraschen lassen: Der Geocache an St. Martini

Spurensuche, das war den Jungen bekannt, sollte ein wesentlicher Teil unseres Projekts sein. Von Geocaching hatten wir in der Ausschreibung nicht gesprochen. Und so war davon auszugehen, dass alle Konfirmanden zu Beginn des Projekts echte »Muggel« sein würden. Das machten wir uns für den Start in diesen Teil unseres Projekts zunutze. Bei einem der nächsten Treffen sammeln wir auf auf dem Kirchberg in der Nähe einiger Bäume und nehmen die Kirche noch einmal von außen in Augenschein. Da gibt es Fragen nach der Höhe des Turms, dem Zweck der beiden kleinen Glocken, die außen am Turmhelm hängen usw. Spannend finden die

Jungen auch die Klärung, warum die Außenmauern ab einer Höhe von ca. 4 Metern nicht mehr aus Findlingen, sondern aus Ziegeln gemauert sind. Die alte Kirche war tatsächlich nach gut 500 Jahren zu klein; da riss man sie ab und verwendete die Steine zum Neubau eines größeren Kirchenschiffes am alten Turm. Klar, dass die Steine irgendwann ausgingen und man mit anderem Material weiterbauen musste. So tragen wir noch ein paar Informationen zusammen und wechseln dann langsam das Thema.

Kirche, so erzählt einer vom Team, das ist ja manchmal so eine Welt für sich. Und viele Leute wissen gar nicht, was genau da alles passiert. Solche »Nebenwelten«, »Parallelwelten« kennt ihr ja auch. Z.B.: Viele Kinder wissen nur wenig über den Arbeitsplatz ihrer Mutter, ihres Vaters. Viele Eltern kennen sich in der Spielewelt ihrer Kinder oder in den Hobby-Welten ihrer Jugendlichen nur wenig aus – und bekommen auch wenig erzählt. Es gibt also manchmal Dinge, die halten wir für unmöglich oder nicht existent, einfach, weil wir sie nicht kennenlernen konnten oder durften. Seit einigen Jahren, so setzt ein anderer fort, besuchen Leute unsere Kirche. Und wir, die wir in der Kirche arbeiten, wussten davon nichts! Im Internet tauschten diese Besucher Meinungen und Informationen aus. Und wir hatten keine Ahnung. Muggel, so nennt man solche Ahnungslosen. Und diese Besucher kamen hier her, um diesen Ort kennenzulernen, um diese kleine Dose zu finden! Ein schneller Griff in eine Höhlung im Baum neben uns fördert eine kleine Filmdose zutage. Überraschung macht sich breit. Nein, nein, die haben nicht wir hier für euch oder andere deponiert, die lag hier schon lange und erst im letzten Jahr haben wir das erfahren. In der Dose findet sich der obligatorische Papierstreifen, das Logbuch dieses Geocaches: »Gotteshäuser: St. Martini zu Bremen-Lesum«. Mit dieser Überraschung im Gepäck gehen wir in den KU-Raum und machen die Jugendlichen mit Geocaching und unseren Plänen zur Nutzung dieser modernen Schatzsuche im KU bekannt. Allein ein Blick auf GoogleMaps mit den vielen, vielen Caches im Umkreis von wenigen Kilometern rund um St. Martini motiviert die Gruppe, schon bald aufbrechen zu wollen. Überrascht von dieser »Parallelwelt« sind sie jetzt Feuer und Flamme, und wir brechen in kleinen Teams auf, um erste Geocaches an den Gotteshäusern der Umgebung aufzuspüren.

5. »Aufgehängt« – Kleider machen Leute

Wer ab und zu an alten Autos herumbastelt, der bekommt auch schon mal ölige Hände und schmierige Klamotten. Schon bald ist entschieden, dass für jeden Jungen und Mitarbeiter eine Blaumann-Hose zum Projekt gehören soll. Wir nehmen Maß und bestellen beim Versand für Handwerker. Als das Paket eintrifft, verwandelt sich unsere Projektgruppe in ein blaugewandetes Monteur-Team. Überhaupt: Trägt man dann die blaue Latzhose über oder unter dem Talar ...!?

Neben der Box mit den Klemmbrettern entsteht die Garderobe für die Arbeitskleidung. Nun ist unsere Gruppe auch im Unterrichtsraum dauerhaft präsent. Die schnell dahergesagte Redensart »Kleider machen Leute« lässt sich für eine kurze KU-Stunde nutzen. Kleidung hat oftmals eine Bedeutung. Ihre Farbe oder Art identifiziert Menschen oder Berufe, macht Hierarchien deutlich oder entspricht bestimmten Zwecken. Kleidung ist Stilmittel, ist Ausdruck meiner selbst. Wir reden über Marken, über geheime Botschaften, die bestimmte Accessoires übermitteln. Schlussendlich hängt irgendwann ein Talar neben den »Blaumännern«. Wir führen den Gedanken weiter. Warum nur dieses schwarze Gewand? Mutmaßungen. Wie wirkt es auf uns? Was bewirkt es im Gottesdienst, wenn derjenige, der sonst anders gewandet mit uns am Auto bastelt, jetzt diese »Kutte« trägt!? Ein paar Informationen, dann können auch die Jungen mal hineinschlüpfen. Das verändert ... Wir beschließen die Überlegungen mit einigen wenigen Hinweisen auf die Rolle des Pastors/der Pastorin bzw. Diakons/der Diakonin im Gottesdienst.

»Aufgehängt«- am Ende nicht nur die Hosen der Konfirmanden, sondern auch ein weiterer KU-Baustein am Auspacken der Arbeitskleidung.

6. Der erste Bau-Block

Mitte April verabreden wir uns dann zum ersten Mal zu zwei kompletten Arbeitstagen an den Fahrzeugen. Jetzt werden erstmals auch die Ärmel im Projekt hochgekrempelt, Hände (und später auch Gesichter) bekommen ihren Öl- oder Dreckanteil ab. Wir wechseln bei den Wartburgs Ölfilter und Reifen.

Die Luftfilter und Bremsbeläge werden überprüft. Und die kleinen Schönheitsreparaturen, die beim Arbeiten mit den Explosionszeichnungen aufgefallen waren, werden erledigt. Im Mittelpunkt der Treffen steht dann aber der BARKAS-Bus, der komplett »entkernt« und für eine Neulackierung vorbereitet wird.

Auch das Entfernen der Insignien des DDR-Staates gehört dazu. Dieser »Entmilitarisierung« folgen die Planungen für die Zukunft des Fahrzeugs. Die Jungen legen mit Flex, Elektrohobel und Bandschleifer den Holzbohlenfußboden im Inneren frei und beschließen, »das Parkett abzuschleifen und chic zu machen«. Später soll dann anstelle der Krankenwagenausstattung (die ja komplett fehlt), eine Liegefläche für zwei bis drei Jungs eingebaut werden.

Mit dem Bau-Block geht das Projekt erstmals für längere Zeit »nach draußen«, eine Veränderung, die atmosphärisch wichtig ist, weil die Autos in unserer Wahrnehmung bislang noch zu wenig mit dem Alltag der Gruppe verknüpft waren. Nach diesen Tagen ist das jetzt anders: Jeder nimmt seine Schramme und kleine Arbeitsverletzung mit nach Hause, die Autos sind uns ein deutliches Stück mehr ans Herz gewachsen.

7. Tourenplanung als Teil des Unterrichts

Schon vor der ersten Tour im Sommer 2008, und in der Folge immer wieder, wird deutlich: Auch und gerade die Planung der Touren bietet vielfältige Gelegenheiten, KU-Themen anzugehen. Wir haben den Touren schon im Vorfeld jeweils einen thematischen roten Faden »verpasst«. Diesen gilt es nun in der Feinplanung mit den Jugendlichen aufzunehmen und zu verfolgen. Doch wer eine Tour »auf den Spuren der Reformation« oder eine »Diakonie-Tour« plant, muss zuvor Begrifflichkeiten und Hintergründe klären. Mithilfe des Internets gelingt das unseren Jugendlichen immer besser. Doch Internetrecherche ist nicht alles. Die Fülle an Informationen gilt es zu sortieren, Wesentliches herauszustellen, »Überschriften« und Etappen zu formulieren. Ein gutes Gefühl für uns Unterrichtende ist es dann, wenn die Jugendlichen nachfragen, wenn sie Hilfe beim Gewichten des Erfahrenen erbitten. Dort wird dann Unterrichten schnell zu einem dialogischen Geschehen, bei dem beide etwas mitbringen: die Jugendlichen mehr an Fülle, als mir bislang bekannt war, ich selbst das erworbene Wissen um das Wesentliche.

Die Kleingruppen, die jeweils einzelne Tour-Tage erarbeiten, kümmern sich um vielerlei: Sie suchen über das Telefonbuch im Internet nach Gemeinden, die auf Übernachtung hin angesprochen werden, und knüpfen erste Kontakte dorthin. Sie arrangieren die Reiseziele (z.B. Lebensstationen Luthers) sinnvoll, also unter Berücksichtigung von Chronologie und Reiseroute. Sie stellen Steckbriefe zu den Orten auf der Reiseroute zusammen, wählen Geocaches aus, die gesucht werden sollen und erarbeiten sich so schon vorab einen Teil dessen, was ihre Mitkonfirmanden dann während der Tour erleben und lernen werden. Ganz nebenbei entsteht dadurch für die Jugendlichen der Vorbereitungsgruppen noch ein schöner Nebeneffekt: Ihnen ist es möglich, später auf der Tour etwas wieder zu erkennen, was sie in der Vorbereitung schon kennengelernt haben. Ein tolles, wenn auch oft unbewusstes Erlebnis, das dem Lernen sehr zuträglich ist.

Auf Tour

Mit den Sommerferien 2008 beginnt dann endlich die Reisezeit des WARTBURG-Projekts, die uns in den folgenden 10 Monaten im Rahmen von vier Touren quer durch Deutschland führen soll. Während uns rund um den Reformationstag 2008 eine »Tour auf Luthers Spuren« erwartet und im Frühjahr 2009 die Anfänge und Zentren diakonischen Handelns der Kirche im Mittelpunkt der Reise steht, ist diese erste Fahrt ein Erproben der Unterrichtssituation unterwegs. Die vier Reisetage führen uns letztlich in die Nordspitze Schleswig-Holsteins, wo wir mit gut 300 anderen Konfirmandinnen und Konfirmanden aus Bremen-Nord ein gemeinsames 6-tägiges Konfus-Camp anschließen. Die kleinen Planungsteams haben uns daher eine Route über die Hansestädte vorbereitet, in deren Verlauf wir in Hamburg, Lübeck und Kiel Station machen.
Eine Liste interessanter Geocaches unterwegs und in den Städten ist im Gepäck; ebenso einige Ideen zu Orten, die Ausgangspunkte für KU-Themen sein können. Und: nicht unwesentlich: Der Zettel mit den gastfreundlichen Gemeinden, incl. Telefonnummern der Ansprechpersonen und Notfall-Telefonnummern, falls wir doch nicht zur verabredeten Zeit eintreffen können. (s. KU-Theorie / Gastfreundliche Gemeinde, S. 89ff.).

Einige Erfahrungen der ersten Tour-Tage sollen im Folgenden die »Arbeit unterwegs« widerspiegeln:

1. Die Gruppe auf dem Rücksitz: KU unterwegs

Jetzt sind wir unterwegs. Immer vier Jungen und ein Mitarbeiter in jedem Wartburg, ein Konfirmand mit Mitarbeiter im BARKAS, der leider nur zwei zugelassene Sitzplätze bietet, der Rest im Gemeindebus, der unsere Touren mitmacht. Schon im Laufe der ersten Tour-Kilometer wird uns bewusst, welche Chance sich in diesen Autofahrten verbirgt: Zeit in Hülle und Fülle, und eine Kleingruppe, die eng beieinandersitzt. Im Alltag des Konfirmandenunterrichts wünscht man sich so manches Mal diese Gesprächssituationen. Hier ergeben sie sich zwangsläufig. Immer wieder geben wir seitdem kleine Gesprächsthemen oder Arbeitsaufgaben in die Autogruppen hinein. Gleich auf der ersten Fahrt wird der BARKAS-Platz mit besonderer Bedeutung bedacht: Während der anstehenden Touren wird jeder Jugendliche einmal einen Tag lang im BARKAS mitfahren. Immer dort wird dann gemeinsam am Glaubensbekenntnis gearbeitet. Durch Gespräch über die Artikel und gemeinsames Memorieren mit dem fahrenden Mitarbeiter bekommt jeder Unterstützung beim (notwendigen) Bedenken und Auswendiglernen dieses Kerntextes im KU. Einen besonderen Reiz gewinnt dieses Setting

auch dadurch, dass der jeweils erwachsene Fahrer prinzipiell ja beschäftigt ist. Er ist also in unmittelbarer Nähe, ist ansprechbar, aber doch nicht Teil der Kleingruppe, die gerade ein KU-Thema oder einen Arbeitsauftrag gemeinsam angeht. Er kann nicht lesen oder die Gesprächsleitung der Kleingruppe wahrnehmen. Auch das Aufschreiben von Ergebnissen ist nicht leistbar, während er Auto fährt. Und doch ist er ansprechbar, hört und denkt mit.
Die Erfahrungen der ersten Touren bestärken uns darin, diese Unterrichtssituation auch bei den nächsten Touren intensiv zu nutzen.

2. Was einem wider-fährt: Unterrichtsthemen »von der Hand in den Mund«
Ein Kernstück des WARTBURG-Projekts, wie auch einiger seiner Vorgänger, liegt in folgender Erfahrung: Wenn wir mit den Jugendlichen hinausgehen, wandelt sich unser Unterrichtsstil grundsätzlich. Themen wachsen uns zu. Sie widerfahren uns. Wir stehen in einer Kirche und entdecken Symbole, Bilder, Gegenstände, erkennen Zusammenhänge, werden von den Jugendlichen befragt, treffen unvermittelt auf Menschen vor Ort, die Themen aufwerfen oder durch ihr Verhalten die Konfirmanden zum Nachfragen anregen. Wir übernachten in Gemeinden, deren Name zur (Er)Klärung nötigt[3], erleben Ausschnitte aus dem Gemeinde-leben, blättern in ausliegenden Kirchenzeitungen und müssen Plakate oder Hinweise deuten, die dem Kircheninsider klar, den Konfirmanden aber erklärungsbedürftig sind. Manchmal gar ergeht es einem so wie beim Besuch in der Lübecker Marienkirche: Da steht ein Mann in beinahe mittelalterlicher Tracht am originalgetreuen Nachbau einer Gutenberg-Buchpresse und druckt zugunsten der Diakonie den 23. Psalm. Aus dem kurzen Stehenbleiben einer Kleingruppe wird schnell die Versammlung aller Konfirmanden. Wir hören von Gutenbergs Rolle im Zusammenhang der Reformation, können selbst einige Drucke anfertigen, bekommen ein paar Hinweise auf diakonische Arbeit im Kirchenkreis Lübeck, und haben noch am Abend die aufrichtig begeisterten Worte des Mannes im Ohr, der den Psalm 23 als das größte, das wunderbarste Gedicht und Glaubenszeugnis der Menschheit pries. »Warum eigentlich?«, fragt beim Hinausgehen einer der Konfirmanden. Grund genug, beim Abendabschluss diesen Text gemeinsam zu sprechen und der Antwort auf diese Frage miteinander auf die Spur zu kommen.

Nicht erst im Rahmen des WARTBURG-Projekts, sondern auch in Projekten zuvor habe ich erfahren dürfen, dass der Verzicht auf Detailplanung im Rahmen solcher Projekte keine Qualitätsminderung nach sich zieht, sondern oftmals erst frei macht, sich der gegebenen Unterrichtssituation zu öffnen und ihre Chancen zu nutzen. So leben wir, was die KU-Themen anbetrifft, ein Stück »von der Hand in den Mund«, eine Haltung, die uns jedoch ständig Suchende sein lässt, uns sensibel macht für laut oder auch nur indirekt gestellte Fragen der Jugendlichen und uns aufmerksam die Orte betrachten lässt, an denen wir uns gerade befinden.
Nicht in Vergessenheit geraten sollte bei einem solchen Vorgehen jedoch die Tatsache, dass auch in einem solchen Setting nur »ernten« kann, wer zuvor gesät hat. Denn ohne den Aufbruch, das Arrangieren von Lerngelegenheiten und das Aufsuchen pädagogisch nutzbarer Räume, ohne umfangreiche Planung des Projektrahmens und seiner Methoden also, wird ein solches Vorgehen vermutlich nicht mehr an Gewinn eintragen als eine nicht oder kaum vorbereitete Unterrichtsstunde im heimatlichen Gemeindehaus, bei der »schnell mal« Versatzstücke früheren Unterrichts spontan moderierend aneinandergefügt werden.
Den Jungen des Projekts jedenfalls ist schnell klar geworden, dass die Frage »wann Unterricht ist« nie im Vorhinein beantwortbar ist. »Bei Gelegenheit« könnte die einzige angemessene Antwort sein.

3. »Schau doch bitte noch mal nach« – Hausaufgaben oder: Was zu klären übrig bleibt
Nicht alles lässt sich jedoch vor Ort klären. Die astronomische Uhr in St. Marien zu Lübeck und der »Lübecker Totentanz« zum Beispiel. Auch die Frage nach der »Nagelkreuzgemeinschaft«. Irgendwann muss im Interesse der guten Arbeitsatmosphäre und um den Jugendlichen nicht die Lust zu nehmen, immer wieder mal nachzufragen, Schluss sein! Nicht alles, was sich zu sagen aufdrängt, wenn wir mit Konfirmanden eine Kirche besuchen, sollte ausführlich erklärt werden. Aber: Manche Gelegenheit bietet sich so schnell nicht wieder. Dann ist es gut und richtig, Themen zu vertagen. Es ist gut, in der Gruppe eine Kultur zu fördern, in der sich immer wieder einmal jemand bitten lässt, zu Hause noch einmal nachzulesen, nachzuforschen und eine Sache dann beim nächsten Mal vorzustellen. »Schau doch bitte noch mal nach!« Das muss nicht nach Strafarbeit klingen, sondern kann ein guter Weg sein, die aktuelle Situation zu entspannen, nicht noch länger zuhören, betrachten »lernen« zu müssen und doch der sich bietenden Gelegenheit gerecht zu werden. Ich bitte ja, weil mir die Sache wirklich wichtig ist. Vielleicht ein Grund mehr für den/die Jugendlichen, der (Haus)Aufgabe auch tatsächlich nachzukommen.

Koordinaten unterwegs überprüfen

4. Zeichen deuten: Geocaching im KU
Geocaching, wie schon gesagt, ist integraler Bestandteil dieses Projekts. Im Rahmen der ersten Tour konnten wir dabei vor allem beobachten, dass die Suche nach den Caches die Jungs im Deuten von Zeichen, von Hinweisen spürbar qualifizierte. Beinahe nebenbei stellen sie sich Fragen wie »Was könnte das bedeuten?«, »Was sieht so ähnlich aus wie ...?« »Gehört das hierher, hier an diese Kirche?«. Zeichen deuten, Hinweise verstehen, sich etwas erklären können, das sind Fähigkeiten, die sich im

Rahmen der Konfirmandenarbeit wunderbar nutzen und ausbauen lassen. Auch da suchen wir nach Sinn, wollen verstehen, deuten Hinweise, machen uns einen »Reim« auf etwas.
Natürlich suchen wir nicht immer nur an Kirchen. Mancher Cache liegt einfach nur auf der Strecke oder klingt interessant. Egal. Wir er-fahren auf diese Weise die Städte, die Gegenden, in denen wir gerade sind. Lassen uns von Menschen, die sich auskennen, zu Orten führen, die sie für schön und wichtig halten. Wir erfahren Stolz und Glück, wenn wir erfolgreich waren, und lernen mit Misserfolg umzugehen und den Moment abzupassen, an dem es besser ist, die Suche aufzugeben.

5. Geocoins als Schätze: Werte und Mission(en)

Bei einem der ersten Treffen stellten wir den Jungen auch die »Reisenden« im Rahmen von Geocaching vor: Die Travel Bugs und Geocoins[4], die von ihren Besitzern in einem Cache abgelegt werden, oftmals mit einem Auftrag, einer Mission. Dabei entstand schon damals der Plan, selbst eine Geocoin-Serie herstellen zu lassen[5].

Jetzt, im ersten Drittel der Projektzeit, kommen wir darauf zurück. Mehrere Themen und Notwendigkeiten ergeben sich aus diesem Plan. Ein Design muss her. Das lässt die Gruppe einmal mehr über das Profil, über das Wesentliche unseres Projekts nachdenken. Gemeinsam klären wir dann Begrifflichkeiten wie »Schatz« und »Wert«, denn die Erfindung von Geocoins geht auf die Initiative einzelner Cacher zurück, die in den ausliegenden Schätzen tatsächlich auch Wertvolles, Münzen nämlich, deponiert wissen wollten. Aber was, so fragen wir uns, ist wirklich wertvoll. Was ist ein Schatz an sich?
Unsere Münzen, 25 an der Zahl, bekommen wie viele andere Coins auch, einen Auftrag, eine Mission! Schon wieder ein Begriff, den wir zunächst einmal vom Wortsinn, dann aber auch von seiner kirchengeschichtlichen Relevanz her beleuchten. Was ist Mission? Was ist Auftrag? Wer ist Auftraggeber und wer Empfänger. Wann ist der Auftrag erfüllt? Wann war (die) Mission erfolgreich? Wir wechseln bei der Klärung dieser Fragen immer wieder die Ebene. Erkenntnisse der einen (z.B. der Geocaching-Ebene) versuchen wir auf der anderen Ebene (»christliche Mission«) Ebene einmal auszuprobieren.
Letztlich wählen die Jungen eine ihnen wichtige Mission für jede unserer Münzen. Sie alle bekommen den Namen von jeweils einem Projektmitglied, und den Auftrag, zurück nach Lesum zu reisen, wo auch immer sie »ausgesetzt« werden. So werden, nach und nach, unterschiedlichste Menschen auch St. Martini einen Besuch abstatten, unsere Gemeinde kennenlernen, zumindest, um eine der Münzen an ihren Bestimmungsort zu bringen.

Erfahrungen

Der »Wartburg«, das Wartburg-Projekt, beide haben mittlerweile Fahrt aufgenommen. 2009 wird es mit der Konfirmation der Jungen dieser Gruppe zu Ende gehen. Vier Touren wird es dann, mit unterschiedlichem thematischen Schwerpunkt gegeben haben. Etwa 30 weitere Treffen werden stattgefunden haben.
Gespannt blicken wir schon jetzt auf die Konfirmation dieser Gruppe und beteiligen uns an den unkonventionellen Plänen für die Gestaltung dieses Festtags. Der Küster jedenfalls »befürchtet« schon jetzt, dass ein Wartburg im Innenraum der Kirche den Hintergrund für einen Gottesdienst bilden wird, der dann hoffentlich viele der gemachten Erfahrungen bündeln kann, und uns das Wahrnehmen und Annehmen der Zusage Gottes zum Fest werden lässt.

Auf der dem Heft beiliegenden CD-ROM im Verzeichnis zu diesem Artikel findet sich:
LM 1 Der Terminplan des Projekts
M 1 Das Arbeitsblatt »Hausbegehung«

Anmerkungen

1. Reisesegen, Gottesdienst zum Tischgruppen-Thema, Reformationstag, Gottesdienst mit Vorstellung der Projektergebnisse, Gottesdienst im Konfus-Camp etc.
2. Diese Aktion geht zurück auf eine Anregung aus dem Buch von Hermann Brünjes: Bibelarbeiten für alle Sinne, Aussaat 2001
3. Zwei Bugenhagen-Gemeinden (in Lübeck und Kiel) waren z.B. Stationen der ersten Tour. So kam auch dieser bedeutende deutsche Reformator und Weggefährte Martin Luthers einmal zur eher seltenen »Ehre«, im Mittelpunkt des KUs zu stehen.
4. vgl. KU-Baukasten / Baustein 1, Absatz: Travelbugs und Geocoins
5. z.B. möglich über www.geocoinshop.de u.a.

Jakobus auf der Spur

Mit dem Fahrrad auf Spurensuche entlang der alten Pilgerwege zwischen Bremen und Santiago de Compostela

Von der Idee zum Projekt

»Wir suchen nach uns!«
Das meine ich zunächst ganz praktisch! Kommt ein Gruppenfoto auf den Tisch, gilt der erste suchende Blick der eigenen Person. Ähnlich ist es bei Zeitungsberichten, Listen, Tabellen, Gästebüchern. Manch einer schlägt im neuen Telefonbuch den Eintrag nach, unter dem er dort vermerkt ist.
»Wir suchen nach uns« heißt im Kern auch: Man nimmt genauer wahr, was einen selbst betrifft. Diesem Prinzip ist das Zustandekommen des Pilger-Projekts »Jakobus auf der Spur« zu verdanken. Beim Blättern in einer Zeitschrift stieß ich auf eine Karte Mitteleuropas, die den Verlauf der alten Pilgerwege zeigte. Zunächst erstaunte die Dichte des Wegenetzes: vom hohen Norden bis nach Südfrankreich und von den alten französischen Pilgersammelorten Le Puy, Tours und Vézelay weiter bis in den Westen der iberischen Halbinsel nach Santiago de Compostela. Wirkliche Bedeutung gewann diese Karte jedoch in dem Moment, als der Blick auf die eigene Stadt Bremen fiel. Unser Heimatort ist sichtbar eine Station im Netz der Pilgerwege!
Bremen? Von Bremen aus nach Santiago de Compostela? Das sollen Menschen in großer Zahl zu Fuß bewältigt haben? Immer wieder wandert der Blick über die Karte, verbindet Punkt für Punkt die Wegetappen zu einer Reiseroute. Zunächst geschieht das nur im Kopf, dann aber, beim nächsten Treffen mit ehrenamtlichen Mitarbeiterinnen und Mitarbeitern, schon im Gespräch. Bald hat uns die Idee gefangen genommen. Zu viert sitzen wir über der Karte, das Jahresthema 2003 (Spuren) im Hinterkopf, und schmieden Pläne für eine Gruppe Jugendlicher, die sich unterwegs auf ihre Konfirmation vorbereiten soll.

»Pilgern ist doch altmodisch!«
Im Kreis der ehrenamtlichen Mitarbeiterinnen und Mitarbeiter waren die ersten Reaktionen auf die neue Projektidee von drei Ehrenamtlichen und mir nicht gerade euphorisch.
Ob sich da genügend 6. oder 7. Klässler anmelden, damit dieses große Vorhaben überhaupt in die Tat umgesetzt werden kann? Kann man mit dem altmodischen Stichwort »pilgern« Jugendliche

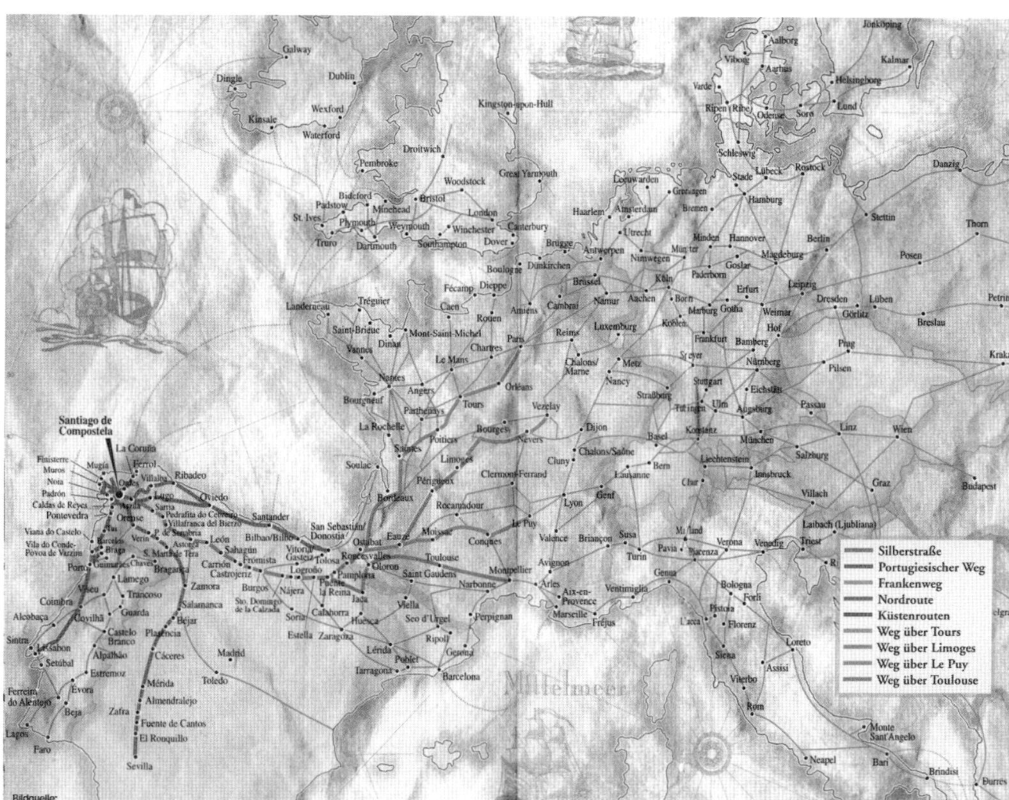

Bildquelle: Andreas Drouve, Lexikon des Jakobsweges, Personen – Orte – Legenden, Herder Verlag, Freiburg, Basel, Wien

Jakobus in Bremen

überhaupt gewinnen? Aber wir vier waren uns sicher: Das wird klappen. Die Mischung schien gut: ein wenig Reiselust, ein wenig Faszination beim Suchen alter Spuren, ein wenig Vorfreude auf eine ganz außergewöhnliche Konfirmandenzeit. Mit »Jakobus auf der Spur – das Pilgerprojekt« wagten wir erneut einen ungewohnten Weg, Jugendliche auf die Konfirmation vorzubereiten.

Pilgern knüpft an unserer Lust zu entdecken an

Pilgern, so hatten wir in Vorgesprächen für uns herausgefunden, lebt nicht in erster Linie von Gespräch und Diskussion und der Begegnung mit unterschiedlichen Menschen. Pilgern ist ganz wesentlich Lust auf Entdeckung und Spurensuche. Für die 15 Jugendlichen, die einen Platz im Pilger-Projekt bekamen, war es eine motivierende Information, dass Europa durchzogen ist von Pilgerwegen der Jakobspilger. Ihnen zu folgen, ihre Spuren zu entdecken, zu deuten und sich von ihnen über Hunderte von Kilometern leiten zu lassen, hatte einen hohen Aufforderungscharakter. Pilgern packt uns bei unserer Lust an Schnitzeljagden und Suchspielen. Pilgern definiert sich vom Ziel, vom Ende der Reise her. Es ist motiviert durch die Vorfreude auf die Ankunft. Aber Pilgern führt uns auch an Ziele anderer Art. Wir entdeckten ebenso: Schritt für Schritt, Kilometer für Kilometer wächst dem Unterwegs-Sein mehr Bedeutung zu und lässt am Ende das Ankommen fast zur Nebensache werden.

Im Vorbereitungskreis gaben wir unserer ersten Idee eine konkrete Gestalt. Etappen wurden verabredet, Themen des KU einzelnen Bausteinen des Projekts zugeordnet, Methoden gewählt, eine Ausschreibung vorbereitet. Das Jahresprogrammheft warb dann mit folgendem Ausschreibungstext um Jugendliche:

Ausschreibungstext

Pilgern heißt vom Wortsinn her zunächst einmal nicht mehr als »in die Fremde gehen«.

Pilgern war zu allen Zeiten immer der Beginn eines großen Abenteuers.

Pilgern wirkt dreifach: in mich hinein, aus mir heraus für andere, über mich hinaus in die Zukunft.

Pilgern war im Mittelalter die Vernetzung vieler Menschen mit gleicher Basis (lange vor dem Internet!).

Pilgern ist eine Sache des Einzelnen und bringt ihn dabei in Gemeinschaft mit Anderen.

Pilgern ist »Beten mit den Füßen«, mit dem Körper.

Pilgern ist für Bremer nichts Neues, ...

... denn Bremen war Station eines der vielen Pilgerwege, die Europa durchzogen und die Menschen auf festen Pfaden bis Santiago de Compostela in Nordspanien führten. Dort ist der Legende nach Jakobus, einer der Jünger Jesu, begraben. In Bremen stehen an mehreren Stellen Statuen von ihm mit allen Pilger-Utensilien (dem Wanderstab, dem Pilgerhut, der Muschel): am Packhaus im Schnoor, hinter der St. Martini-Kirche in der Innenstadt und im Focke-Museum. Pilgern, so glauben wir, kann für Jugendliche eine spannende Erfahrung sein!

Wir haben in den kommenden Jahren Großes mit euch vor!

Von Bremen aus begeben wir uns auf eine Fahrrad-Pilgerfahrt, die uns in 6-7 Ferienetappen bis Santiago de Compostela führen soll. Immer wieder bringen uns zwei Kleinbusse mit den Rädern zurück an den Endpunkt der letzten Tour. Übernachtet wird auf einfache Weise in Gemeindehäusern, Zelten und Pilgerherbergen. Unterwegs beschäftigen uns neben Spiel, Spaß und Fahrradfahren auch all die Themen, die ihr sonst im Konfus bedenken würdet; daher ersetzt dieses Projekt auch den Konfirmanden-Unterricht und ihr könnt euch nach langer Reise und 2 Jahren Pilger-Projekt konfirmieren lassen. Unsere Pilgerfahrt ist dann etwa in Südfrankreich angekommen. Wir besuchen für ein paar Tage auch die ökumenische Klostergemeinschaft in Taizé. Wer mag, kann im Sommer des Konfirmationsjahres die Schlussetappe mitmachen, die bis Santiago de Compostela führt. Ergänzend zu den Reisen finden Treffen im Gemeindehaus statt.

Startphase

In der Startphase des Pilger-Projekts fanden zwei Treffen im Gemeindehaus statt. Auf dem Programm stand jeweils auch eine kurze Tour. Ein drittes Treffen fand kurz vor der 1. Etappe statt und diente der organisatorischen Vorbereitung.
15 Jugendliche (6 Mädchen, 9 Jungen) aus der 6. und 7. Klasse hatten sich von der Ausschreibung ansprechen lassen. Ein Brief lud zum Auftakttreffen im Mai ins Gemeindehaus ein. Das Pilger-Projekt 2003-2005 hatte begonnen.

1.Treffen: Sich einfinden in die Gruppe und ins Projekt »Wir suchen nach uns!«

Im großen Kreis sitzen wir um ausgebreitete Landkarten und Stadtpläne herum. Bremen, Lesum, Europa, die alte Pilger-Karte, Köln (Wohnort einer Mitarbeiterin), Palästina, der Mittelmeerraum. Ännie, jüngstes Mitglied im Leitungsteam, begrüßt uns alle und stellt sich kurz vor. Im Mittelpunkt stehen dabei »wichtige Orte in ihrem Leben«. Während sie erzählt, markiert Ännie auf dem Stadtplan von Lesum, der Deutschland- und der Europakarte mit Klebepunkten Stationen ihres Lebensweges. Wir erfahren ihren Geburtsort, wo sie

gerade wohnt, ihre Schule, ihre Hobbies und deren Orte, aber auch von einem tollen Urlaub in der Schweiz und dass sie einige Jahre mit ihrer Familie in Toulouse gelebt hat. Die erste abwartende Zurückhaltung bei den Jugendlichen lockert sich; schnell hocken sich Einzelne auf den Boden zu Ännie und suchen nun ihrerseits »ihre Straße«, »ihre Schule« und die letzten Urlaubsorte. Wir suchen nach uns, nach unseren Anknüpfungspunkten im großen Ganzen. Bewegung ist mittlerweile entstanden. Jetzt geht es reihum und wir hören die Geschichte und Geschichten jedes und jeder Einzelnen. Nach und nach füllen sich die Karten. Nach gut einer Stunde sind wir von der Erzähllust der Gruppe positiv überrascht und geben ihnen diesen Eindruck mit Dank zurück. Dann ist Zeit für das eine oder andere Spiel. Nach zwei Bewegungsspielen auf der Gemeindewiese brechen wir zu Fuß auf. Unser Ziel: Der gemeindeeigene Friedhof. Ohne große Ankündigung und Erklärung gehen wir die gut 1000 Meter bis zum Tor. Als wir den Friedhof betreten, bitten wir um ein wenig leisere Gespräche und durchqueren ihn auf leicht verschlungenem Kurs fast vollständig. Am Ende stehen wir an einem Grabstein mit Kreuz und Stern, vor dem sich ein wenig mehr Platz zum Sammeln befindet.

Kompost oder Sternenfeld?

Warum sind wir hier? Wer war schon einmal hier? Welche Symbole könnt ihr entdecken und evtl. sogar deuten? Was könnte dieser Ort mit unserem Projekt zu tun haben? Im Gespräch nähern wir uns diesen Frage an.
Einige der Jugendlichen haben schon einen oder mehrere Angehörige verloren. Sie zeigen, wo ungefähr deren Gräber auf dem Friedhof liegen und erzählen von der Beerdigung. Kreuz und Stern werden schnell mit Jesus in Verbindung gebracht. Sie künden von Geburt und Tod. Wir stellen fest, wie vertraut uns Kommunikation mithilfe solcher Zeichen ist. Ohne weitere Erklärung war uns sofort klar, dass das Datum mit dem Stern den Geburtstag bezeichnet. Symbole scheinen eine deutliche Sprache zu sprechen. Im Verlauf der Touren werden wir auf diese Thematik immer wieder eingehen.
»Ein Grab«, so werfen wir in die Runde, »ist auch das Ziel unserer Reise!« Niklas und Susanne erzählen anhand kurzer Ausschnitte aus dem NT von Jakobus dem Älteren. Der Name Santiago de Compostela ist den Jugendlichen nun längst ein Begriff. Aber: Was heißt er eigentlich? Mithilfe zweier Jungen, die Spanisch als zweite Fremdsprache haben, klärt sich schnell, dass Santiago die spanische Übersetzung von Jakob bzw. Jakobus ist. An Teil zwei des Ortsnamens müssen wir uns herantasten. Über die Frage, was eigentlich mit den Verstorbenen passiert, die hier begraben wurden, kommen wir zu Begriffen und Gedanken wie Verwesung, Seele, »ein Grab bricht ein«, Urnen, »Aber was ist mit den Knochen?« usw.!
»Und dann kommen irgendwann die Würmer und fressen dich auf«, sagt einer der angehenden Konfirmanden. »Wie bei uns zuhause auf dem Kompost!«, ergänzt ein anderer.
Kompost! – Moment – da haben wir's doch, oder? Ungläubige Blicke treffen uns Betreuerinnen und Betreuer. Compostela soll so etwas wie der Komposthaufen sein, auf dem die Reste von Jakobus verwesen?
Nun, auch wir haben uns dieses Wissen nur angelesen, aber das lateinische Wort »compostum« ist durchaus mit »Friedhof« übersetzbar. Die zweite Erklärung des Wortes Compostela (Campus stellae – Sternenfeld)[1] ergänzen wir in Kürze; während der Touren wird genügend Zeit sein, auf Herkunft und Bedeutung dieser Deutung einzugehen.
Das erste Treffen geht zu Ende. Für den zweiten Termin in 14 Tagen verabreden wir Fahrräder mitzubringen und kündigen eine Tour in die Bremer Innenstadt an.
Am Abend dieses ersten Termins findet außerdem ein Elternabend statt. Die Eltern lernen das Team kennen. Das gesamte Vorhaben, insbesondere die Verknüpfung mit der Vorbereitung auf die Konfirmation, wird vorgestellt. Eltern und Team nutzen den Abend zur Klärung offener Fragen. Der Abend verläuft atmosphärisch sehr positiv. Die Eltern lassen sich von der Idee anstecken und finden Vertrauen in unser Vorhaben. Dies ist eine nicht zu vernachlässigende Grundlage für solche Projekte.

2. Treffen: Beweggründe Wir sind mittendrin!

Vor dem Gemeindehaus sammeln wir uns mit den Rädern.
Mit einem kurzen Rückblick knüpfen wir an die Gedanken des letzten Treffens an: Ein wichtiger Ort ist unser Reiseziel. Ein Grab zudem. Ein Mann steht im

Mittelpunkt unserer Spurensuche; einer, der Jesus von Nazareth nahestand. Unsere Reise wird alten Reiserouten folgen, die Menschen vor uns gegangen und gefahren sind. Ein Blick auf die Karte der Jakobswege macht dies deutlich. Die Reise nach Santiago de Compostela muss die Jahrhunderte hindurch viele Menschen fasziniert haben. So viele verschiedene Wege durchziehen Europa! Wir sind, wir werden Teil von etwas »Großem«.
Wieder greift das bekannte »Prinzip«: »Guck mal«, sagt eine, »durch Bremen geht eine der Strecken direkt durch!«. Auch wir hängen im Netz frommer Pilgerei. Auch Bremen hat darin eine Tradition.
Mit dem Rad brechen wir auf. Erste Erfahrungen damit führen zu Verabredungen für das Radfahren in einer Gruppe. Immerhin sind diese ersten Kilometer der Beginn einer Radtour, die in den folgenden Jahren gut 2.500 Kilometer umfassen wird.
In Bremen angekommen, gilt es inmitten des Bekannten den Blick für das Besondere zu schärfen. Natürlich waren wir alle schon viele Male hier, aber wo soll jetzt irgendetwas von Jakobus zu sehen sein? Die Spurensuche beginnt.

Jakobus der Ältere und die Jakobsmuschel

Gleich an vier Orten der Bremer Innenstadt finden sich Statuen von Jakobus dem Älteren: Im Innenhof des Doms, hinter der St. Martini-Kirche in der Altstadt, am Packhaus im Schnoorviertel und im Focke-Museum. Pilgerhut, Stab und Beutel weisen sie aus, auch die ersten Jakobsmuscheln begegnen uns hier. Zwei Jahre lang werden wir uns von diesem Zeichen den Weg weisen lassen, denn die Jakobspilgerwege sind zum großen Teil mit der stilisierten Jakobsmuschel beschildert.
In kleinen Gruppen ziehen die Jugendlichen los, um noch mehr in Erfahrung zu bringen. Zuvor haben wir Ideen gesammelt, wo und wen man fragen könnte (z.B. City-Marketing, Tourist Information, Kirchliches Infocenter »Kapitel 8«, Jakobi-Gemeinde, ... aber auch Bürgerinnen und Bürger auf der Straße). Eine Stunde tragen wir die neuen Erkenntnisse im Dom-Innenhof zusammen. Eine Kleingruppe hat von der St. Jacobi-Kirche erfahren, die den Bomben des 2.Weltkiregs zum Opfer gefallen und nicht wieder aufgebaut worden war. Zwei Jakobus-Bruderschaften wurden in Bremen (eine vor und eine nach der Reformation) gegründet; beide bestehen bis heute fort. Auch die Hanse nahm Jakobus (neben dem Heiligen Nikolaus) als Schutzpatron der Reisenden wichtig. Hospize gab es in Bremen, um die Pilger aufzunehmen. Wir entdecken: Bremen war ein wichtiger Ort im Netz der europäischen Pilgerwege.
Das Treffen endet mit einer kurzen Betrachtung zur Jakobsmuschel. Mit einem Lied steigen wir in die meditative Betrachtung ein, hören aus alten Pilgertexten von der Ähnlichkeit der Muschel mit den Fingern einer Hand, von ihrem Nutzen als Trinkschale und Erkennungszeichen. Wir bemerken die doppelte Sicht auf die Strahlen im Muschellogo: Von ihr gehen sie aus und erleuchten die Welt. Als Wege, Pilgerwege, betrachtet, führen sie von überall her (auch uns) zum einen Ziel.
Auch wir erhalten alle eine Jakobsmuschel und nehmen uns vor, diese auf allen Touren dabeizuhaben. Für einen kurzen Moment ist auf einmal das Ziel vor Augen. Die Fantasie geht mit uns schon weit voraus: Wie wird es sein, wenn wir irgendwann einmal in Santiago sind?

3. Treffen: Wir machen uns reisefertig: Bibel, Pilgerpass und Jakobsmuschel

Ein letztes Treffen vor der ersten Tour nutzen wir, um über Fahrradausrüstung und Gepäck zu sprechen. Wir packen ein »Musterfahrrad« und überlegen dabei, was und wie viel an Gepäck und Kleidung wirklich nötig ist. Pilgern heißt auch: Beschränkung auf das Wesentliche. Die Jakobsmuschel ist schnell am Rad befestigt; manch einer transportiert sie auch an der Lenkertasche. Ein Pilgerstock ist für Radfahrer entbehrlich, aber ein Pilgerpass gehört eigentlich zur Grundausstattung. Für die letzte Etappe, die Strecke durch Spanien, ist der Sinn des Pilgerpasses offiziell geregelt.[2] Für die vielen Tage und Kilometer auf dem Weg bis zur spanischen Grenze jedoch gibt es kein geregeltes Verfahren.
Uns erscheint dieser Pass nicht so wichtig, mit dem man sich später die Compostela[3] ausstellen lassen kann. Auch die Funktion als »Schutzbrief« gehört schon lange der Geschichte an. Für uns ist ein Pass vielmehr eine wunderbare Möglichkeit, den zurückgelegten Weg zu dokumentieren. An allen Orten um Stempel zu bitten, Eintragungen vorzunehmen, Kilometer zu notieren, Fotos einzukleben,[4] dafür hätten wir gerne ein Dokument, das uns begleitet. Kurzerhand entwerfen wir einen eigenen Pass, den uns die Pastorin unserer Gemeinde als »Aussendende« bei der Abfahrt aushändigt.

Nicht viel mehr als dieser Pass, die Muschel und eine Bibel soll uns (außer der Kleidung) auf dem Weg begleiten. Im Radanhänger komplettieren wir dann noch die Ausrüstung mit einem Grundstock an Lebensmitteln, Liederbüchern, Fotoapparat und Gitarre. Für die Bibeln haben wir uns im Vorbereitungskreis noch eine Besonderheit ausgedacht. Nach altem Muster sollen alle Mitreisenden ihre ganz persönliche Bibel in einem Lederumschlag, einer kleinen Tasche, mit sich führen. Darin ist auch Platz für einen Stift, den Pilgerpass und ein paar kleine Zettel für Notizen.
Aus Lederresten und einigen Fensterledern stellen wir zum Abschluss des dritten Treffens solche Ledertaschen her. Die Vorbereitungen sind abgeschlossen! Jetzt kann es losgehen!

Aufbruch

Es ist so weit:
»Am Donnerstag, dem 5.6.2003 bin ich in der St. Martini-Kirche zu Bremen-Lesum aufgebrochen, um mit dem Fahrrad im Laufe der nächsten Monate auf Jakobus' Spuren bis Santiago de Compostela zu reisen.
Das bestätigen die Kirchengemeinde St. Martini... (Unterschrift der Pastorin/ Kirchensiegel), ich selbst ... (Unterschrift) und alle Mitreisenden ... (Unterschriften)«.

So kann man es auf der Innenseite unserer Pilgerpässe lesen. Ein kurzes Lied im Altarraum von St. Martini, wenige Worte der Pastorin, ein kurzes Gebet und Worte eines alten Pilgersegens ... und schon sitzen wir auf den Rädern und rollen den Kirchberg hinab. Auch der längste Weg beginnt mit dem Aufbruch vor der eigenen Tür!
Ein Jahr ist vergangen, seit ein erster Blick auf eine Karte mit Pilgerwegen die Planung und Durchführung des Jakobus-Projekts in Gang setzte.

Das Gesamtprojekt

Das Pilgerprojekt »Jakobus auf der Spur« gliedert sich in fünf Freizeitetappen, begleitende Treffen und eine Abschlussfreizeit nach der Konfirmation. Bewusst fällt damit das Ende des Projektes nicht mit der Konfirmation zusammen. Sich konfirmieren zu lassen bleibt Angebot und nicht logische Konsequenz der Teilnahme am Projekt.

Im Überblick ergibt sich folgende Struktur:

3 Treffen 14-tägig, jeweils 2-3 Stunden	Kennenlernen, Pilgern, Ledertasche, Informationen über den Ablauf des Projekts, Probefahrt, Jakobus in Bremen
Sommer 2003: 6-tägige Radtour	Von Bremen nach Neubeckum
5 Treffen	Themenschwerpunkt: Kirche in Lesum und Bremen
Herbst 2003: 7-tägige Radtour	Neubeckum – Köln
7 Treffen	Themenschwerpunkt: Kirchenjahr, Feiertage und ihre Wurzeln
Ostern 2004: 9-tägige Radtour	Köln – Metz
8 Treffen	Themenschwerpunkt ist das Jahresthema 2004 »Elemente«: Schöpfung (incl. Gottesbild), Taufe (»Wasser«), Kartoffelackerprojekt (»Erde«, s. KU-Baukasten/ Baustein 4, S. 61ff.), Hl. Geist (»Feuer« und »Luft«)
Herbst 2004: 11-tägige Radtour	Metz – Taizé
8 Treffen	Themenschwerpunkte: Religionen im Überblick, 10 Gebote, »Wie soll ich leben?«
2 Treffen	Vorbereitung auf die Konfirmation, »Was darf ich hoffen?«
Ostern 2005: 8-tägige Radtour	Taizé – Le Puy
Anschließend	Konfirmation
Sommer 2005: 12-tägige Wanderung in Spanien	Villafranca – Santiago de Compostela
September 2005	Abschlusstreffen

Die Radetappen

Wir richten uns im Unterwegs-Sein ein

Nun sind wir also mittendrin. Die erste Fahrradetappe führt uns auf die andere Weserseite und ins ländliche Altenesch. In der Pastorei übernachten wir und verbringen den ersten Abend am Lagerfeuer. Weiter geht es über Wildeshausen, Damme, Osnabrück und Sassenberg bis Neubeckum. Schnell richten wir uns im Unterwegs-Sein ein. Die gastfreundlichen Gemeinden am Wegesrand geben mit ihren Räumlichkeiten vieles vor (s. KU-Theorie / Gastfreundliche Gemeinde, S. 89ff.). Wo es eine Spielwiese gibt, wird abends draußen gespielt. Manchmal ist ein Kicker da oder andere Spielgeräte, die nach Ankunft zunächst mal genutzt werden. Immer gehört das Kochen für die ganze Gruppe zu den Aufgaben, die gerne übernommen werden. Nach dem Eintreffen lebt es sich häufig ein, zwei Stunden vor sich hin: einige spielen, andere schreiben ins Pilger-Tagebuch, kochen oder ruhen sich aus. Nach dem warmen Abendessen gibt es dann wieder Gemeinsames. Der Abendabschluss beendet den Tag. Während der ersten beiden Ferienetappen stehen dabei christliche Symbole im Mittelpunkt.
Es ist erstaunlich, mit wie wenig Abwechslung und »Programm« alle auskommen. Ein Tag reiht sich an den nächsten. Das Beladen der Räder und Aufräumen im Gemeindehaus gerät zur Selbstverständlichkeit, die mit zunehmender Dauer des Projekts immer ruhiger und schneller vonstatten gehen.

Ist auch das schon ein wenig Eintauchen in die Erfahrungswelt von Pilgern? Im Leitungsteam sitzen wir abends noch beisammen und führen unser Projekt-Tagebuch. Wir machen Pläne, notieren Themen, über die wir heute mit den Jugendlichen im Gespräch waren und reden über alles, was dieses Projekt ausmacht: über »Heute« (Reflexion), über »Morgen« (Planung) und über »die Kinder«. Manchmal empfinden wir die dafür investierte Zeit als lang. Aber wir sind uns einig in dem Gefühl, dass diese Zeit zugleich einen Luxus, einen Gewinn des Unterwegs-Seins darstellt. Nirgends sonst gibt es so viel Raum für die Beschäftigung mit den Einzelnen. Das prägt die Qualität unserer Beziehung nachhaltig. Indem wir uns auf ein solches Vorhaben einlassen, geben wir auch dieser intensiven Erfahrung miteinander Gelegenheit. Mit dem Aufbruch ist bereits der größte Beitrag geleistet: Wir geben Zeit für unser Vorhaben. Nun sind wir unterwegs und genießen das Gefühl, Zeit zu haben. Dieses Gefühl bestimmt auch die Atmosphäre an den Tagen unterwegs. Selten kommt Hektik auf. Vieles ist möglich. Immer wieder halten wir ungeplant an, weil Interessantes oder Ungewöhnliches zu sehen ist.

Kaum Bedarf an »Reiseführer-Wissen«

»Die Gunst der Stunde nutzen« beschreibt auch den Umgang mit der vielfältigen Pilger-Tradition am Wegesrand. Obwohl nicht nur ein Reiseführer im Gepäck ist, hangeln wir uns nicht an den Sehenswürdigkeiten und Spuren der Jakobspilger entlang. Wir nutzen diese Bücher eher als Nachschlagewerke, wenn sich uns Gebäude, Zeichen oder Hinweise nicht sofort erschließen. Vieles, das uns Mitarbeitenden selbstverständlich ist, ist Konfirmandinnen und Konfirmanden völlig unbekannt. Und viel mehr an Information als das, was wir selbst geben können, ist häufig weder nötig noch vermittelbar. So machen wir uns unterwegs oder in Kirchen und Kapellen am Wegesrand Gedanken über Heiligenscheine an Statuen, über Antependien an Pulten und Altären, fragen uns, warum Paulus nicht mit den Zwölfen auf dem Flügelaltar abgebildet ist und wie man eigentlich am Kreuz zu Tode kam. Vieles wird zum Thema, über das die älteren Jugendlichen von sich aus Auskunft geben können. Eher selten wird der theologisch informierte Diakon benötigt, kaum einmal etwas, was nur der Reiseführers weiß. Oft stehen auch die gefragten Informationen in den jeweiligen Kirchen auf Tafeln oder Schildern nachzulesen oder werden in einem ausliegenden Faltblatt erklärt. So bieten sich allenthalben Gelegenheiten für die Jugendlichen, selbst zur Erkenntnis zu gelangen!

Zeichen deuten

Die Zeichen am Wegrand zu deuten, bleibt unterwegs nicht auf die Besuche der Kirchen oder anderen Gebäuden beschränkt. An jedem Tag finden sich beim Frühstück zwei Jugendliche, die uns mit Hilfe von Karte und Reiseplan führen. In der zweiten Reihe der Radtourgruppe folgt dann ein Mitarbeitender, so dass schnell mal nachgefragt oder ausgeholfen werden kann oder aber jemand mit seinem Fahrradgruppen-Know-How zur Verfügung steht, der ein Auge auf Verkehr, »Radfahrdisziplin« und Pausenplanung hat.

Schon auf der zweiten Ferientour beginnt die Ausschilderung des Jakobswegs mithilfe des Muschelsignets.[5] Das verstärkt den Eindruck, tatsächlich »auf dem Weg zu sein«.
Wir hangeln uns von Schild zu Schild. Das Bewusstsein wächst, dass vor uns andere diese Pfade fuhren. Aus dem Entdecken ist längst ein Wiedererkennen geworden. Unterwegs an den Pfählen, Schildern und Hauswänden, aber auch beim Besuchen und Besichtigen von Kirchen und Kapellen. Ging es in den ersten Tagen vor allem darum, Jakobus zu entdecken und auf Muscheln und Kalebassen aufmerksam zu achten, so wächst mit jedem Symbol, jedem Gegenstand, jeder Information, die sich den Jugendlichen erschlossen haben, der Schatz an Dingen, die man andernorts wieder erkennen kann. So wird das »Lernen« nicht zum Anhäufen von Wissen, sondern zur Grundlage eines »lustvollen Entdeckens«, manchmal schon nach wenigen Stunden, manchmal erst Tage später. Nach und nach beginnen die Orte christlicher Tradition zu sprechen. Man selbst wird zum/zur Eingeweihten.

Bibel lesen

Studierstunden (s. KU-Baukasten / Baustein 9, S. 81ff.) am Wegesrand sind ein zweites methodisches Element der Touren. Immer wieder nutzen wir eine der Pausen am Tag, um uns in kleinen Gruppen mit je einem oder einer Mitarbeitenden zusammenzusetzen. Wie unser ganzes Projekt als Weg, als Reise konzipiert ist, so sind auch diese Studierstunden Wegstrecken, Reisen, die den Horizont erweitern sollen. Die ersten beiden Touren nutzen wir als »Reise durch das Markusevangelium«. Wir lesen reihum, hören uns ein in die

ungewohnte Sprache Martin Luthers, klären die Fragen, die uns »vor die Füße fallen« und versuchen am Ende jedes Kapitels einen Austausch über das Gehörte. Manches erscheint uns so wichtig, dass wir es uns in den Buchdeckel unserer Bibeln schreiben. Nicht nur Bibelworte, auch manche Äußerung einer Mitkonfirmandin oder eines Mitkonfirmanden findet dort ihren Platz. Eigentlich wollten wir mit diesen Studierstunden anknüpfen an das Verfahren vergangener Projekte: Kleine Hefte sollten entstehen, die uns begleiten. Rückblickend ist es nur ein einziges (zur Kirchengeschichte) geworden. Fünf Freizeiten lang und viele Stunden am Wegesrand reichte die Bibel als Unterrichtsmaterial tatsächlich aus.

Begegnungen unterwegs

Neben dem Entdecken und Wiedererkennen von Symbolen und Zusammenhängen kirchlicher Tradition und gemeindlicher Realität spielen vom ersten Tag an die Begegnungen mit den Menschen unterwegs oder in den gastfreundlichen Gemeinden eine wichtige Rolle. Mit der Muschel am Rad oder auch ab der zweiten Tour in blaue Pilgerjacken aus Fleece[6] gekleidet, werden die Jugendlichen häufig auf ihr Vorhaben angesprochen.

Oft genießen die Jungen und Mädchen die Anerkennung der Erwachsenen, ihr Interesse und ihre guten Wünsche für den Weg.

Die Gespräche bieten aber auch Gelegenheit dazuzulernen. Zum einen berichten die Menschen, denen wir begegnen, von eigenen Erfahrungen mit Kirche und Glauben. Sie wissen um ihre Kirche, ihre Umgebung und können Spezielles beisteuern. Zum anderen bieten ihre Fragen den Jugendlichen Gelegenheit (und Notwendigkeit), selbst Auskunft zu geben. Jetzt kann eingebracht werden, was man schon für sich erfragt und erfahren hat. Eine gute Schule für die Sprachfähigkeit des Glaubens, die in Handreichungen, Rahmenplänen und Richtlinien immer wieder gefordert wird. Indem ich Auskunft gebe, lege ich auch mir selbst gegenüber Rechenschaft ab, was ich denke, was mich bewegt, was ich weiß, was ich erfragen will. Für uns aus dem Leitungsteam ist es ab und an ein schönes Gefühl, »unsere Jugendlichen« ein wenig aus der Distanz in solchen Gesprächen zu erleben: Wie sie einander unterstützen und schon mal korrigieren. Wie sie bemüht sind, richtig und verständlich Auskunft zu geben. Wie sie in ihren Erzählungen Schwerpunkte setzen, ganz anders oft, als wir es tun würden, aber so wie es ihnen wichtig erscheint und wie es sie betrifft und bewegt.

Manche dieser Begegnungen sind leise und beinahe nebenbei: beim Brötchen holen oder bei der Rast vor dem Supermarkt. Andere sind außergewöhnlicher und bleiben länger in Erinnerung: In Köln, noch auf der rechten Rheinseite, treffen wir im Herbst 2003 unseren ersten Jakobspilger. Gerade ist er aus dem Zug gestiegen und hat die Hohenzollernbrücke überquert. Hier ist er zuhause. Drei Monate lang war er unterwegs und ist nun aus Santiago zurück. Schnell umringen ihn die Jugendlichen und erfragen die Dinge, die sie bewegen: Ob er mal umkehren wollte. Ob es schön ist, da in Santiago. Ob er noch mal auf Pilgerschaft gehen würde. »Na klar«, sagt er, »es war doch jetzt schon mein viertes Mal! Und nach Santiago zieht s mich immer wieder!«

Sein Rucksack ist abgenutzt, seine Jakobsmuschel wirkt längst nicht mehr so künstlich und neu wie die unseren. Sein Gesicht ist frisch, seine Stimme freundlich. Die Begegnung mit ihm ist etwas Schönes. »Merkwürdig«, sagt eine Konfirmandin beim Abendschluss, »da haben wir mit dem einfach so geredet und dabei ist er doch eigentlich ein ganz fremder Mensch!«

Köln

In Köln bleiben wir für drei Tage und beenden die zweite Tour.

Hier in der katholischen Rheinmetropole ist für uns Norddeutsche vieles anders als zuhause. Die Stadt atmet Geschichte, auch Pilgergeschichte. Im »Rom des Nordens« begegnen uns zum ersten Mal geballt die mittelalterliche Reliquienfrömmigkeit, die Bezugnahme auf Santiago de Compostela und die Erhabenheit einer Kathedrale, aber auch Unruhe und »Ungemütlichkeit« (Zitat eines Konfirmanden) in ihr. Im Dom allein finden sich mehrere Jakobusdarstellungen. Noch faszinierender aber ist es für unsere Konfirmandinnen und Konfirmanden, am Dreikönigsschrein zu stehen. Ist es das, was uns auch in Santiago erwarten wird? Was ist Besonderes an so einer »goldenen Kiste«? Was bringt es, hier gewesen zu sein? Fragen, die uns, in den Bänken des Mittelschiffs sitzend, beschäftigen. Viel mehr als der Dom an sich beeindruckt uns dann aber, was nur wenige Reihen vor uns plötzlich passiert. Ein Mann steht auf, streckt seine Arme zum Himmel und beginnt laut zu beten. Zunächst auf Deutsch, dann auf Englisch. Viele Hallelujas und Amens sind zu vernehmen. Die Szene zieht uns (und viele andere) in ihren Bann. Auch wenn man sich selbst die Rolle des Schaulustigen verbieten möchte, kann man nicht weghören, nicht wegsehen. Nach einigen Minuten blickt der Mann zu Boden, wird still, wendet sich dann zu uns und spricht ein paar schnelle Sätze auf Englisch, bevor er den Dom verlässt. Die Stimmung unter uns schwankt von belustigt, über verwundert bis hin zu fasziniert. Das Team wird nach seiner Meinung befragt. Wir reden über Frömmigkeitsformen. Die Jugendlichen steuern Wissen und Gehört-Haben über freikirchliche Gruppen, Zeugen Jehovas, Klosterschwestern und -brüder und vom eigenen Beten mit Oma am Kinderbett – »manchmal sogar kniend« – bei.

Wir sind mittlerweile länger im Dom geblieben als geplant, aber das stört niemanden von uns. Wir greifen das eben Erlebte auf und laden unsere Gruppe ein, einzeln noch gut 10 Minuten durch den Dom zu gehen und

dann am Hauptportal wieder zusammenzutreffen. Statt auf das Gebäude wollen wir bei diesem Rundgang unsere Aufmerksamkeit besonders auf die Vielzahl und Vielfalt der Menschen richten. Wir verabreden, uns beim Abendschluss noch einmal darüber auszutauschen.
Am nächsten Tag führt uns Susanne, eine Mitarbeiterin, die mittlerweile in Köln zuhause ist, durch »ihre Stadt«. Vieles erfahren wir so aus dem Blickwinkel einer jungen Frau, die die Stadt liebgewonnen hat, in der sie lebt. Im Vorbeigehen spricht uns ein Kellner eines Straßenlokals auf das Pilgerlogo unserer Jacken an. Auch er war schon mal »auf dem Sternenweg«, wie er uns berichtet. Und ist jetzt in Köln hängen geblieben. Ein Schicksal, das historisch betrachtet kein Einzelfall ist! Manch einem Jakobspilger, so erfahren unsere Konfirmandinnen und Konfirmanden bei dieser Gelegenheit, war in Köln der Mut und auf dem Weg auch das nötige Kleingeld abhanden gekommen. Hier, in der ersten Pilger-Metropole am Weg, wurde in den vergangenen Jahrhunderten vielen jungen Leuten deutlich, wie lang der Weg nach Santiago noch sein würde. Müde und ausgezehrt waren sie an den Rhein gelangt, jetzt galt es erst einmal Pause zu machen und die Reisekasse wieder aufzufüllen. Und schon damals war das Kellnern in Lokalen eine willkommene Gelegenheit dafür. »Köbes«[7] (von Jakobus) nennt der Volksmund bis heute noch die Kellner in Köln und anderen Rheinstädten.

»Maria Rast« und »das Fremde«

Von Köln aus war es im Herbst zurück nach Bremen gegangen. Nun, in den Osterferien 2004 starten wir in Frechen die erste Tagestour der dritten Etappe. Am Abend sind wir zu Gast im Haus »Maria Rast«, einem Zentrum der katholischen Schönstatt-Bewegung.[8] Für uns Erwachsene treffen da zwei Welten aufeinander. Kirchlich wenig sozialisierte und vorinformierte Jugendliche begegnen den Schönstatt-Schwestern. Sehr freundlich, aber auch sehr bestimmt, werden wir aufgenommen und unser Aufenthalt organisiert. Den Mädchen stehen die Räume der Pilgerherberge zur Verfügung, kostenlos versteht sich. Gerne können die Jungen in einem Tagungsraum übernachten. Ein gemeinsamer Abendschluss gegen 22 Uhr? Gerne, aber ab dann sollten Jungen und Mädchen doch bitte in verschiedenen Räumen sein! »Auch wenn wir Betreuer dabei sind?« Selbstverständlich!
Es ist interessant, unsere Jugendlichen zu beobachten. Das Ungewohnte, das »Fremde« fasziniert sie. Sie wollen mehr erfahren und flüchten nicht in Beschwerden über so viel »altmodische Ansichten«. Selbst das Schönstattheiligtum in der Kapelle wollen sie in Augenschein nehmen. In der Gnadenkapelle sammeln sie Eindrücke für unzählige Fragen am nächsten Tag. Gut, dass die Schwestern da sind, um über Schönstatt und Marienverehrung Auskunft zu geben. Im Rückblick entdecke ich im Verhalten der Jugendlichen in dieser Begegnung so etwas wie »hanseatische Freiheitlichkeit«. Die Frömmigkeit der Schwestern ist nicht ihre Art zu glauben, nicht ihre Art, das Leben zu gestalten, aber: wenn es sie glücklich macht, ist es doch gut!

Taizé

Nach vielen Radfahrtagen durch Frankreich erreichen wir im Herbst 2004 Taizé.
Drei Tage Aufenthalt gönnen wir uns, tauchen ein in die liturgische Dichte und das weltoffene Flair der Jugendtreffen auf dem Hügel in Burgund. Wieder einmal tut sich eine ganz neue Welt für die Konfirmandinnen und Konfirmanden auf. Ihre Frömmigkeit ist angefragt und

wird genährt durch Hunderte von jungen Leuten, die lebensfroh ihren Glauben leben, ihn in den Gesprächen mit den Brüdern bedenken und in den eingängigen Liedern mitschwingen lassen. »Behüte mich Gott« wird vom Ohrwurm zu so etwas wie einer Hymne unseres Projekts und bleibt Abend für Abend Gebet zum Schluss des Tages: »Behüte uns Gott ...!«

Auch in Taizé sind wir ein wenig »besonders«. Erstaunen weckt die Tatsache, dass wir per Rad angereist sind. Auch durch ihr geringes Alter fallen unsere Jugendlichen aus dem Rahmen. Sie werden jedoch schnell ob ihrer »gefühlten Reife« (Zitat eines Bruders) an den Treffen und Gesprächen beteiligt. Glaubensgespräche gewinnen hier eine besondere Bedeutung für die Gruppe, allein durch die Tatsache, dass stetig übersetzt werden muss, was andere sagen und dass auch jede und jeder von uns versuchen muss, in (englische) Worte zu fassen, was er oder sie denkt oder meint. Eine weitere, wichtige Erfahrung, in Glaubenssachen sprachfähig zu werden.

Von Taizé aus nutzen wir die Gelegenheit, Cluny einen Besuch abzustatten und so noch ein wenig mehr in das Thema »klösterliches Leben« und in die Kirchengeschichte einzutauchen. Während dieser Etappe begleitet uns in den Studierstunden ein kleines Heft mit Gesprächsanregungen und viel Platz für eigene Eintragungen, das sich um 2000 Jahre Geschichte des Glaubens und der Glaubenden dreht.

Le Puy

Für die Frühjahrsetappe 2005 wechseln wir unser Reisekonzept. Ein umgebauter LKW[9] der Autovermietung übernimmt den Transport der Räder und der Ausrüstung. Des Abends dient er als Unterkunft und reist so parallel zur Rad fahrenden Gruppe von Ort zu Ort mit. Unsere Tagesetappen werden variabler. Läuft der Tag gut, kann man schon mal weiter kommen als gedacht. Der LKW fährt dann voraus und sucht nach einem Stellplatz für die Nacht irgendwo auf einem Wanderparkplatz oder in einem kleinen Dorf. Von Zeit zu Zeit rasten wir auch mal auf einem oder am Rande eines Campingplatzes, mit dessen Besitzern dann die Nutzung von Dusche und Toilette verabredet wird. Nach sechs Radfahrtagen erreichen wir Le Puy, einen alten Sammelpunkt der Jakobspilger. Wir erleben die mittelalterliche Stadt in einem besonderen Zeitraum, denn Le Puy hat das Vorrecht, ein Heiliges Jahr zu feiern, wenn am 25. März das Hochfest Mariä Verkündung und Karfreitag zusammenfallen. Dies ist 2005 nach langer Zeit wieder der Fall. Unwissend kommen wir in die Stadt und werden aufgenommen von ehrenamtlichen Pilger-Betreuerinnen, die uns zur Messe begleiten, uns Stadt und Stätten zeigen und eine Audienz, ein Gespräch mit dem Bischof im Anschluss an die Messe organisieren. In einer kleinen Kapelle kann man sich an einer Quelle segnen lassen. Schüchtern fragen unsere mittlerweile in religiöser Sensibilität geschulten Jugendlichen, ob sie denn dürften. Der Bischof ist begeistert von unserem Unternehmen. Nach einem kurzen Gebet am Altar und einem Segen für unseren weiteren Weg, drückt er uns allen je eine kleine Silber-Plakette in die Hand: Das »Grand Pardon« der Mutter Gottes von Le Puy ist uns damit sicher. Dann weist er uns zu einem Nebenausgang. »Komisch«, denken wir, »der will uns wohl unauffällig loswerden.« Da fällt unser Blick auf ein Schild an der Tür: »SORTIE – Grand Escalier | Direction Compostelle«[10]. Eine riesige Treppe führt durch den Bogen des Portals hinunter, geradewegs durch die Altstadt und dann weiter Richtung Compostela, der Sonne entgegen. Aber nicht heute! Denn mit dem Besuch in der Kathedrale endet unsere fünfte Etappe und wir reisen mit dem Zug zurück nach Bremen, während der LKW Räder und Gepäck transportiert.

Segnung an der Quelle

Mit dem Bischof von Le Puy

Schild in der Kirche

Portal Richtung Compostela

Begleitende Treffen

Pilgern ist vor allem ein »Unterwegs-Sein«. Und so vollzog sich auch das Jakobus-Projekt in den Jahren vor allem unterwegs. In der Zeit »dazwischen« hielten die begleitenden Treffen die Gruppe zusammen. Sie boten Raum für thematische Einheiten zur Vorbereitung auf die Konfirmation, die unterwegs noch keinen Platz gefunden hatten. Hilfreich war zur Ausgestaltung dieser Treffen das konsequente Mitschreiben in den nächtlichen Mitarbeiterrunden während der Touren. Nur so konnten wir überblicken, welche Themen »schon Thema waren«, welche Fragen offen blieben, welche Ideen uns im intensiven Beieinander für die nächste Zeit gekommen waren. Analog zum »großen Weg« von Bremen über Taizé nach Santiago fassten wir Themen und »gedankliche Etappen« zu »Wegen« im übertragenen Sinne zusammen. Solche Wegstrecken halfen, den begleitenden Treffen einen »roten Faden« zu geben. Im Verlauf des Gesamtprojekts waren dies u.a. folgende:

- Ein Gang (ein Weg) durch unsere Kirche
- Das Kirchenjahr als Weg durch die Zeit, auf dem rhythmisch die Zuwendung Gottes, besonders die Geschichte Jesu in der Gemeinde mit Gottesdiensten, Festen, Projekten usw. bedacht und gefeiert wird
- Der Lebensweg Jesu im Markus-Evangelium
- Ein Weg an Jesu Seite: Arbeit mit Eigenschaften Jesu und künstlerische Umsetzung in Schattenbildern für die »Lesumer Bibelhandschrift« (s. KU-Baukasten in KU-Praxis 49, S. 5)
- Ein Weg durch die Institution Kirche
- Mit offenen Augen durch St. Martini: Besuch in den Gemeindegruppen
- Ein Weg durch 2000 Jahre Geschichte Gottes mit den Menschen
- Mit offenen Augen durch die Welt: Aktionen zum Jahresthema »Elemente«
- An der Hand genommen: Liturgie als roter Faden (als Weg) im Gottesdienst

Die Begleittreffen hatten auch die Funktion, Raum zur Reflexion, zum Fotos anschauen und Erzählen zu bieten bzw. Ausblick und Planung der jeweils nächsten Tour zu thematisieren. Nur so war der teilweise »komplexe« organisatorische Rahmen des Gesamtvorhabens zu planen und zu vermitteln.
Im letzten Drittel des Projekts nutzten wir die Termine außerdem, um im Rahmen verschiedener Aktionen Geld für die letzte Etappe zu sammeln. An zwei Samstagen stellten wir uns für Arbeiten im Garten, Keller, an Auto und Garage zur Verfügung und auf dem Flohmarkt fanden gesammelte »Schätze« der Familien z.T. ihre Käufer.

Konfirmation

Im April 2005 zogen 13 der 15 Jugendlichen zu ihrer Konfirmation in die St. Martini-Kirche ein. Auf eigenen Wunsch hin trugen sie ihre blauen Pilger-Fleece-Jacken. Sie wollten aber auch in ihrer eigenen, individuellen Festkleidung im Gottesdienst zu sehen sein. Wir entschieden uns für ein »sowohl als auch« und platzierten einen Garderobenständer neben dem Altar. Für einen Moment wollten wir auch symbolisch Innehalten, das Pilgern für kurze Zeit »an den Nagel hängen« und uns die Liebe Gottes, wie sie aus dem Taufversprechen spricht, noch einmal zusagen lassen. Rund um wesentliche Gegenstände unseres Pilgerprojekts (z.B. Muschel, Pilgerstab, Fahrradhelm, Wegweiser) drehten sich Predigt und Gestaltung des Gottesdienstes. Sie wurden thematisch bezogen auf die Strophen des Liedes »Vertraut den neuen Wegen« (EG 395). Für all' jene, die nicht mitgereist waren, blickten die ehrenamtlichen Mitarbeiterinnen und Mitarbeiter noch einmal auf die bisherigen Etappen zurück. Mit dem »Behüte mich Gott« aus Taizé umrahmten wir die Segenshandlung und leiteten über zur Fürbitte.

In einem alten Pilgerbuch fand ich im Rahmen der Vorbereitung des Konfirmationsgottesdienstes einen schönen Gedanken, der mir seitdem in Erinnerung geblieben ist: *Unterwegs sind wir, zu ihm und zu uns!* Im Licht dieses Gedankens bekommt auch das »Wir suchen nach uns« vom Anfang eine ganz neue, weitergehende Bedeutung.
Mit der Konfirmation erlebte unser Projekt sicherlich einen Höhepunkt, nicht jedoch seinen Schlusspunkt. Den sollte die letzte Pilgertour setzen und ein abschließendes Treffen, an dem wir mit allen Jugendlichen und ihren Familien unsere gemeinsamen Erlebnisse gebührend feiern wollten.

Die Abschlusswanderung

Pilgern definiert sich vom Ziel der Reise her, so hieß es eingangs. Pilgern ist motiviert durch die Vorfreude auf die Ankunft. Und doch: Schritt für Schritt, Kilometer für Kilometer wächst dem Unterwegs-Sein mehr Bedeutung zu und lässt schlussendlich das Ankommen zur Nebensache werden.

Santiago?

Ja, wir waren auch in Santiago, im Sommer 2005, gut drei Monate nach der Konfirmation.
Ich selbst war durch einen Unfall gehindert, die letzte Etappe, diesmal als Wanderung (für die wir ein »Loch« in der Reiseroute in Kauf nahmen), mitzumachen. 10 Tage lang ging es auf ausgetretenen Pilgerpfaden Richtung Westen. Abends in den Pilgerherbergen oder auch mal in der Turnhalle des Ortes, traf man andere Pilgergruppen. Die Hitze machte die Tage anstrengend. Oft musste schon um 6.00 Uhr losgewandert werden, um die heißesten Stunden des Tages im Schatten sitzend verbringen zu können. Die Pilgerpässe der Deutschen Jakobusgesellschaft füllten sich mit Stempeln. Am

Im Morgennebel

In der Mittagshitze

Am Ziel

»Stolz und zufrieden«

Wegesrand gab es unzählige Spuren und Relikte jahrhundertelanger Pilgertradition. Tag für Tag rückte das Ziel näher. Santiago! Vor über zwei Jahren »angepeilt«, jetzt in greifbarer Nähe.

Santiago? – Die Seiten im Projekttagebuch, die von der Ankunft und den zwei Tagen in Santiago künden, sind spärlich. In der Kathedrale sind natürlich alle gewesen. Aber irgendwie war es nicht mehr so wichtig, wie wir es zu Anfang des Projekts erwartet hatten. Stempel im Pilgerpass hatten alle die Jahre hindurch gesammelt. Aber eine »Compostela«, die Urkunde, die den Pilgerweg bestätigt, wollten die Jugendlichen sich doch nicht ausstellen lassen. »Es muss doch nichts beurkundet werden«, sagte Clara nach der Rückkehr auf meine Frage hin, »wir haben das doch alles erlebt!« Nicht Begeisterung blickt aus den Gesichtern beim Abschlussfoto auf der Treppe der Kathedrale, aber so etwas wie »stolze Zufriedenheit«. Eine besondere, eine ungewöhnliche Zeit fand hier ihren Abschluss. Ihren Wert, ihre Bestimmung hatte sie schon auf dem Weg gewonnen.

Pilgern kann man überall

Pilgerwege lassen sich überall finden oder erschließen. Pilgern beginnt letztlich schon damit, dass wir einen historischen Weg, eine alte Handelsstraße oder die Verbindung bedeutsamer Orte bewusst miteinander gehen, sie aufeinander beziehen und uns Zeit für das Leben und Erleben unterwegs nehmen.
So lässt sich in beinahe jeder Gegend Deutschlands, jeder Region Europas ein Pilgerweg[11] ausmachen. Man kann aber auch unter einem bestimmten Thema oder mit einem besonderen Fokus[12] Orte und Stationen ausmachen und miteinander verbinden. Gerade für Jugendliche macht dabei zunächst »das Ziel den Weg«. Sie wollen wissen, wo es hin geht. Ein attraktives Ziel, zumindest aber ein Ziel, das den Weg als Herausforderung oder Abenteuer begreifen lässt, motiviert zur Teilnahme. Letztlich ist es dann oft so, wie im Jakobus-Projekt erlebt: Das Ziel verliert an Bedeutung, das Unterwegs-Sein findet seinen Zweck, findet sein Ziel in sich selbst.

Auf der dem Heft beiliegenden CD-ROM im Verzeichnis zu diesem Artikel findet sich der Konfirmationsgottesdienst dieses Projekts sowie eine Fotodokumentation des Ausbaus der in diesem Projekt gemieteten LKWs.

Anmerkungen

1. Etymologisch und wegen der Erwähnung einer Lichterscheinung in Zusammenhang mit dem Jakobsgrab wird gern das lateinische *campus stellae – Sternenfeld* angenommen. So erklärt sich auch das Stadtwappen von Santiago de Compostela mit Stern und Reliquienschrein.
2. Hier dient er zum Nachweis der zurückgelegten Strecke, da 100 Kilometer ununterbrochenen Fußwegs (oder mindestens 200 Kilometer per Rad) bis Santiago zurückgelegt werden müssen, um die »Compostela«, die

Pilgerurkunde, am Ende in Santiago ausgestellt zu bekommen. Dabei geht es um die Strecke bis Santiago, d.h. Kilometer in Deutschland, Frankreich etc. zählen nur, wenn bis Santiago weitergepilgert wurde. Dementsprechend ist der Stellenwert des Passes geringer, je größer die Entfernung von Santiago ist (weniger Herbergen, weniger Pilger, ...)
Es gibt inzwischen rund 50 verschiedene regionale Ausführungen des Pilgerausweises (Credencial). Das führt zu Verwirrungen und Schwierigkeiten bei der Erteilung der Compostela im Pilgerbüro von Santiago. Die Universale Erzbruderschaft des Apostels Santiago (Archicofradía Universal del Apóstol Santiago) in Santiago de Compostela hat deshalb beschlossen, dass ab 1.1.2009 nur noch der von ihr herausgegebene Pilgerausweis für die Erteilung der Compostela anerkannt wird. Die Beantragung des Pilgerausweises in Deutschland muss deshalb bei den Jakobus-Gesellschaften und Jakobus-Bruderschaften erfolgen, wenn am Ende der Pilgerfahrt die Compostela erteilt werden soll.
3. Die Compostela ist eine Urkunde für religiös motivierte Pilger, die ihnen den Besuch der Kathedrale von Santiago de Compostela und damit das Ende ihrer Wallfahrt auf dem Jakobsweg bescheinigt.
4. Gute Erfahrungen haben wir damit gemacht, einige der vielen digitalen Fotos schnell und unkompliziert auf Adressetiketten auszudrucken. So bekam nach jeder Tour jeder Mitreisende einen Bogen Fotos, die schnell im Pilgerpass einzukleben waren und nicht allzu viel Platz beanspruchten.
5. Mittlerweile (2007) wurde auch das nördliche Teilstück von Bremen bis Osnabrück beschildert und ein Pilgerführer herausgegeben. Unter dem Titel »JAKOBSWEGE, Wege der Jakobspilger in.....« komplettiert so der J.P.Bachem-Verlag nach und nach eine Reihe übersichtlicher und empfehlenswerter Handbücher für den nordwestdeutschen Raum (www.bachem.de).
6. Wie auch in anderen Projekten, trägt ein spezielles Kleidungsstück zur Identifikation mit dem Projekt bei. Sehr häufig werden T-Shirts bedruckt. Hier ließen wir eine Fleece-Jacke bedrucken, um gegen Kälte und schlechtes Wetter besser gerüstet zu sein.
7. Die Ursprünge des Begriffs liegen im Mittelalter, als die Brauknechte die Braufässer rollten, anschlugen und zapften, oft junge Männer auf Pilgerfahrt zum Grab des heiligen Jakobus im spanischen Santiago de Compostela waren und sich eine Weile in Köln aufhielten, um Geld für die Weiterreise zu verdienen. »Köbes« ist die kölsche Form von Jakob.
8. Die Schönstatt-Bewegung gehört zu den älteren der großen Bewegungen und neuen geistlichen Gemeinschaften in der katholischen Kirche. Nähere Information: www.schoenstatt.de/ unter »Spiritualität«.
9. Auf der diesem Heft beiliegenden CD-ROM dokumentiert im Ordner zu diesem Artikel eine Fotoserie Umbau und Ausstattung eines derartigen LKWs.
10. AUSGANG – Große Treppe | Richtung Compostela
11. http://www.fernwege.de/d/jakobsweg/index.html
12. z.B.: Orte des Widerstands, Klöster, biographische Stationen einer einzelnen Persönlichkeit, Vielfalt menschlicher Lebensumstände, Diakonische Einrichtungen, Herkunftsgebiete Zugezogener, Kirchen gleichen Namens, u.v.m.

»Da geht noch was«

Weitere Ideen für thematische Projekte zur Vorbereitung auf die Konfirmation

Nachdem in vier KU-Reportagen thematisch und konzeptionell ausführlich über Projekte zur Vorbereitung auf die Konfirmation berichtet wurde, wird hier eher stichpunktartig als »Ideen-Steinbruch« über vergleichbare Projekte und Lernarrangements berichtet, die sich in der Planung oder Ausschreibung befinden bzw. aus unterschiedlichen Gründen zunächst »zu den Akten gelegt« wurden.

»Club der toten Dichter«

Zum laufenden Jahresthema WORTE erdacht und gerade angelaufen: Arbeit mit Texten und Textausschnitten bekannter und eher unbekannter Autorinnen und Autoren. Dazu finden regelmäßig Treffen im Gemeindehaus, vor allem aber periodisch längere Aktionen z. T. an ungewöhnlichen Orten bzw. zu ungewöhnlichen Zeiten statt. Wenn der »Club« zu solchen Treffen eingeladen wird, erscheint in einer der Postwurfzeitungen im Stadtteil eine Anzeige, die in der Aufmachung an eine Gedenkanzeige angelehnt ist. Diese außerordentlichen Treffen werden also unangekündigt anberaumt. Zur Gruppe zählen 15 Jugendliche im Konfirmandenalter und sechs Jugendliche im Alter von 16-18 Jahren. Die Treffen werden vom Diakon und einem Studenten durchgeführt, der ehrenamtlich das Projekt mitleitet. Die teilweise provokanten Texte initiieren Gespräche und gelegentlich auch mal die künstlerische Auseinandersetzung oder Fortführung eines Impulses im Rahmen einer konkreten Aktion. Bei der Auswahl der Texte wird besonderes Augenmerk auf die Vielfalt der Themen gelegt, so dass im Laufe von eineinhalb Jahren alle relevanten KU-Themen direkt oder indirekt angegangen werden können.

Gegen den Strom

Im Rahmen der Jugendarbeit bereits über zweieinhalb Jahre mit 16 Jungen erprobt und nun auch als KU-Projekt angedacht: Großes Radtour-Projekt entlang eines Flusses (im ersten Durchgang: die Elbe), bei dem die Gruppe von Gemeinde zu Gemeinde reist und so in mehreren Teilstücken die Strecke von Mündung bis Quelle bewältigt. Das Motto »Gegen den Strom« wird auch auf der inhaltlichen Ebene als Gestaltungsprinzip ausgeformt: Die Begegnung bzw. Beschäftigung mit Menschen, die »gegen den Strom schwimmen bzw. schwammen«, ist immer wieder der Ausgangspunkt für das Erarbeiten der Themen des Konfirmandenunterrichts. Die Radtour durchs Wendland, sowie die Orte in der ehemaligen DDR oder die Übernachtung in Gemeinden mit ausgeprägt entwicklungspolitischem, missionarischem oder ökologischem Profil, liefern Material für Themen aus der Kirchengeschichte bzw. zur Auseinandersetzung mit Themen des konziliaren Prozesses zu Frieden, Gerechtigkeit und Bewahrung der Schöpfung. Begleitende Treffen im Gemeindehaus gehen von Persönlichkeiten aus Bibel und Zeitgeschichte aus, die uns durch ihr Leben und Werk Themen »ans Herz legen«, die sich durch Widerstand, durch Aufbegehren und menschenliebenden »Eigensinn« auszeichnen.

KU-Praxis 53, S. 46 – 47

YouTube

Es gibt beinahe nichts, zu dem sich im Internetportal YouTube nicht eine Vielzahl an Filmchen finden lässt. Religiöses und Religionskritisches lässt sich dort ebenso abrufen, wie menschlich Alltägliches oder sensationell Außergewöhnliches.
YouTube könnte also den Stoff liefern für eine Filmcollage, die über ein KU-Jahr hinweg erarbeitet wird und so das gesamte Feld der KA beleuchtet. Dabei können die dort entdeckten Fundstücke als Gesprächsanregung und zur Bildung eigener Überzeugungen ebenso genutzt werden, wie zur »Bebilderung« bereits vorhandener Positionen. Im Rahmen einer oder mehreren Filmpräsentationen für die Gemeinde und eine weitere Öffentlichkeit könnte zudem ein Meinungsaustausch initiiert werden. Neben einer »Filmkritik« ist es hier möglich, dass die Gäste ihre Meinung in filmischen Kurzstatements beisteuern (Black-Box oder »Laberkasten«[1]), die dann wiederum zur Auseinandersetzung in der Gruppe genutzt und eventuell filmisch weiterverwendet werden.

Ein Buch/ein Film/ eine Aufführung ...

Ähnlich gelagert, und im Kern eine konzeptionelle Weiterführung des Bausteins 6 aus dem KU-Baukasten (S. 69ff.), ist der Versuch, ein eigenes Werk, also ein Produkt der KU-Gruppe, das über die Gesamtlaufzeit der Vorbereitung auf die Konfirmation entsteht, als gestalterischen Ausgangspunkt zu wählen. Dabei reicht die Vielfalt an Möglichkeiten vom »christlichen Lexikon von Jugendlichen für Jugendliche«, einem fiktiven Roman, der KU-Themen aufgreift oder streift, einem Film nach dem Muster »Was sie schon über ... wissen wollten«[2], einer KU-Revue, einem »Road-Movie« mit Interviews, die während einzelner Fahrten und Besuche aufgenommen werden, bis hin zum regelmäßig gesendeten Themenblock im Lokalradio oder »Offenen Kanal«.

1000 Stunden für FRIEDEHORST

In den ersten Jahren, in denen »Dienetage« als Baustein im Konfus-Projekt Verwendung fanden, diskutierten wir immer mal wieder im Leitungsteam Varianten, die eine deutlich längere Zeit für dieses Vorhaben vorsahen. Als dann auch die Jugendlichen nach ihrer Konfirmation vermehrt auf uns zu kamen und um Wiederholung der Dienste in sozialen Einrichtungen baten, hoben wir 1999 das Projekt »1000 Stunden für FRIEDEHORST« aus der Taufe. Im Rahmen eines »kleinen diakonischen Jahres« absolvierten 12 Jugendliche innerhalb von 12 Monaten weit über 100 Stunden auf einer ihnen jeweils zugewiesenen Wohngruppe im Alten- oder Behinderten-Wohnbereich einer diakonischen Einrichtung. Parallel fanden Treffen mit Mitarbeitenden aus der Gemeinde und Einrichtung, gelegentlich auch mit externen Referentinnen und Referenten statt. Dabei beschäftigte uns im Laufe der Zeit eine Vielzahl an Themen, nicht nur aus dem diakonischen Zusammenhang. Über die Frage der Gottesebenbildlichkeit und Menschenwürde kamen wir zu unserem eigenen Gottesbild, über Bibeltexte zu Jesus Christus und seiner Botschaft, über Details aus der Arbeit in Friedhorst zur Diakoniegeschichte. Gemeinsame Gottesdienstbesuche ließen uns über die unterschiedliche Liturgie und Gottesdienstordnung der beiden Gemeinden (Friedehorst und St. Martini) reden. Im Laufe des Jahres feierten wir mit den Bewohnerinnen und Bewohnern viele christliche und nichtchristliche Feste, die wir mit den Geburtstagen der Beteiligten auf einem großen Kalender vermerkten.
Friedehorst legte für jede geleistete Stunde eine D-Mark in eine symbolische Reisekasse; der LionsClub und RoundTable taten es ihnen aus Begeisterung über dieses Vorhaben nach. So konnten wir abschließend mit den Jugendlichen eine Reise ins Centro diaconale »La Noce« in Palermo auf Sizilien unternehmen, um dort diakonische Arbeit unter ganz anderen Bedingungen und Vorzeichen kennenzulernen.[3]
Schon während der Durchführung, erst recht jedoch in der abschließenden Auswertung mit den Teilnehmenden, wie auch mit den Verantwortlichen im Team der Gemeinde und der Einrichtung, wuchs die Lust, in Zukunft einmal einen kompletten KU-Jahrgang (womöglich sogar integrativ) auf der Basis eines solchen Besuchs-Projekts durchzuführen.[4]

Anmerkungen

1. Kleiner Raum, Kammer oder Zelt, bzw. abgeteilte Ecke in einem Saal/einer Kirche. Hier ist eine Video-Kamera mit Stativ vorinstalliert und kann mit einem Handauslöser gestartet und ausgeschaltet werden. So ist niemand dabei, wenn man sein Statement zum Thema abgibt. Auf diese Weise sind häufig kurze, prägnante Ergebnisse zu erzielen.
2. vgl. z.B. Woody Allen: »Was Sie schon immer über Sex wissen wollten, aber bisher nicht zu fragen wagten«
3. Wer sich genauer über dieses Projekt informieren möchte, findet auf der CD einige Presseberichte, die einen Eindruck vom damaligen Projekt vermitteln
4. So weit einige der Projekt-Ideen, die uns bislang in St. Martini bewegten. Womöglich sammelt schon vor uns eine KU-Gruppe einer anderen Gemeinde erste Erfahrungen in der Umsetzung dieser Ideen. Das würde uns sehr interessieren, genauso natürlich auch ähnlich gelagerte Projekt-Ideen. Bitte nutzen Sie dann gerne die Kontaktadresse im Impressum.

Bausteine – Baukasten

Methoden, kleine Arbeitsformen und Mini-Projekte als Baukasten für einen KU-Jahrgang

Das Konfus-Projekt und seine »Folgen«

Dieser Teil des Heftes blickt chronologisch auf einen Kurswechsel in der Konfirmandenarbeit unserer Gemeinde zurück und erzählt vom Entstehen des ersten Konfus-Projekts. Dazu mehr im folgenden Kapitel »Das Konfus-Projekt in St. Martini«.

Die Arbeitsform »Konfus-Projekt« ist jedoch mehr als eine Art und Weise, einen Jahrgang von Konfirmandinnen und Konfirmanden zu unterrichten. Weil sie für die jeweils speziellen Themen und Inhalte nach eigenen Formen sucht, entstehen für oder innerhalb jedes Konfus-Projekts eine oder mehrere Methoden, kleine Arbeitsformen und Mini-Projekte neu. Der jeweils nächste Jahrgang bedient sich dann aus dem mittlerweile recht umfangreichen Baukasten und steuert selbst dann den einen oder anderen neuen oder modifizierten Baustein bei.

Deshalb werden im Anschluss an den Artikel über »Das Konfusprojekt in St. Martini« 10 Bausteine aus Konfus-Projekten vorgestellt. Sie eigenen sich sowohl zum Zusammenstellen eines »eigenen« Konfus-Projekts, sprich: eines KU-Jahrgangs in »Baustein-Form«, als auch zur Verwendung im Rahmen der üblichen Konfirmandenarbeit.

Im nächsten KU-Praxis-Heft 54 wird der Baukasten erweitert.

Das Konfus-Projekt in St. Martini

»Form folgt Inhalt« als Arbeitsprinzip

Eine Gemeinde arbeitet in Projekten

In der Kinder- und Jugendarbeit von St. Martini in Bremen-Lesum wird seit Sommer 1993 konsequent in Projektform gearbeitet. Es war also nur eine Frage der Zeit, bis sich auch in der Konfirmandenarbeit die Frage nach der Arbeitsform stellte. Auslöser waren vor allem die engagierten Ehrenamtlichen, die sich im KU eine gewichtigere Rolle vorstellen konnten. In Vorgesprächen für den neuen Jahrgang wurde dann eine veränderte Form für eine von insgesamt sechs Gruppen ins Auge gefasst.
Die neue Form bestand zunächst in einem konsequenten Umdenken in der Vorbereitung. Im Team mit den Ehrenamtlichen verständigten wir uns auf konkrete Themen und Inhalte, die im Rahmen der 1 1/2-jährigen Vorbereitung auf die Konfirmation eine Rolle spielen sollten. Diese Überlegungen wurden unter drei Überschriften gesammelt, die jedes Thema mit einem Arbeitsauftrag bzw. einer Umgehensweise verbindet: Soll z.B. die Liturgie des Gottesdienstes über Informationen erarbeitet, eher erfahrungsbezogen erlebt oder ergebnisoffen gestaltet werden?

(1) Informationen und Fähigkeiten, die es zu vermitteln gilt	(2) Themen, über die man ergebnisoffen ins Gespräch kommen soll	(3) Erfahrungen/Erlebnisse, die im Rahmen des KU möglich sein sollen
Liturgische Abläufe	Gottesvorstellungen	Lebenswelten
Kirchenjahr	Frömmigkeitsformen	Gemeinschaft
Überlieferungsgeschichte	Gebet	Gottesdienst
Umgang mit biblischen Texten	....	Leben der Gemeinde
Strukturen von Kirche und Gemeinde	....	....
....	....	

KU-Praxis 53, S. 48 – 51

Form folgt Inhalt

Manche Themen finden nach längerem Nachdenken und Diskutieren Eingang in mehrere Spalten. Dieser Klärungsprozess geht jeder weiteren Planung voraus. Die Eingruppierungen ähneln sich gelegentlich oder weichen je nach Team und Aktualität bestimmter Themen in den Jahren auch voneinander ab.
Das Team des jeweils neuen Jahrgangs legt mit dieser internen Klärung und Debatte den Grundstein für den zweiten Planungsabschnitt. Dabei wird jedem Thema, jedem Inhalt oder Teilaspekt eines Themas eine ihm entsprechende Arbeitsform zugewiesen. Es erfolgt ein konsequenter Wechsel in der Planungsperspektive: Es geht nicht mehr um die Frage, wie man dieses oder jenes Thema in die vorzufindende Zeitstruktur (z.B. 14-tägig zwei Stunden) und das KU-Setting (z.B. hauptamtlich Unterrichtende, festgelegter Raum etc.) einfügen kann. Vielmehr gilt es, für jedes Thema, für jeden Inhalt eine entsprechende Arbeitsform, eine Methode, einen Rahmen zu finden oder erst noch zu entwickeln, der diesem Thema bestmöglich dient. Wir machen uns auf die Suche nach Aktionen und Formen, die (beinahe) für sich selbst sprechen, die stimmig sind mit dem jeweiligen Inhalt, der Botschaft oder Zielsetzung.

Zu 1: Informationen durch selbstständige Recherche ermöglichen
Für die KU-Themen, in deren Mittelpunkt Informationen und Erklärungen stehen (Liturgie, Kirchenjahr, kirchliche Strukturen, Bedeutungen des Abendmahls, Gemeinde vor Ort etc.), wählen wir überwiegend Recherche-Konzepte, die das Zusammentragen der Informationen in die Hand der Gruppe bzw. des Einzelnen legen. So entstehen Telefonumfragen, bei denen die Jugendlichen direkt vom Gemeindehaus aus bei zufällig ausgewählten Personen in Bremen versuchen, telefonisch eine Meinung einzuholen. Eine andere Möglichkeit sind Suchspiele im Gemeindegebiet, z.B. eine Fotorallye, bei der es um das Entdecken von Gebäuden oder Symbolen geht, die man in einem Kartensatz mit auf den Weg bekommt.
Auch Internetrecherchen (über »google« oder andere Suchmaschinen) bzw. das Arbeiten mit oder sogar an Wikipedia-Texten gehören in diesen Zusammenhang, wie auch Geocaching (s. KU-Baukasten / Baustein 1, S. 52ff.).

Zu 2: Situationen für gelingende Gespräche schaffen
Themen, die einer intensiven Diskussion und des Gesprächs über Alters- oder Interessengrenzen hinweg bedürfen (Gottesvorstellungen, Frömmigkeitsformen, Gebet etc.), verlegen wir an Orte, an denen eine gute Gesprächsatmosphäre gelingen kann. Wir wählen neben dem KU-Team bewusst auch andere Gesprächspartnerinnen und Partner, sorgen für ungewöhnliche, motivierende Orte, um auch die eher Stillen ins Gespräch einbeziehen zu können. Solche Blöcke finden z.B. in Form einer Tischgruppenarbeit (s. KU-Baukasten / Baustein 3, S. 58ff.) statt oder werden den Jugendlichen zum Blind Date (s. KU-Baukasten / Baustein 2, S. 55ff.) aufgegeben. Sie stehen im Vordergrund bei den Segelfreizeiten, an Bord gecharterter Motoryachten bzw. bei Hausboot-Touren, die häufig in den Niederlanden stattfinden.
Einen weiteren Platz finden solche Themen in den eher künstlerischen, expressiven Arbeitsformen, wie z.B. der Revue-Arbeit (s. KU-Baukasten / Baustein 6, S. 69ff.) oder KU-Werkstätten (vgl. dazu auch KU-Praxis 50, S. 28-35). Ein solcher Rahmen, ein solches Arbeitsziel erfordert jeweils intensive Recherche und Klärung unter den Jugendlichen und im Gespräch mit dem Team. Hier geht es nicht um »richtig« oder »falsch« oder um eine konkrete Information, die weitergegeben werden soll. Es geht vielmehr um ein Ringen um Wahrheit, um den Austausch von Meinungen, um ein Wachsen an Erkenntnis. Die gemeinsam gewählte Notwendigkeit der Darstellung (Revue, Film etc.) fordert und ermöglicht zugleich die inhaltliche Klärung.
Eine dritte Form des »Gesprächs« bilden Methoden, die eine Positionierung der Gruppe bzw. des Einzelnen erfordern. (s. KU-Baukasten / Bausteine 6 und 7, S. 69ff.)
In einem ergänzenden Schritt wählen wir Kommunikationsformen, die eine Antwort, eine Reaktion auf die Aussagen, die Bekenntnisse der Jugendlichen ermöglichen. Beispielhaft dafür ist die Aktion Thesenanschlag (s. KU-Baukasten / Baustein 7, S. 73ff.), aber auch das Arbeiten mit Plakatwänden (s. KU-Baukasten / Baustein 6, S. 69ff.) oder die Beteiligung am Credo-Projekt.

Das CREDO-Projekt begann mit Hans Küngs Interpretation des christlichen Glaubensbekenntnisses (Credo) in der Zeitung kritischer Christen »Publik-Forum«. Können Christen des 21. Jahrhunderts noch das über anderthalb Jahrtausende alte gemeinsame »Credo«, die traditionellen Glaubenssätze, ohne Bedenken einfach mitsprechen? Gottessohnschaft Jesu, Jungfrauengeburt Mariä, Höllenfahrt, Auferweckung und Himmelfahrt? Der moderne Mensch ist verunsichert. Zweifel hat sich angesammelt. Hans Küngs Credo für die Zeitgenossen des 21. Jahrhunderts löste eine Welle von Aktivitäten aus. Die Einladung von Publik-Forum, persönliche Credos einzusenden, findet bis heute eine breite Resonanz. Mehrere tausend persönliche Credos wurden seitdem eingesandt. Über die websites von »Publik-forum« oder eine Internet-Suchmaschine lässt sich der aktuelle Stand des Projekts nachvollziehen.

Zu 3: Handlungsorientierte Arbeitsformen anbieten
Im dritten Bereich des Unterrichtsgeschehens geht es um Erfahrungen und Erlebnisse, die den Jugendlichen ermöglicht werden sollen (Lebenswelten, Gottesdienst, Gemeinschaft etc.). Hier wählen wir in der Umsetzung vor allem die aktive Teilhabe an Aktionen in der Gemeinde (z.B. Bibel begehen (s. KU-Baukasten / Baustein 4, S. 61ff.), Kartoffelacker-Projekte (ebenfalls Baustein 4), daneben handlungsorientierte Arbeitsformen und vielfältige Begegnungsstrukturen.

Ein Terminraster entsteht

Aus den ersten Überlegungen und Gewichtungen, der Zuordnung von Methoden und Arbeitsformen wird in einem letzten Schritt ein Terminraster erstellt, in dem alle Bausteine ihren Platz unter Berücksichtigung inhaltlicher Schlüssigkeit und zeitlicher Notwendigkeit finden.

Terminübersicht für das aktuelle Konfus-Projekt (KP) 2008-2009 zum Jahresthema WORTE

Datum	Tag	Zeit	Form	Thema	parallel
21.01.2008	Montag	19.00-21.00	KP-Abend	Kennenlernen	
27.01.2008	Sonntag	19.00	Gottesdienst	Begrüßung der neuen KonfirmandInnen	
04.02.2008	Montag	19.00-21.00	KP-Abend	Bibel (Verstehen, Verteilen, TEXT-Aktion starten)	
11.02.2008	Montag	17.00-21.00	Langer Montag	Hauptworte zu Tu-Worten machen: LEIDENSCHAFT	
18.02.2008	Montag	19.00-21.00	KP-Abend	GOTT	
03.03.2008	Montag	19.00-21.00	KP-Abend	JESUS	
31.03.2008	Montag	19.00-21.00	KP-Abend	HEILIGER GEIST	
03.04.2008 – 06.04.08	Donnerstag Sonntag	**Kloster-Tage im Kloster Frenswegen (1 Schultag)**		Gebet, Bibel, Start: Gottesdienst-Besuche, Kloster	Gottesdienstbesuche in Vierergruppen in unterschiedlichen Gemeinden.
20.04.2008	Sonntag	10.00-13.00	Besuch der Konfirmation 08	Gottesdienst, Konfirmation	
21.04.2008	Montag	19.00-21.00	KP-Abend	Glaubensbekenntnis Vorbereitung für »Blind Date«	
05.05.2008	Montag	19.00-21.00	Blind Date	Gespräche über den Glauben	
02.06.2008	Montag	17.00-21.00	Langer Montag	Hauptworte zu Tu-Worten machen: GERECHTIGKEIT	
23.06.2008	Montag	19.00-21.00	KP-Abend	KU zum Konfus-Camp-Thema	
07.07.2008	Montag	19.00-21.00	KP-Abend	Gottesdienst / Auswertung der Godi-Besuche	
08.07.2008	Dienstag	19.00	Reisesegen	Gottesdienst mitgestalten	
11.07.2008 – 17.07.08	Freitag – Donnerstag	**KONFUS-Camp in Tydal / Schleswig-Holstein**		Schätze: Biblische Botschaft und andere Texte	
21.08.2008	Donnerstag	19.00-21.00	KP-Abend	Vorbereitung Dienstzeit und Nacht der Kirchen	**Dienstzeit** in einer diak. Einrichtung. 3-4 Besuche an frei gewählten Terminen
01.09.2008	Montag	17.00-21.00	Langer Montag	Hauptworte zu Tu-Worten machen: FRIEDEN	
07.09.2008	Sonntag	10.00	WegeWorte Gottesdienst	Zusagen / biblische Botschaft	
20.09.2008 – 21.09.08	Samstag Sonntag	20.00-?	Nacht der Kirchen	Kirche, Gemeinde, Gotteshaus	
25.09.2008	Donnerstag	19.00-21.00	KP-Abend	Auswertung der Dienstzeit	
10.11.2008	Montag	19.00-21.00	Martins-Abend 1	Martin von Tours (Sankt Martin)	**Projektzeit** Teilnahme an einem der Projekte aller KU-Gruppen
11.11.2008	Dienstag	19.00-21.00	Martins-Abend 2	Martin Luther	
12.11.2008	Mittwoch	19.00-21.00	Martins-Abend 3	Martin Niemöller	
13.11.2008	Donnerstag	19.00-21.00	Martins-Abend 4	Martin Luther King	
18.12.2008	Donnerstag	19.00-21.00	KP-Abend	Jahresabschluss (Hawaii und mehr)	
12.01.2009	Montag	19.00-21.00	KP-Abend	Kirche und Gemeinde	
19.01.2009	Montag	17.00-21.00	Langer Montag	Hauptworte zu Tu-Worten: …	
09.02.2009	Montag	19.00-21.00	Tischgruppe 1	evtl. Christentum und andere Religionen	**Tisch-gruppenzeit** s. Baustein 3
16.02.2009	Montag	19.00-21.00	Tischgruppe 2		
23.02.2009	Montag	19.00-21.00	Tischgruppe 3		
02.03.2009	Montag	19.00-21.00	Tischgruppe 4		
12.03.2009 – 15.03.09	Donnerstag Sonntag	**Abschlussfreizeit (1 Schultag)**		Sprüche, Segen, Zusage, Feste und Feiertage, Abendmahl	
20.04.2009	Montag	19.00-21.00	»Stellprobe«		
25.04.2009	Samstag	19.00	Abendmahl		
26.04.2009	Sonntag	10.00	Konfirmation		

Das erste »Konfus-Projekt« in St. Martini war als ‚Patchwork' aus der Taufe gehoben worden, ein bunter Reigen an Aktionen war entstanden. Zunächst galt es, damit an die gemeindeinterne Öffentlichkeit (Kollegenkreis. Kirchenvorstand bzw. Gemeindekirchenrat etc.) zu treten und es den zukünftigen Konfirmandinnen und Konfirmanden und deren Familien vorzustellen und anzubieten.
Nach diesen ersten intensiven Klärungsphasen verabredeten wir innerhalb der Gemeinde eine Lockerung des Pfarrbezirkprinzips, um allen Jugendlichen den Zugang zu dieser neuen Form der Vorbereitung auf die Konfirmation zu ermöglichen.

Für das Konfus-Projekt werben

In einem Brief an die zukünftigen Konfirmandinnen und Konfirmanden des kommenden Jahrgangs stellen wir das Gesamtkonzept vor und bieten an, entweder die übliche KU-Gruppe der Unterrichtenden aus dem entsprechenden Pfarrbezirk zu besuchen, oder aber sich für das Konfus-Projekt anzumelden. Ein Kostenbeitrag wird festgesetzt, da vor allem die Tage unterwegs, auf Freizeiten oder in Seminarform mehr Kosten verursachen, als aus Freizeitzuschüssen der Landeskirche zufließt. Neben diesen Mitteln und den Beiträgen der Familien wird im Jugendausschuss eine Summe bereitgestellt, die helfen soll, dieses Projekt an der Schnittstelle von KU und Jugendarbeit zu einem vertretbaren Preis anzubieten.

Erfahrungen mit dem Konfus-Projekt

Das erste Konfus-Projekt fand großen Zuspruch. Viele der insgesamt 120 Jugendlichen, die in diesem Jahrgang in unserer Großgemeinde (11.000 Gemeindeglieder in sechs Dörfern und zwei Bremer Stadtteilen) den KU besuchten, hatten Interesse am Konfus-Projekt. Ein Losverfahren musste her, um die 24 Plätze zu besetzen. In den kommenden Jahren war der Zuspruch weiterhin sehr groß. Ein Wahlverfahren mit einer ersten und einer zweiten Wahlmöglichkeit unter den sieben KU-Gruppen der Gemeinde löste das Losverfahren ab.

Im Wesentlichen erfüllten sich die Hoffnungen, die wir in das neue Konzept gesetzt hatten. Bausteine des ersten Jahrgangs fanden sich durchaus in Folgejahrgängen wieder. Dennoch war keines der mittlerweile 13 Projekte mit seinen Vorgängern identisch. Immer wieder wurden neue Formen ausprobiert, die den jeweiligen Themen angemessen erschienen. Bausteine wurden überarbeitet oder »ausgemustert«. Durch den Versuch, auch den Konfus-Projekten einen Bezug zum jeweiligen Jahresthema (s. KU-Theorie / Jahresthemen im KU, S. 87ff.) der Gemeinde zu verleihen, entstehen immer spezielle, einmalige Formen und Elemente.
Wie allgemein in der Projektarbeit ist auch im Konfus-Projekt »die Arbeit vor der Arbeit«, die man sich im jeweils neu zusammengesetzten Team macht, das Wesentliche. Hier bekommen die jungen Ehrenamtlichen Zugang und eine Beziehung zu den Themen. Sie lernen, sich mit den Zielen zu identifizieren und behalten diese dann bei der generellen Formen- und Methodenwahl, aber auch beim später immer mal wieder erforderlichen Improvisieren und beim Verändern der Grundideen besser im Blick.

Wer mehr will bekommt mehr

Sicherlich stimmt die Tendenz, dass das Konfus-Projekt viele der engagierten Jugendlichen des Gesamtjahrgangs abschöpft und dadurch oftmals auch »leichteres Spiel« hat als die konventionellen KU-Gruppen. Es bleibt zu entscheiden, ob es nicht trotz allem angemessen ist, denen, die »mehr wollen« auch »mehr zu geben«. Zu beobachten ist in unserer Gemeinde, dass ein Großteil der Jugendlichen, die später die Angebote der Jugendarbeit nutzen, zuvor das Konfus-Projekt besuchten. Im Kreis der Ehrenamtlichen in der Kinder- und Jugendarbeit liegt der Anteil der Konfus-Projekt-Absolventinnen und Absolventen bei etwa 90%.

Auszüge aus Konfus-Tagebüchern

Ein Klostertag im KP1999

Vechta, 31.3.1999
(...) In der »Stillen Woche« versuchten wir, im Gemeindehaus so ähnlich wie in einem Kloster zu leben. In dieser Zeit standen wir um 5:00 Uhr (!!!) auf und gingen erstmal rüber in die Kirche zum Beten und Singen. Das war eigentlich ganz nett, aber auch ganz schön früh. In unserem Tagesablauf gab es dann einen Wechsel zwischen Arbeit und ruhiger Zeit, wobei an den ersten Tagen ja die Arbeit Schul-Arbeit war! An den Tagen, wo es keine Schule mehr gab, war dann Gartenarbeit angesagt, ging auch, war nur ungewohnt. Wir hatten Zeiten der Stille, und welche, um laut zu sein. Außerdem beteten wir immer wieder und hatten viele Gespräche. (...)

(...) Als ich mich beim Konfirmandenunterricht anmeldete, wusste ich ganz bestimmt nicht, was mich erwartet. Eins wusste ich jedoch schon: Wenn möglich, möchte ich gern beim Konfus-Projekt mitmachen. Ich fragte mich trotzdem, ob Konfus-Unterricht tatsächlich langweilig sein würde, wie manche mir erzählten. Ich war wirklich gespannt ... Als ich also zum ersten Treffen ging, gefiel es mir dort schon ganz gut. Viele neue und bekannte Gesichter und eine Menge zu tun, ob nun Gespräche oder Spiele. Kurz gesagt: Es wurde nie langweilig! (...)

(...) Mir gefiel es, dass es Betreuer gab. Ich finde, dass das Arbeiten dadurch leichter wurde, weil man auch merkte, dass ihr euch untereinander mögt und versteht. Ihr seid uns irgendwie nahe, weil ihr selbst noch jung seid (Dieter ist ja auch noch nicht so alt ...). Ihr habt sehr viel mit Jugendlichen und Kindern zu tun, was man übrigens deutlich merkt! Ich finde es gut, dass ihr nicht so geschwollen mit uns redet. Ihr habt für mich nie den Eindruck gemacht, nur die Bibel runterlesen zu können und vielleicht auch empfindlich auf irgendetwas zu reagieren. (...)

Die Struktur vieler Konfus-Projekte findet sich zur weitergehenden Information auf der dem Heft beiliegenden CD-ROM im Verzeichnis zu diesem Artikel.

Baustein 1: Mit GPS zu Gotteshäusern

GEOCACHING als Methode im KU

Absicht

Die Jugendlichen werden durch die Chance des Entdeckens und durch die Nutzung moderner Medien – in diesem Falle mit mobilen GPS-Empfängern – angeregt, Kirchen und andere Gotteshäuser aufzusuchen. Sie sammeln Informationen, machen sich ein (Satelliten-)Bild »ihrer« und anderer Kirchen. Beim Planen ihrer Suche stoßen sie auf Informationen zum Gebäude, entdecken Parallelen in Bauform und Gestaltung, informieren sich über Standort, Einzugsgebiet, Anreise und die Gemeinde vor Ort.

Erstbegegnung mit dem Thema

GC117WF: Noch vor zwei Jahren hatte ich keine Ahnung, was sich hinter diesem Kürzel verbirgt. Mutmaßungen reichten von der Typenbezeichnung eines Föns oder Autoersatzteils über das Kennzeichen eines PKWs aus den Ural-republiken bis hin zu einem hinreichend sicheren Passwort für eine Anwendung im Internet. GC117WF, heute weiß ich es, GC117WF ist die Kirche der Ev. Gemeinde in Bremen-Lesum. Spötter werden jetzt vermutlich wieder einen Obersystematiker in der Verwaltung für dieses Kürzel verantwortlich machen, aber weit gefehlt. GC117WF, unter diesem Kürzel finden sich unter der Überschrift: »Gotteshäuser: St. Martini Lesum« in der weltweit größten Geocaching-Datenbank im Internet die Koordinaten und eine nähere Beschreibung unserer Kirche! Aber warum, mag sich der Geocaching-Unkundige (in GC-Kreisen »Muggel«[1] genannt) ernsthaft fragen.

Was ist Geocaching?

Jonas (15) beschreibt Geocaching mit seinen Worten so: »Geocaching ist eine moderne Form von Schnitzeljagd. Der einzige Unterschied: Beim Geocaching hat man keine Schatzkarte, sondern GPS-Koordinaten und ein GPS-Gerät. Im Internet gibt es eine große Datenbank, wo alle Geocaches dieser Welt aufgelistet sind. Hunderttausende kleiner, wasserdichter Dosen liegen an »points of interest«, also dort, wo Geocaching-Begeisterte andere mit demselben Hobby gerne einmal hinführen möchten. Man kann sich auf www.geocaching.com registrieren und dann alle Schätze in seiner Umgebung anzeigen lassen. Wenn man einen Cache anklickt, erscheinen die Koordinaten, wo dieser liegt, und eine Beschreibung, wonach man suchen muss. Oft gibt es auch noch einen ergänzenden Hinweis, der das Suchen erleichtert wie z.B. »magnetisch« oder »nicht am Boden«. Man begibt sich zu den Koordinaten und sucht dort nach dem Cache.

Geocaching basiert auf dem vom US-Verteidigungsministerium entwickelten Global Positioning System (GPS). Dieses wurde ursprünglich für Kriegszwecke entwickelt. Im Mai 2000 wurde das System deutlich genauer. So konnte man statt auf 100 Meter nun auf 10 Meter genau navigieren. Am 3. Mai 2000 nahm Dave Ulmer diese Verbesserung zum Anlass, eine kleine Box mit Krimskrams zu verstecken, deren Koordinaten zu veröffentlichen und mit ihnen ein paar Grundregeln, welche auch heute noch fürs Geocaching gelten: »Nimm etwas und gib etwas«, »trage dich in das Logbuch ein«. Viele Leute suchten und fanden den Cache und hatten Spaß daran. Innerhalb kurzer Zeit verbreitete sich dieses neuartige Hobby. Viele versteckten nun selber Caches und veröffentlichten ihre Koordinaten. Am 8. Mai 2000 wurde eine Website vorgestellt, wo alle Caches aufgelistet werden konnten. Am 30. Mai 2000 schlug Matt Stum den heutigen Namen dieses Hobbys vor: »Geocaching« war geboren. Nach nur einem Monat gab es feste Regeln, ein Verzeichnis aller Caches und eine Homepage. Am 2. September 2000 hatte Jeremy Irish bereits die Website www.geocaching.com aufgebaut, in dem weltweit die wohl meisten Caches verzeichnet sind. Inzwischen gibt es mehrere weitere Verzeichnisse dieser Art im Internet.

Verschiedene Arten von Caches

Es gibt traditionelle Caches (»Tradis«). Bei dieser Art von Caches sind die Koordinaten im Internet angegeben. Man muss sich nur zu dem jeweiligen Ort begeben und dort nach dem Cache Ausschau halten. Die Caches sind meist Filmdosen oder ähnliche kleine Behälter. In ihnen findet man nur einen Logbuchstreifen, wo man sich einträgt, wenn man den Cache findet.

KU-Praxis 53, S. 52 – 54

So genannte »Multi-Caches« sind schwieriger zu finden. Hier sind nur die Startkoordinaten angegeben. Vor Ort muss man eine Aufgabe lösen, die man in der Cachebeschreibung im Internet findet. Wenn man diese Aufgabe löst, so erhält man einen Hinweis auf die nächsten Koordinaten, wo man dann wiederum eine Aufgabe lösen muss und so weiter. Irgendwann hat man dann die Final-Koordinaten errechnet. Dort wird dann der Hauptcache (»Final«) gesucht und hoffentlich gefunden. Diese Caches sind meistens größer. In ihnen gibt es dann Krimskrams, welchen man mit einer mitgebrachten Sache tauschen kann.
Dann gibt es noch »Tradingcaches«. In ihnen gilt es, mit bestimmten Gegenständen zu handeln, wie der Name ja schon sagt.
Es gibt auch Nachtcaches mit mehreren Stationen. Sie können nur in Dunkelheit gefunden werden. Man braucht eine starke Taschenlampe. Der Besitzer dieses Caches befestigt Reflektoren z.B. an Bäumen. Diese muss man dann mit seiner Taschenlampe suchen und sich den Weg weisen lassen.

Travelbugs und Geocoins

Travelbugs und Geocoins sind so genannte »Tramper«. Man kann sie auf verschiedenen Internetseiten bestellen. Alle Tramper haben eine eigene Nummer und somit auch eine eigene kleine Website. Wenn man einen Tramper besitzt, kann man ihm einen Namen und ein Ziel geben, wie z.B. »Ich möchte an möglichst viele Parkplätze«. Dann packt man ihn in irgendeinen vorhandenen Cache und trägt auf der Website des Travelbugs ein, wo dieser sich gerade befindet. Der nächste, der nun jenen Cache findet, kann den Tramper mitnehmen und dies auf der Website eintragen. Wenn er das nächste Mal bei einem anderen Cache ist, kann er den Tramper dort hinein packen und dies wieder im Internet loggen. So wandert ein Tramper von einem Cache zum nächsten.[2]

Was mich an Geocaching so fasziniert

Jeder kann es machen. Man kommt an Orte, an denen man noch nie war und die man sonst auch nicht »gefunden« hätte. Es ist eine witzige Erfahrung, vor allem, wenn man merkt, dass es um uns rum so etwas wie eine »Parallelwelt« gibt, von der nur ganz wenige etwas wissen. Es fordert einen heraus. Und: Es macht natürlich Spaß, allein oder mit mehreren. Man kann es selber mitgestalten, indem man Caches legt und immer dann, wenn man Lust hat, einfach loslegen. Irgendwo gibt es immer einen Cache zu entdecken!

Auf der Suche nach Kirchenschätzen

Auf diese Weise, die Jonas beschreibt, haben viele Menschen in Deutschland und auch anderen Ländern Geocaches an Kirchen und anderen Gotteshäusern (Moscheen, Synagogen etc.) versteckt. Weit über 700 Orte religiösen Lebens sind so um einen »kleinen Schatz« reicher geworden. Manchmal ist das Auffinden mit der Lösung eines Rätsels oder auch mit einem Vorlauf von anderen Stationen verbunden. In Ausnahmefällen ist am Fundort auch mal anstatt einer Plastikdose eine Webcam installiert. Der Finder oder die Finderin muss sich dann dort fotografieren lassen und kann später nur mit einem solchen Webcam-Bild einen Besuch belegen und auf www.geocaching.com »loggen«. Wie auch immer: Die Tatsache, dass ein winziges Döschen (oder auch mal mehrere) in ihrer Nähe liegt, bringt Menschen dazu, diese Gotteshäuser anzufahren und zu besuchen. Kein Wunder, könnte man kalauern, denn auch sonst ist ja das Betrachten des Kirchenschatzes für viele (zunächst) ein Hauptmotiv, Dom, Kathedrale oder Münster aufzusuchen. Und jetzt liegt der Kirchenschatz eben ein wenig verborgen unter einem Stein vor der Tür, hinter einem Regenfallrohr, unter der Parkbank oder im Mauerwerk der Einfriedung verborgen.

GC117WF, dieser Cache hatte bereits einige Jahre lang Menschen zu unserer Kirche geführt. Sie haben im Internet ihre Meinung zu Gebäude und Gemeindeangeboten ausgetauscht, haben sich im Gemeindehaus einen Kirchenbrief oder unser Jahresprogrammheft mitgenommen, und das alles, ohne dass auch nur einer der hier arbeitenden Menschen etwas davon bemerkt hat.

Geocaching im KU

Egal, wo ein Cache versteckt ist: Vor Ort ist die Suche nach der kleinen Dose immer ein Anlass, ganz nebenbei ein Gotteshaus, eine Kirche, eine Gemeinde kennen zu lernen. Dazu müssen sich die Jugendlichen natürlich zunächst mit dem Gebrauch der Handy-großen mobilen GPS-Empfänger vertraut machen, in welche es die Koordinaten der Gotteshäuser-Caches zu programmieren gilt. Pro Kleingruppe reicht ein Gerät. Im Handel ist es ab ca. 100 € zu haben. Im

Notfall ist es sogar möglich, ohne GPS-Gerät auf Schatzsuche zu gehen, wenn man sich über www.geocaching.com per Link direkt mit Google-Maps verbinden lässt und die Zielkoordinaten als Bild ausdruckt. Außerdem müssen die Jugendlichen im Internet auf Recherche gehen, sich über das Hobby und seine Spielregeln informieren, sich ggf. selbst als Nutzer (kostenlos) registrieren lassen.

Dann sind unterschiedliche Formen des Einsatzes im Konfirmandenunterricht möglich, je nach Zielsetzung, unter der diese Methode / dieses Kurzprojekt in das KU-Jahr eingebracht wird:

- Die Jugendlichen suchen die Zielkoordinaten auf. Zunächst werden sie den Cache suchen und ihn »loggen« wollen. Doch dann haben sie den Auftrag, die Gemeinde vor Ort kennen zu lernen, etwas über sie und das Gotteshaus in Erfahrung zu bringen und beim nächsten Gruppentreffen vorzustellen, einen Gemeindebrief / eine Kirchenzeitung mitbringen usf.
- Die Jugendlichen verabreden sich rechtzeitig am Sonntagmorgen. Sie besuchen an den Zielkoordinaten den Gottesdienst, informieren sich über Kirche und Gemeinde und suchen nebenbei den Cache.
- Die Jugendlichen informieren sich, welche Gotteshäuser noch keinen »eigenen« Cache besitzen und legen dort selber einen. Sie informieren sich auf www.geocaching.com über die geltenden Regeln für das Legen eines Caches und gestalten die kleine Internetpräsenz, indem sie Informationen zur Gemeinde, zu ihrem Einzugsgebiet und ihren Arbeitsschwerpunkten sammeln, gegebenenfalls daraus sogar einen Rätsel-Multicache gestalten.
- Die Jugendlichen bringen eigene Geocoins oder Travelbugs in Umlauf, die einen thematischen Bezug zum KU haben, und verfolgen deren Bewegungen von Cache zu Cache im Internet. Die Geocoins oder Travelbugs erhalten einen bestimmten Auftrag, z.B. »Begib dich auf Luthers Spuren!« oder »Besuche möglichst viele diakonische Einrichtungen!« oder »Mach Stippvisiten bei allen Weltreligionen!« oder »Geh an Plätze, die nicht in Vergessenheit geraten dürfen!«. Bei jeder Bewegung, die im Internet eingetragen wird, erhält der Besitzer des Travelbugs automatisch eine Mail und kann sich und seine Gruppe somit über die entsprechenden Orte informieren.
- Nahezu alle (kirchen-)historisch interessanten Orte, Gedenkstätten, Mahnmale etc. sind auch Plätze von Geocaches. Indem wir auf den Spuren der Kirchengeschichte reisen, passieren die Jugendlichen viele kleine Dosen, deren vorheriges Orten im Internet schon zu einem ersten Kennenlernen dieses Ortes, seiner Geschichte oder Bedeutung führt. Fast alle Cachebeschreibungen sind kleine Lernhäppchen, die neben dem Auffinden eben auch dem Verstehen dienen.
- Geocaching kann, wenn man es gemacht hat, zum Nachdenken anregen: Wie finde ich eigentlich »meinen Weg«? Wo stehe ich, und was sind »meine derzeitigen Koordinaten«? Welche Schätze trage ich in mir? Welche Bugs schleppe ich mit mir herum? Bin ich (auch mir selbst) manchmal ein Rätsel? Orientierung gelingt uns nur, wenn wir wissen, wohin wir wollen und zugleich wissen, wo wir stehen. Beim Geocaching ist diese Erkenntnis eine Selbstverständlichkeit. Für unser Leben könnte es bedeutsam, ja vielleicht sogar hilfreich sein, beides genauer zu definieren: Ziel(e) und Postion(en)! Und beides eben nicht mit einer künstlich verschlechterten Genauigkeit von 100 Metern, sondern unter Zuhilfenahme aller Möglichkeiten – und dann »auf wenige Meter genau«![3]

Anmerkungen

1. In Anlehnung an die Harry Potter-Bücher von Joanne K. Rowling, in denen die »Nicht-Zauberer« in deren Umgangssprache auch »Muggels« genannt werden.
2. Weitere Informationen: www.geocaching.com oder www.geocaching.de
3. Das GPS-Programm wurde im Jahre 1973 gestartet. Der erste GPS-Satellit wurde 1978 in den Weltraum entsandt. Im Dezember 1993 wurde die anfängliche Funktionsbereitschaft des Systems festgestellt. Zu diesem Zeitpunkt waren 24 Satelliten im Einsatz. Die volle Funktionsbereitschaft (Full Operational Capability) wurde im April 1995 erreicht und am 17. Juli 1995 bekanntgegeben. Um nicht-autorisierte Benutzer (potenzielle militärische Gegner) von einer genauen Positionsbestimmung auszuschließen, wurde die Genauigkeit für Benutzer, die nicht über einen Schlüssel verfügen, künstlich verschlechtert (Selective Availability = SA, mit einem Fehler von größer 100 m). Am 2. Mai 2000 wurde diese künstliche Ungenauigkeit der Satelliten abgeschaltet. Seitdem kann das System auch außerhalb des bisherigen exklusiven Anwendungsbereichs zur präzisen Positionsbestimmung genutzt werden. Dies führte unter anderem zum Aufschwung der Navigationssysteme in Fahrzeugen und im Außenbereich, da der Messfehler nun in mindestens 90 % der Messungen geringer als 10 m ist.

Baustein 2: »Blind Date«
Verabredung zu einem Gespräch

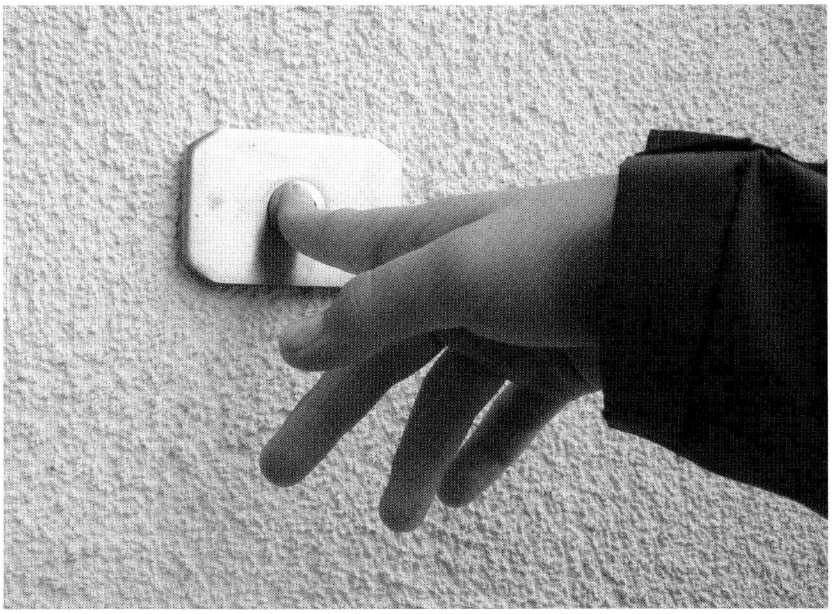

Absicht

Ein »Date« zu haben, das ist doch irgendwie spannend, »cool«, interessant, es hebt mich aus der Alltäglichkeit heraus. »Ein Date zu haben«, das ist etwas ganz anderes, etwas grundsätzlich Spektakuläreres als »einen Termin zu verabreden«. Den Reiz des Besonderen, die damit verbundene höhere Aufmerksamkeit und innerliche Aufgeregtheit, kann man sich auch im Rahmen des KU zu Nutze machen.
Ziel der Aktion »Blind Date« ist es, Begegnung und Gespräch zwischen Menschen zu ermöglichen, die sich bisher nicht kennen.

Wie es funktioniert

»Blind Date« im KU bedeutet, dass Jugendliche sich auf den Weg zu Gastgeberinnen und Gastgebern machen. Die Gastgeberinnen und Gastgeber sind dafür gewonnen worden, von Jugendlichen im Konfirmandenalter besucht zu werden, haben aber einen »Heimvorteil«. Für beide Seiten gilt, mit einer gewissen Unsicherheit umzugehen. Überraschung ist auf beiden Seiten vorprogrammiert. An Hand von »Blind Date« wird deutlich, was für ein erlebnispädagogisches Setting konstitutiv ist: Die Situation ist subjektiv unsicher, objektiv aber nicht gefährlich. Indem ich mich in sie hineinbegebe, verlasse ich die »Komfortzone« meines alltäglichen Lebens und trete hinüber in eine Lernzone, den »Zugewinn-Bereich« meines Lebens. In diesen kann ich mich immer wieder und mit jedem Wagnis neu begeben, um »Land zu gewinnen«, Lebensoptionen wahrzunehmen, Lebenskompetenz zu gewinnen. Letztlich wachsen wir Zeit unseres Lebens in diese Zone hinein; entdecken und wagen das, was uns möglich ist.
Der Moment, in dem es an der Tür klingelt und ich öffne bzw. man mir öffnet, dieser Moment wird besonders intensiv wahrgenommen. In ihm kulminiert häufig auch alle Besorgnis, so dass man sich dann meistens schon mit einer ersten kleinen Erleichterung und Entspannung zum Gespräch zusammensetzt.

Ertrag für den Unterricht

Im KU-Team haben wir zuvor das Thema nur grob festgelegt und uns dann mit den Konfirmandinnen und Konfirmanden schon einmal damit beschäftigt, um eine erste Meinungsbildung zu ermöglichen. Wichtig ist es jedoch, dem Gespräch nicht vorzugreifen. Es soll lediglich eine innere Auseinandersetzung mit dem Thema angestoßen werden.
Die Methode »Blind Date« bietet Raum für unterschiedlichste Themen, so z.B.: »(Was) glaube ich eigentlich? und: Hat mein Glaube in meinem Leben bislang eine Rolle gespielt bzw. welche Rolle spielt er jetzt?« oder: »Wie stelle ich mir ein gelingendes Zusammenleben vor? und: Wie engagiere ich mich dafür?« oder: »Wofür engagiere ich mich überhaupt in meinem Leben?«...
Im Rahmen von »Blind Date« findet ein durch die Kirchengemeinde initiiertes Gespräch statt, das sonst vermutlich nicht stattfinden würde. Dabei behalten die beiden Gesprächspartner es allerdings in der Hand. Nur sie können etwas »draus machen«. Und auch nur sie werden letztlich wissen, was dabei herausgekommen ist.
Wir verzichten deshalb auf eine abschließende allgemeine Ergebnissicherung. Dass es zu diesem Gespräch kam, ist schon Gewinn genug. Wann und wo finden denn sonst überhaupt (noch) Gespräche über Glaubensfragen zwischen den Generationen statt?

Neuland entdecken

Mit dem »Blind Date« wird im KU eine besondere Situation hergestellt, die zunächst für beide Gesprächspartner mit einer gewissen Unsicherheit verbunden ist. Die Gesprächspartner müssen sich äußern, damit ein Gespräch zustande kommt. In der Gesprächssituation sind sie ganz auf sich selber gestellt. Es gibt kein Plenum, keine Gruppe, keine Kleingruppe und auch kein Team.
Diese Situation ist Neuland. Und Neuland ist eine fruchtbare Gegend. Im Neuland gedeiht nichts nach altem Rezept. Standardantworten, Worthülsen oder Allgemeinplätze entlarven sich fast von alleine.

Geeignete Gastgeberinnen und Gastgeber finden

Als Einladende eignen sich Menschen jeglichen Alters und jeglicher Lebensweise. Auch ältere Jugendliche kommen in Frage. Um für jede Konfirmandin bzw.

jeden Konfirmanden einen interessanten Abend zu ermöglichen, ist Vielfalt hilfreich. Gut ist es, wenn die Gastgebenden sich in ihrer Lebensweise, in den Ansichten, im Alter von den eigenen Eltern unterscheiden.
Führt man die Aktion »Blind Date« zum ersten Mal durch, sind zuvor grundsätzliche Überlegungen im Kreis der Kolleginnen und Kollegen erforderlich, nicht zuletzt mit Blick auf die Gewinnung geeigneter Gastgeberinnen und Gastgeber. Gute Tipps für die Auswahl hat oftmals die Gemeindesekretärin, der Kreis der Ehrenamtlichen oder auch der Kirchenvorstand. Als Gastgebende kommen nicht nur diejenigen in Frage, die sich intensiv in der Gemeinde engagieren; nicht nur diejenigen, die sich im Bibelkreis der Gemeinde regelmäßig mit Glaubensfragen beschäftigen, sondern auch alle, die in der Auseinandersetzung mit diesen Fragen selber »Neuland betreten« wollen.

Was man sich vorher genau überlegen sollte

Bei einem ersten »Blind Date« ist diese Arbeit noch etwas mühsam, aber schon für den nächsten Durchgang profitiert man davon. Viele stellen sich gerne wieder für ein Gespräch zur Verfügung; die Liste wächst von Date zu Date. Manche entdecken darin sogar ihre Aufgabe, mit der sie sich in die Gemeindearbeit einbringen können.
Optimal ist es, wenn alle Jugendlichen der KU-Gruppe am selben Abend zu ihrer Verabredung gehen. In Ausnahmefällen kann davon abgewichen werden, z.B. wenn Personen sehr gerne einladen möchten oder besonders geeignet sind, aber am festgesetzten Termin nicht können.
»Blind Date« erfordert in fast allen Phasen des Prozesses Fingerspitzengefühl und eine gute Beziehung zu der einzelnen Konfirmandin und dem einzelnen Konfirmanden.

Zeitplan für die Durchführung

3-5 Monate zuvor	Diese Aktion den Konfirmandinnen und Konfirmanden vorstellen, sie ggf. darüber entscheiden lassen, ob sie sich beteiligen, je nach Maß der gewünschten Verbindlichkeit.
2-3 Monate zuvor	Ansprechen bzw. Anschreiben von potentiell Einladenden; dabei: Festsetzung des Termins, Nennung des Themas.
1 Monat zuvor	Zweiter Brief an die Einladenden: »Wir haben Sie notiert ...!« Dazu ein paar Hinweise / Tipps zum Ablauf. Einstimmung der Jugendlichen auf das Thema; Klärung organisatorischer Fragen.
1 Woche vorher	Die Gastgeber erfahren den Namen des Gastes; die Jugendlichen bekommen die Adresse und Telefonnummer und ggf. Unterstützung bei der Planung der Anfahrt; außerdem einen kleinen »Notfall-Zettel« mit Telefonnummern.
Am Abend des »Blind Dates«	Telefonische Erreichbarkeit und Bereitschaft, jemanden abzuholen, aufzusammeln, hinzufahren, »wo es brennt«.
1-3 Wochen danach	Rückblick mit den Jugendlichen auf den Abend / »Erzähl-Stunde«/ ggf. andere (schriftliche) Methoden, um den Jugendlichen die gemachten Erfahrungen noch einmal verfügbar zu machen. Evtl. Telefonate mit den Gastgebern; auf jeden Fall ein Danke-Schön-Brief, Einladung zu einem zwanglosen Abend in einer Kneipe oder im Gemeindehaus.

Wir haben über folgende Fragestellungen intensiv nachgedacht:

1. Ist Blind Date überhaupt etwas für mich und meine Gruppe?
2. Mit wie viel »Nachdruck« lade ich dazu ein? »Muss« jede bzw. jeder?
3. Welche Menschen bitten wir darum, Einladende zu sein? Wer ist warum geeignet und wer nicht? Unsere Kriterien: Wen halte ich für vertrauens- und glaubwürdig? Wer ist interessant und interessiert sich auch für Jugendliche? Wer kann erzählen, aber auch zuhören, hinhören und nachfragen? Wer hat einen interessanten Beruf, ein ungewöhnliches Hobby ...? Und schließlich auch: Wen können die Jugendlichen unproblematisch an einem Abend erreichen? Wer wohnt in erreichbarer Nähe?
   Anfragen erst nach einer Klärung dieser Punkte im Team.
4. Welcher Konfirmand, welche Konfirmandin wird von wem eingeladen?
5. Wie gehe ich mit Panik kurz vor dem Besuch um?
6. Was mache ich, wenn ein Jugendlicher seine Einladung nicht wahrnimmt?

Optionen

Blind Date lässt sich auch im Rahmen größerer Projekte einsetzen. Dann entwickelt sich häufig aus dem übergeordneten Thema auch ein Gesprächsthema. Im Konfus-Projekt verwenden wir diesen Baustein zur vertiefenden eigenen Auseinandersetzung mit den KU-Themen, aus denen sich großer Gesprächsbedarf ergibt (eigene Glaubenswelt, eigenes Handeln etc.). Auch in Projekten der Jugendarbeit wurden »Dates« schon nutzbar gemacht, manchmal sogar in Verbindung mit einer Übernachtung.[1]

Rückmeldungen der Gastgeberinnen und Gastgeber 2008

Blind date? Coole Sache!
Als Vater von vier Jungen war ich etwas skeptisch, aber auch sehr gespannt, wie denn ein »Blind date« mit einem 13-jährigen Mädchen verlaufen könnte. Da es eine »flexible« Vorgabe gab, redeten wir tatsächlich über »Gott und die Welt«. Und über Glaube. Und genau das tut man ja sonst fast nie im Alltag. Warum glaube ich? An wen und was? Es war ein tolles Gespräch und bot mir die Gelegenheit, mich selbst noch mal zu hinterfragen

und gleichzeitig die Ansicht einer angehenden Konfirmandin kennen zu lernen. Zwei Stunden vergingen wie im Flug und ich glaube, es war für beide Seiten interessant. Da bin ich mir sogar sicher.
Ein Gastgeber

Hallo Dieter, so ist das... die Kinder haben ein Projekt und alles, was man zu Hause erfährt, ist »ganz gut gewesen«. Ich wüsste auch gerne mal mehr...
Ich fand es sehr schwer mit N. ins Gespräch zu kommen. Egal wie rum ich es versucht habe, über eine Einsatzantwort kam sie nicht hinaus und eigene Ideen hatte sie auch nicht. Ihre Antworten spiegelten oft die Meinung der Eltern wider, oder sie entschuldigte sich damit, dass sie ja nie viel in der Gemeinde mitgemacht hat.
Mein persönlicher Eindruck: sie ist doch einfach noch sehr jung. Konfus in der 8. Klasse zu starten spukt mir schon lange im Kopf herum. Auch wenn ich meine eigene stille Tochter so betrachte, der es auch schwer fällt sich anderen zu öffnen. Sie fand die Fragestellung von dir übrigens auch schwer und war froh zu niemandem zu müssen.
Liebe Grüße ...
Eine Gastgeberin

Hi Dieter,
als Gastgeberin eines der Blind-Dates kann ich nur sagen, dass dieses Treffen mit einem Konfirmanden eine absolute Bereicherung für mich war. Unter der Fragestellung: Welche Bedeutung hat der Glaube in meinem Leben oder was hat er für eine Bedeutung gehabt ... (hab leider den genauen Text nicht mehr) sind wir sehr schnell ins Gespräch gekommen. Erstaunlicher und erfreulicherweise war der Konfirmand völlig ohne Scheu und erzählte ganz offen von seinen Berührungspunkten mit dem Glauben, mit Gebet und seiner Vorstellung über Gott, Tod und was danach kommt. Insbesondere im Zusammenhang mit dem Tod seines Großvaters hatte er sich viele Gedanken gemacht, die er mir erzählte. Beeindruckt hat mich auch, wie viel grundsätzliches Verständnis für die christlichen Glaubensinhalte er mitbrachte, teils durch das Elternhaus vorgegeben, aber auch durch die Vermittlung im Konfirmandenunterricht. Schön war, dass wir uns austauschen konnten, ohne dass eine Beurteilung stattfinden musste. Ich würde eine Möglichkeit zu solch einem blind date jederzeit wieder nutzen.
Eine Gastgeberin

Hallo, Dieter,
ich hatte mit N. einen netten Abend, der allerdings etwas chaotisch begann, weil ich die verschobene Anfangszeit schlicht überlesen hatte und erst um 19:25 Uhr vom Unterrichten heimkehrte.
N. war sehr offen und hat über das, was sie bis jetzt im Konfus erlebt hat, detailliert und positiv eingenommen berichtet. Ich hätte mir ein kleines Konzept gewünscht, nach dem der Abend seinen Beginn hätte nehmen können. Über einen allgemeinen »small-talk« hinauszukommen, war am Anfang nicht so einfach für mich.
Toll war es deshalb, dass N. ihre »Konfusmappe« mitgebracht hatte. Über das Gedicht »was über einem ist" sind wir sehr interessant ins Gespräch gekommen. Dieses Gedicht hat mich selbst sehr zum Nachdenken gebracht.
Eine Gastgeberin

Hallo, Dieter, habe mich mit N. wirklich angeregt über Glaubensfragen unterhalten – hatte ich mir kaum vorstellen können. N. hat sich toll auf die Aufgabe eingelassen. Fürs nächste Mal wäre vielleicht ein Fragenkatalog bzw. Anregungen zu Fragen vorstellbar, so dass das Gespräch auch durch den Konfirmanden / die Konfirmandin geleitet wird. Es wird dann eher dazu kommen, dass der junge Mensch von mir etwas wissen will und es nicht den Akzent bekommt, dass der Erwachsene meint, von sich etwas mitteilen zu sollen.
Gruß
Ein Gastgeber

Rückmeldungen eines Konfirmanden 2008

Die meisten haben mündlich ihre Eindrücke geschildert. Einer hat folgende E-Mail geschrieben:
Also, ich fand das Blind-Date eigentlich sehr gut, denn ich habe mich über Gott unterhalten und alles, was damit zu tun hat. Das heißt: Was ist nach dem Tod, bete ich oder nicht, was ist das für ein Gefühl, wenn jemand gestorben ist, den ich gern hatte und noch über andere Dinge. Mein Ansprechpartner beim Blind-Date war sehr nett und man konnte sich gut unterhalten. Das fand ich am wichtigsten. Als ich mit dem Fahrrad dorthin gefahren bin, habe ich es mir viel schlimmer vorgestellt. Aber es war nicht schlimm!!!!

Auf der dem Heft beiliegenden CD-ROM im Verzeichnis zu diesem Artikel befinden sich als Muster: Das Einladungsschreiben an die Gastgeberinnen und Gastgeber sowie der Brief an die Konfirmandinnen und Konfirmanden.

Anmerkungen

1. Aus dem Bereich der Erlebnispädagogik in der Stadt, City-Bound, ist dies durchaus bekannt. Mit einem Schlafsack unter dem Arm macht man sich am Abend auf zu einer Adresse, die man genannt bekommt. Dort wartet ein Abendessen, ein Gespräch und ein Platz zum Übernachten. Am nächsten Morgen endet diese »Verabredung« mit einem Frühstück. In dieser Form ist Blind Date sicher nur mit älteren Jugendlichen oder Erwachsenen und nur mit sehr kleinen Gruppen durchführbar. Steigerungen sind denkbar: Man trifft einen Menschen, der den gleichen Namen trägt wie man selbst. Beide haben etwas, das sie verbindet, wissen aber zu Beginn des Gesprächs nicht, was das ist. Der/Die Eine wollte schon immer den/die Andere(n) treffen, weiß jetzt aber nicht, dass er/sie gerade auf dem Weg dahin ist ...

Baustein 3: Die Bibel auf dem Esstisch

Tischgruppenarbeit

Absicht

Väter oder Mütter der Konfirmandinnen und Konfirmanden finden sich bereit, an vier aufeinander folgenden Nachmittagen oder Abenden eine Kleingruppe von ca. fünf Jugendlichen zum Gespräch einzuladen. Gesprächsgegenstand sind biblische Texte oder Themen aus dem KU-Kanon. Der Charakter dieser Gespräche bestimmt sich aber auch aus den Fragen: Wer spricht? Mit wem? Wo? Und wie?

Praxis

Seit 1995 ist eine Tischgruppenphase integraler Bestandteil aller KU-Gruppen in unserer Gemeinde. Gespräche über die Bibel »vom Kirchhügel herab« in die Häuser und den Alltag der »ganz normalen« Menschen zu tragen, kann ein ungeheuerer Gewinn sein. Oft sind beide Seiten, Erwachsene und Jugendliche, gleichermaßen aufgeregt, wenn das erste Treffen »ins Haus« steht. Aber diese Aufgeregtheit, diese Unsicherheit ist produktiv. Sie macht aufmerksam, macht sensibel, alte Üblichkeiten haben ausgedient. Nun muss die Situation gestaltet werden, und dabei kommt oft Besseres heraus als beim x-ten Heimspiel. Den Eltern wiederum hilft es doch, zumindest ein Heimspiel zu haben, wenn ihnen schon die »Disziplin« so neu ist. Für die Konfirmandinnen und Konfirmanden ist es wiederum oft interessant zu sehen, wie ihre Mitkonfirmanden leben. Auch Essen spielt eine Rolle! Nach ersten Erfahrungen, bei denen sich die Tischgruppen-Eltern mit Speisen beinahe überboten, raten wir nun zu Getränk und Keks, manchmal kochen aber auch Kleingruppen gemeinsam und dehnen so die verabredete Zeit aus. Auch das ist schön, wenn es von allen gewünscht wird.

Wer spricht?

Im Mittelpunkt stehen das Interesse und die Bereitschaft dieser Erwachsenen, ein solches Tischgruppengespräch bei sich zuhause auszurichten. Manche tun dies, weil sich ihnen so die Gelegenheit bietet, in der KU-Zeit selbst einmal mitzuwirken. Andere reizt das Ungewöhnliche, die Überwindung der Unsicherheit, mit mehreren Jugendlichen im Alter ihrer Kinder ins Gespräch zu kommen. Oft braucht es eine Weile vom ersten Bekanntmachen dieser Idee beim Elternabend über das Notieren von Interessenten bis hin zur Zusage. Viele Eltern finden diese Aufgabe reizvoll. Sie zu gewinnen fällt leichter, wenn bestimmte Informationen und Rahmenbedingungen ernst genommen und deutlich transportiert werden.

Rahmenbedingungen

Es geht nicht darum, hauptamtlich Unterrichtende zu entlasten. Biblische Gespräche unter Laien, die lediglich durch ihr Alter, ihre Lebenserfahrung voneinander unterschieden sind, haben eine eigene Qualität. In ihnen geht es nicht darum, mit Mühe und Not »herauszufinden«, was der Theologin förmlich ins Auge springt, weil ihr Blick dafür geschult wurde. Es geht nicht um eine wissenschaftlich geleitete Interpretation, sondern um die Entdeckung einer lebenspraktischen Dimension eines biblischen Textes oder eines Themas. Der Erfolg ist schon eingetreten, wenn ein solches Gespräch zustande kommt. Es ist schon ein Gewinn in sich. Eltern sind im Vorfeld entspannter, wenn sie wissen, dass keine inhaltliche Erfolgskontrolle am Ende droht, bei der es um ein internes Ranking unter den Tischgruppen-Eltern kommt, wo denn am meisten oder gründlichsten erarbeitet wurde. Es wird ihnen im Vorfeld zugesichert, dass die Themen der Tischgruppentreffen später nicht weiter abgefragt, die Notizen und Ergebnisse nicht zusammengetragen werden. Was im Tischgruppenheft notiert wird, legt der oder die Einzelne fest. Oder es wird in der Tischgruppe verabredet. Beim KU-Treffen nach der Tischgruppen-Zeit kommt es lediglich zu einer »gefühlten« Wertung: Hattet ihr eine gute Zeit? Konntet ihr euch am Gespräch beteiligen? Würdet ihr das wieder machen? Gibt es eurer Meinung nach Unterschiede zwischen einem Gespräch hier in der KU-Gruppe und in einem Tischgruppengespräch, und worin bestehen diese? Die Form der Nachfrage wird den Eltern vorher mitgeteilt.

KU-Praxis 53, S. 58 – 60

Vorbereitung der Erwachsenen

Die Eltern werden auf einem Treffen gut drei Wochen vor der Tischgruppen-Zeit mit ihrer Aufgabe vertraut gemacht. Sie erhalten das Tischgruppenheft (s. dazu weiter unten). Es enthält eine Zusammenstellung von vier unterschiedlichen Gesprächsleitfäden und Gesprächsanregungen, die ihnen die Durchführung der Treffen erleichtern sollen. Gemeinsam probieren wir den ersten Leitfaden schon einmal aus. Aus den Eltern werden spontan ein bis drei Tischgruppen, die sich einarbeiten und dabei ein Gefühl für diese Situation und das Material bekommen.

Während der Tischgruppen-Zeit besteht dann die Möglichkeit, sich telefonisch Rat zu holen. Dazu ermutigen wir genauso wie zu einem kurzen Anruf, wenn es gerade toll gelaufen ist. Viele Eltern melden sich. Auch das Angebot eines abschließenden Stammtisches in einem Lokal in der Nähe, wird gut angenommen. Die Eltern sind dankbar für den Austausch mit den anderen. Sie durchleben noch einmal Höhen und Tiefen der Treffen, finden Leidensgenossinnen und Genossen, aber auch Menschen, die ihre Freude und Zufriedenheit hören wollen und teilen. Manch ein Elternteil hinterlässt an solchem Abend seine Telefonnummer mit der Bitte, sich doch gerne auch im nächsten Jahr zu melden, falls jemand für die Tischgruppenarbeit benötigt wird. Es ist ja auch nicht notwendig, ein eigenes Kind in der betreffenden Gruppe zu haben. So machen manche Erwachsene schon über mehrere Jahre mit; eine eigene Form ehrenamtlichen Engagements ist entstanden. Finden sich nicht genügend Eltern oder Erwachsene aus der Gemeinde, bliebe notfalls die Variante, Ehrenamtliche oder Hauptamtliche aus dem KU-Team mit dieser Aufgabe zu betrauen. Doch ein solches Vorgehen ist aufgrund der Intention tatsächlich nur eine Notlösung, z.B. bei einer plötzlichen Erkrankung etc.

Mit wem?

Aus den Konfirmandinnen und Konfirmanden bildet das Leitungsteam Tischgruppen. Die Wahl, wer mit wem zusammenkommt, ist die eine Hälfte unseres Beitrags zum Gelingen der Gespräche bei den Eltern. Eine Tischgruppe sollte handlungsfähig und gesprächsbereit sein. So schwierig wie die Arbeit mit einer lebhaften bis »wilden« Truppe sein kann, so problematisch kann es auch werden, wenn man mit fünf Stillen am Tisch sitzt oder die geballte »Verweigerungsfront« zu Gast hat. Es gilt also, mit Augenmaß ein »Teile und genieße!« umzusetzen. Die gute Mischung macht es. In jeder Gruppe sollte jemand »gesetzt« werden, dem zuzutrauen ist, Rückgrat des Tischgesprächs zu sein. Jugendliche, die dem Glück (und dem Mitmachen) des jeweils anderen oft im Wege stehen, können jetzt an unterschiedlichen Tischen ihre eigene Chance bekommen. Wie groß sind diese Gruppen? Weniger als vier ist oft schwierig (vor allem, wenn mal eine oder einer fehlt). Mehr als sechs sprengt den atmosphärischen Rahmen, und manchmal auch die Tischgröße in der Familie. Prinzip ist es, dass kein Jugendlicher in der Tischgruppe seine Eltern trifft oder im eigenen Haushalt bleibt. Die Gruppen werden vorab gebildet. Auf dem Elternabend zuvor können die ca. vier bis fünf Eltern die zusammengestellten Konfirmandengruppen untereinander aufteilen.

Wo?

Zu Hause – und das ist ein großer Gewinn! In Lesum liegt die Kirche auf einer Anhöhe oberhalb des Flusses. Schon von Weitem ist die Kirche zu sehen. Früher war hier schon eine nichtchristliche Kultstätte. Dass auf diesem »heiligen Hügel« über Gott gesprochen wird, erwarten die Jugendlichen. Wo auch sonst? Dass zu Hause über Gott und die Welt (nicht nur: die Welt) geredet wird, ist für die allermeisten Jugendlichen (zumindest in unserer Gemeinde) unbekannt. Am Arbeitsplatz oder auch in der Familie ist Kirche oft nur dann Gesprächsthema, wenn es um äußere Fragen geht: Ist es klug, auszutreten? Will man »in Weiß« heiraten? Darf der Pastor das Feuerwehrauto weihen oder für die Grünen kandidieren? Die Bibel auf dem Esstisch ist für viele Jugendliche ein ungewöhnlicher Anblick. Ein Bonmot mag das veranschaulichen: Im Anschluss an eine Tischgruppe hatte ein Vater seine Doppelkopf-Runde zu Gast. Als der Abend zu Ende ging, nahm der letzte Gast den Hausherrn vor der Tür noch mal zur Seite und fragte besorgt »Ist jemand von euch schlimm krank?« Die Bibel hatte noch auf dem Esstisch gelegen.
»Du liest in der Bibel? Geht's dir nicht gut?« Dieser Frage gingen wir dann beim Stammtisch nach, nachdem diese Anekdote erzählt worden war.

Und wie?

Das wissen wir (fast) nicht! Denn immer dann, wenn Tischgruppe ist, sind wir, die Unterrichtenden, ja nicht dabei! Die »gute Mischung« der Kleingruppe ist die eine Hälfte unseres Beitrags zum Gelingen der Tischgruppentreffen. Die andere Hälfte ist das Material, das wir den El-

tern an die Hand geben. In einem kleinen A5-Heft fügen wir Hauptamtlichen vier Gesprächsleitfäden aneinander, die in unserer Gemeinde von den jeweiligen Unterrichtenden erarbeitet wurden. Im Vorfeld strukturieren wir das Thema und wählen die biblischen Texte gemeinsam aus. Manchmal verabreden wir zusätzlich, welches der Fokus des jeweiligen Treffens sein soll, bzw. was wir eher mithilfe eines der anderen Texte erarbeiten würden. Dann nimmt jede und jeder von uns seinen Auftrag mit nach Hause und schreibt seinen Beitrag zum Heft. Dadurch, dass in allen KU-Gruppen mit dem Material gearbeitet wird (was prinzipiell ja auch Nachbargemeinden und ihre KU-Gruppen so handhaben könnten), entsteht für uns Unterrichtende ein Synergieeffekt. Jede/r von uns Hauptamtlichen schreibt nur einen Leitfaden; die Tischgruppen bekommen aber vier gute Gelegenheiten, zum Thema zu arbeiten.

Die Tischgruppenhefte finden sich zur Ansicht auf der dem Heft beiliegenden CD-ROM im Verzeichnis zu diesem Artikel.

Umgang mit den Tischgruppen-Heften

Die Eltern ermutigen wir, mit unserem Material durchaus kritisch und kreativ umzugehen: »Wenn es passt, folgen sie ruhig dem roten Faden. Wo es hakt, machen sie sich frei vom (gefühlten) Zwang, alles »abarbeiten« zu müssen. Wenn ihre Gruppe an einem spannenden Punkt festhält, dann klappen sie das Heft ruhig zu und bleiben dort, wo schon jetzt ein wertvolles Gespräch existiert, statt es abzubrechen.«
Unsere Hefte sehen Platz für Notizen vor. Manchem ist das gewissenhafte Notieren eine Hilfe; andere hassen es, zu schreiben. Oft nutzen die Eltern die freien Zeilen, um in der Gruppe eine Essenz zu formulieren, etwas festzuhalten, manchmal aber auch nicht. Die Erfahrung unterschiedlicher Entwürfe und Vorgehensweisen zeigt, dass es hilfreich ist, darauf zu achten, nicht Arbeitsblätter, sondern Gesprächsleitfäden (also Angebote) zu erstellen. Manch ein Stundenentwurf lädt zum Fragenbeantworten ein, verhindert dabei aber das freie Gespräch.

Wenn mehrere Menschen ein solches Heft erarbeiten, führt dies automatisch zu Material mit unterschiedlichem Charakter. Gut ist es, wenn tatsächlich ein (biblischer) Text als Mittelpunkt oder Ausgangpunkt Verwendung findet. Dann gibt es erstmal »was zum laut Lesen« und eine Runde zur Klärung offener Fragen und erster Eindrücke. Ein Gespräch hat dann schon meist begonnen.

Anfang, Mitte und Ende

Die Tischgruppen-Zeit beginnen oder beenden wir in unserer Gemeinde mittlerweile regelmäßig mit einem Gottesdienst zum Thema der Tischgruppen. Ungewöhnlich ist für uns Unterrichtende die Tischgruppen-Zeit dann schon, weil man vier Wochen lang »seine Konfis« nicht sieht, sie aber Woche für Woche beschäftigt sind. Manchmal ist es gut – auch für die Eltern – auf der Hälfte der Zeit seinem Interesse Ausdruck zu verleihen und anzurufen: »Wie läuft es bei euch? Waren alle da? Was kann ich für euch tun?«

Rückmeldungen

Aus den Rückmeldungen der Eltern des Jahrgangs 2008 sollen zwei Gedanken Mut und Lust machen, Tischgruppenarbeit mithilfe von Eltern »anzugehen«:
Eine Mutter berichtete von dem besonderen Moment, wenn die Tischgruppe zu Ende war und die Gast-Jugendlichen gerade gingen. Meist war das der Augenblick, wenn das eigene Kind nach Hause kam – und zwar von einer anderen Tischgruppe. Häufig – so diese Mutter – begann es mit der Frage (von wem auch immer) »Wie war's denn …?« Ein reger Austausch über das Thema begann, über die Fragen im Gesprächsleitfaden und die Gedanken, die man sich hier wie dort gemacht hatte. »Toll«, so diese Mutter, »wann redet man sonst schon mal mit seiner Tochter über solchen Themen? Selbst vom KU erzählt sie ja fast gar nichts.«
Ein Vater wiederum, zum ersten Mal mit einer Tischgruppe betraut, schreibt in einer E-Mail über seine Erfahrungen: »Ganz ungewöhnlich ist es für mich übrigens, sich selbst und dann auch noch zu Hause, über Gott reden zu hören.«

Tischgruppen-Themen

MAHLZEIT …!	Tisch-Szenen in biblischen Texten
GEBOTE	Wege in die/der Freiheit
DIE TAUFE	»Ich bin getauft auf deinen Namen …!«
GOTT UND DIE WELT	Zusagen und Versprechen Gottes
Männer- und Frauengestalten in der Bibel	
Ich glaube, ich bekenne!	Das hat Folgen/Konsequenzen/Auswirkungen
Das Leben der Gemeinde	Was sie bewegt …/ Was sie hält …/ Was sie hoffen darf …
»Ich bin …!«	Material zum Thema »Persönlichkeit«
GEBET	
Jesus redet in Gleichnissen	
SCHULD und VERGEBUNG	»Alles halb so schlimm?!«

Baustein 4: Biblische Texte haben Hand und Fuß!

Sich in das biblische Geschehen hineinbegeben

Vorüberlegungen

Auch mit Konfirmandinnen und Konfirmanden lohnt es, in die Wirklichkeit biblischer Geschichten einzutauchen. Das muss nicht immer im Rahmen von Bibeltheater oder Bibliodrama geschehen. Oftmals findet sich mit ein wenig Phantasie ein überraschender, ganz direkter Zugang zur Lebenswirklichkeit des Textes. Gerade die Geschichten des Neuen Testaments, die Gleichnisse und Jüngererzählungen erschlossen sich früher den Lesenden vor allem durch ihre Nähe zum eigenen Alltag, zum eigenen Erleben. Der heute veränderte Alltag, gerade der der Jugendlichen, ist kaum noch eine Hilfe zum schnellen Verständnis der biblischen Botschaft. Wer nie von einem Tagelohn einen Tag lang sich und die Familie versorgte, wer nie Erkrankung als Makel, ja als Strafe vorgehalten bekam, oder weder Saat noch Ernte, elterliche Sorge oder ein verlorenes Schaf »erlebte«, – wie soll er oder sie mit der Bilder- und Gleichniswelt zurechtkommen?

Absicht

Konfirmandinnen und Konfirmanden sollen Gelegenheit bekommen, biblische Texte für sich zum Leben zu bringen, indem sie sich in den Geschehenszusammenhang »hineinbegeben«.

Einige Versuche dieser Art werden im Folgenden vorgestellt:

A: Annäherung an Weihnachten

Eine adventliche Wanderung sollte es werden, eine ruhige, stimmungsvolle Annäherung an Weihnachten. Kinder, Jugendliche, ganze Familien haben sich einladen lassen. Durch die nähere Umgebung führt unser Weg. Gegen Abend ist die Einkehr in einer einfachen Pension mit Gaststätte geplant: Ein warmes Abendessen, gemütliche Stunden im Kaminraum, dann übernachten und am nächsten Vormittag der Rückweg zur Kirche.
In aller Frühe brechen wir gut gelaunt auf. An einzelnen Wegpunkten machen wir Rast und hören aus den Evangelien von Maria, Josef und der Geburt Jesu. Wir brechen auf Richtung Bethlehem und kommen letztlich in der Abenddämmerung an unserem »Wirtshaus«, der gebuchten Pension, an.
»Was??? Reserviert??? Nein, das muss ein Irrtum sein!« Wir können die Worte der Wirtin kaum fassen. »Ja aber, ...« »Ne, ne, -und erst recht nicht für so viele Menschen! Dafür ist bei uns kein Platz!« Nicht unfreundliche, aber entschiedene Worte einer resoluten Frau. Kein Platz in der Herberge ...? Da war doch was ...! Richtig. Die Wirtin verweist uns an einen Bauern in der Nachbarschaft. Der ist schnell bereit, seinen Heuboden zur Verfügung zu stellen. Und spätestens als die Wandergruppe die dort vorbereiteten Schlafsäcke und Decken sieht, fliegt unsere »Tarnung« auf. Darf sie ruhig! Denn keiner fühlt sich verschaukelt. Über den Köpfen der Kälber im Stall, bei einer warmen Erbsensuppe aus dem großen Topf und bei den Worten der Weihnachtsgeschichte nach Lukas wird es ein wunderschöner, ein eindrücklicher Abend, an dem man immer wieder seine Gedanken und Gefühle beim Eintreffen in der Herberge austauscht und wie nahe wir Maria und Josef plötzlich waren.

B: Mit Hacke und Schaufel zum Gottesdienst

Dem Gleichnis vom Schatz im Acker (Mt 13,44) widmeten wir einen Familiengottesdienst, zu dem Gummistiefel und Hacke und Schaufel mitgebracht werden sollten. An den Bankreihen entlang konnte man während des Gottesdienstes das Werkzeug stehen sehen. Das Glockenläuten markierte den Aufbruch zu einem Acker in der Nähe, auf dem mehrere Wochen zuvor ein Schatz vergraben worden war.

Der Schatz sollte knapp unter der Erdoberfläche (ca. 15 cm) vergraben werden. Dann müssen mehrere Wochen ins Land gehen, damit die Stelle nicht mehr erkennbar ist. Um ihn später sicher wieder finden zu können hilft es, von den beiden vorderen Ackerecken aus mit zwei unterschiedlich langen Seilen ein Dreieck zu konstruieren. In der Spitze vergräbt man dann den Schatz. Bis Ende März haben viele Bauern solche Ackerflächen brachliegen.

Wie mag der Mann im Gleichnis seinen Acker angeblickt haben, nachdem er wusste, dass er einen Schatz barg? Wie kann man überhaupt Äcker, Dinge, aber auch Mitmenschen anblicken, von denen man weiß, dass sie »einen Schatz bergen«: ungeahnte Reichtümer, Talente, Hoffnungen. Jetzt standen wir vor so einem riesigen Acker und blickten ihn alle (gut 150 Menschen) auf diese Weise an: Dieser Acker ist mehr! Dieser Acker birgt einen Schatz! Mehrere Stunden lang gruben, hackten, stocherten Alt und Jung, angetrieben vom Wissen um den Schatz, den man hier finden konnte. Die einen systematisch, die anderen intuitiv oder gar wild drauf los. Konfirmanden des Vorgängerjahres kochten derweil Kartoffelsuppe am Ackerrand, denn es war kalt an diesem Sonntagnachmittag im März. Schließlich wurde eine Familie mit zwei kleinen Jungen fündig. Eine Segeltour auf einem unserer selbst gebauten Boote winkte als Preis. Zudem barg die Kiste noch Schatz-Münzen mit dem Logo des Jahresthemas, die an alle Schatzsuchenden ausgegeben wurden. Die Mitmachenden hatten zuvor schon einen Spendenbeitrag nach eigenem Ermessen zusammengelegt, der für einen gemeinnützigen Zweck verwandt wurde. Der »neuen Welt Gottes«, von der das Gleichnis als Schatz spricht, konnte so ein wenig Starthilfe gegeben werden.

C: St. Martini macht in A(c)ktien

Die Lebenswirklichkeit »Ackerbau« steht hinter vielen biblischen Erzählungen. Gerade unseren Konfirmandinnen und Konfirmanden ist sie aber zumeist völlig unbekannt. Ein solches Ackerprojekt bietet neben dem gemeinsamen Erleben im Kreis der Gemeinde, den eingebetteten Gottesdiensten und Andachten am Ackerrand oder zu Erntedank auch die Möglichkeit, Saat und Ernte ein wenig nachzuempfinden. Sicherlich lässt sich auch die Lebenswelt der Hirten oder Fischer einmal zum Anlass nehmen, solche Vorhaben zu realisieren. So haben wir es gemacht:

Die Zeitungen und der Gemeindebrief luden in St. Martini schon einige Male mit solchem oder ähnlichen Texten ein:

»A(c)ktionär werden! – ganz richtig: Mit ›ck‹, weil das Kapital nämlich ein Acker ist, den die Kirchengemeinde St. Martini in Bremen-Lesum gepachtet hat, um ihn mit etwa 400 Menschen zu bebauen. 1998 waren gut 500 Menschen schon einmal an einem solchen, großen Projekt für Jung und Alt beteiligt: Das KARTOFFEL-PROJEKT. Nun laden wir wiederum Kinder, Jugendliche, Erwachsene, Senioren, Land- und Stadtmenschen ein, miteinander Kartoffeln anzubauen. Unsere Ackerfläche liegt knapp 7 Kilometer von Lesum entfernt an der Grenze von Werschenrege/Lesumstotel. Saat und Ernte werden wir erfahren, ein Grundnahrungsmittel möglichst natürlich anbauen, gemeinsam arbeiten, feiern, Touren zum Acker unternehmen. Einen Anteil an Acker, Arbeit und Ertrag können Sie übernehmen', indem Sie eine A(c)ktie erwerben. Damit gehört etwa ein 400stel der Ernte später Ihnen. Aber darum geht es beim Kartoffelprojekt 2004 eher nur am Rande. Denn bis es so weit ist, gilt es, Kartoffeln zu legen, in kleinen Gruppen (notfalls) zum Kartoffelkäfer Sammeln oder Hacken ›auszurücken‹, Radtouren zum Acker zu unternehmen und dem Gedeihen zuzuschauen, ... und letztlich natürlich zu ernten und gemeinsam Erntedank zu feiern. Diese Aktionen sind natürlich für alle A(c)ktionäre »Pflicht«. Darüber hinaus gibt es kleinere Aktionen rund um unseren Acker als »Kür« für die, die »mehr« wollen.
Die Organisation liegt in der Hand des »KARTOFFEL-RATs«, an dem sich auch weitere Interessierte noch beteiligen können.
A(c)ktien können Sie nur ›im Gemeindebüro zeichnen‹. Ein Anteilsschein kostet € 5,-. Wenn Sie den Kostenbeitrag direkt bar bezahlen, können Sie ›Ihre A(c)ktie‹ direkt mitnehmen. Geschenka(c)ktien liegen im Büro und bei den Weihnachtsgottesdiensten aus. Sie werden gültig, wenn innerhalb der Januarwochen die Summe von € 5,- nachträglich im Büro bezahlt wird und die A(c)ktie eine Seriennummer bekommt.
Verbindliche Termine für alle A(c)ktionäre:
Sa. 17.4.04, 11.00 Uhr: PFLANZAKTION
Sa. 18.9.04, ganztägig, ERNTE und kl. Ackerfest
So. 3.10.04, 10.00 Uhr: ERNTEDANKFEST mit Verteilung der Ernteanteile.«

Auch die Konfirmandinnen und Konfirmanden nehmen, z. T. als ganze Gruppen an diesen Acker-Projekten teil. Für viele ihrer Familien bietet sich dabei eine (erste) niederschwellige Gelegenheit, am Gemeindeleben teilzunehmen. Wer A(c)ktionär wird, kann seine Nähe zum Projekt frei wählen; viele nehmen nur an Saat und Ernte teil; andere engagieren sich mehr. Das macht dieses Vorhaben für viele Menschen attraktiv, die Zeit und Vertrautheit mit der Gemeinde noch »vorsichtig dosieren« möchten.

Ein Ansichtsexemplar einer A(c)ktie findet sich auf der dem Heft beiliegenden CD-ROM im Verzeichnis zu diesem Artikel.

D: »Es ist der Weg nach Emmaus noch eine Reise wert!«

So singen wir manchmal in einem Kirchenlied der 70er-Jahre. »Mit Hand und Fuß« einen biblischen Text »an-gehen« oder sogar »be-gehen«, dazu haben wir uns im Vorfeld eines Abendmahlsgottesdienstes mit den Konfirmandinnen und Konfirmanden Gedanken Herbert Brünjes angeregt[1]. Er schlägt vor, der inneren Erlebniswelt der Emmausjünger (Lk 24,13-35) auf die Spur zu kommen. Von seinen Grundideen ausgehend haben wir die Jugendlichen und ihre Eltern (insgesamt ca. 140 Personen) am Vorabend der Konfirmation zu einer meditativen Wanderung eingeladen.

1. Wir versammeln uns am Flussufer der Lesum. Es ist noch hell. Tageslicht spiegelt sich auf dem Wasser. Der Begrüßung folgt eine Einstimmung, bei der wir besonders die Etappen des zurückliegenden KU-Jahres in Erinnerung rufen. Ein Lied schickt uns dann auf den Weg. Das erste Teilstück soll zu zweit gegangen werden, gerne über alle Altersgrenzen hinweg. Wir erzählen einander von schönen KU-Erlebnissen, aus dem zu Ende gehenden Jahr oder länger zurückliegend.
2. Nach 20 Minuten knickt der Weg vom Ufer ab in den waldigen Teil eines Parks. Es wird ein wenig dämmrig. Lukas 24 führt uns jetzt das Gefühl der Jünger vor Augen, die alles verloren haben. Träume, Hoffnungen sind zerbrochen. Aus einem großen Topf nimmt sich jeder eine Scherbe und geht eine Strecke allein. Über zerbrochene Träume kann man nachdenken, Enttäuschung oder schwere Stunden.
3. Oben im Park ist ein Teich. Hier wird es lichter. Wir finden uns zu kleinen Gruppen zusammen, immer die, deren Scherben zur gleichen Fliese, zum gleichen Gefäß gehörten. Weitergehend teilen wir das, was wir von unseren Enttäuschungen erzählen möchten. Es wird dadurch nicht ungeschehen, – aber »mitgeteilt«. Die abschließende Lesung an der nächsten Station lässt den mitgehenden Jesus als Hörenden, als Zuhörenden in seiner Bedeutung für die Jünger aufscheinen. Behutsam mit ihm an der Seite bahnt sich leise Hoffnung an.
4. Wir erreichen die offen stehende Kirchentür von St. Martini. »Bleibe bei uns, Herr, denn es will Abend werden. Und der Tag hat sich geneigt.« Immer zwei Bankreihen sind einander zugedreht worden. Körbe mit Obst, Käse, Brot, Wasser und Saft stehen bereit. Alle kommen hinein. Hören noch einmal die Worte der Einsetzung des Abendmahls und spüren den Emmaus-Jüngern nach, wie ihnen die Augen aufgehen. Sie erkennen, was manchmal nur an Zeichen ablesbar ist, um dann in fröhlicher Runde gemeinsam Brot zu brechen, zu teilen, zu reden und zu singen. Ein Segenswort begleitet die hinaus, die gehen möchten. Am nächsten Morgen schon trifft man sich zur Konfirmation wieder.

E: Gemeinde im Selbstversuch: Talente anvertraut!

Von einem biblischen Text, dem wir im Rahmen einer gemeindlichen Aktion »näher treten« wollten, berichtet ein Teilnehmer später Folgendes:

»Am Abend des 27.6. versammelten sich über 100 Kinder, Jugendliche und Erwachsene in der St. Martini-Kirche, um sich im Rahmen eines Gottesdienstes auf die Ferien einzustimmen, voneinander Abschied zu nehmen und um Gottes Segen für die kommenden Wochen zu bitten.
Als Text wurde uns das Gleichnis von den anvertrauten Talenten (Mt 25,14-30 / Lk 19, 11-27) mit auf den Weg gegeben. Im Rahmen einer Mit-Spiel-Erzählung lernten wir die drei Knechte eines reichen Mannes kennen, der auf eine lange Reise ging und sein Geld den Angestellten anvertraute ...
Im Gottesdienst machten wir eine Talentkollekte. Auf vorbereiteten Zetteln markierte jeder seine besonderen Fähigkeiten, seine Talente. Auch das Wort Vermögen fiel. Vermögen ist eben nicht nur Geld und Gut, sondern auch das, was man vermag, was einem möglich ist. Während wir sammelten, kam ein Haufen Vermögen, ein Haufen Talent, zusammen, darunter vieles, was einem so noch nicht bewusst war. Urlaubszeit ist Aus-Zeit; in dieser Unterbrechung des Alltags können wir unsere verborgenen Talente (neu) entdecken. Diesen Auftrag nahmen wir mit in die Ferienzeit, mit auf die Freizeiten und in den Familienurlaub. Der Reisesegen endete dann mit einem Experiment: Weit über 30 Einzelpersonen, Familien und Gruppen ließen sich Geld anvertrauen. Knapp 400,- Euro aus dem Jugendetat wurden gegen Quittung verliehen und bis zum Jahresende zur Verfügung gestellt. Wer etwas annahm, verpflichtete sich, dieses Geld als Startkapital zu nehmen, um mit seinem oder ihrem Talent daraus Gewinn zu schlagen. Wir wollen versuchen, auf diesem Weg möglichst viel Geld für ein ökologisches Projekt in unserer Nähe zusammenzubringen. Diese Aktion soll ein Auftakt zum Jahresthema »Schöpfung bewahren« sein. Sieben Monate später wurde dann ›abgerechnet‹. Im Rahmen des Schlussgottesdienstes der Schöpfungstage wurde vom Ende und Ergebnis der TALENT-Aktion berichtet. Viele waren gekommen, die sich mit ihrem Startkapital das ›Wuchern‹ vorgenommen hatten. Getreu dem Gleichnis von den anvertrauten Talenten entdeckte dabei so mancher, was in ihm steckt. Viele schafften es, ihren Teil zu mehren. Zutaten für Brot oder Waffeln wurden gekauft. Der Verkauf auf Festen oder bei Veranstaltungen brachte Gewinn. Die Lesumer Jugendgruppe lieh einen Kinofilm aus und veranstaltete ein ‚Adventskino' für Kinder. Bei Popcorn und heißem Kakao hatten 95 Kinder viel Spaß und die Kasse zugunsten des Naturschutzes wuchs um gut 100 Euro. Kinder, Konfirmanden und ganze Familien mehrten das Geld in der Vorweihnachtszeit mit dem Verkauf von Seidentüchern, Stickpostkarten oder auch Fensterbildern. Einer spielte Lotto und gewann sogar! Viele mit Talent beschenkte Menschen halfen, das Startkapital fast zu verdoppeln. Mit dem Zugewinn soll nun der Bund für Umwelt- und Naturschutz unterstützt werden, der sich um die Erhaltung des Werderlandes und des Röhrichtgürtels am Lesumufer bemüht.«

Anmerkungen

1. Hermann Brünjes: Bibelarbeiten für alle Sinne, Aussaat 2001

Baustein 5: Stille Tage

Der Reiz des Ungewohnten

Absicht

»Was, du gehst ins Kloster?« Von solchen ungläubigen Reaktionen ihrer Mitschüler berichten unsere Konfirmandinnen und Konfirmanden gelegentlich in einer der letzten KU-Stunden vor den »Stillen Tagen«. Diese sind schon beinahe ein Klassiker im Rahmen des Konfus-Projekts, aber auch bei anderen Projekten mit Jugendlichen oder Erwachsenen der Gemeinde. Warum ins Kloster? Diese Frage stellt sich natürlich auch den Konfirmandinnen und Konfirmanden selbst, die sich diesem Vorhaben ausgesetzt sehen. Kaum Vorstellungen haben sie von dem, was kommen könnte. Gerüchte und Befürchtungen sind oft schneller und hartnäckiger als die Informationen, die wir geben. Warum ins Kloster? Vor allem, weil uns dort eine ungeheuer dichte und reiche Lernatmosphäre erwartet. Kernthemen des KU lassen sich dort passgenau verorten und aufnehmen: Gebet, Gemeinschaft, christliches Leben, Andacht und Gottesdienst, Kirchengeschichte, Bibel, Aktion und Kontemplation, Umgang mit unserer Zeit, Lebensentwürfe, Lebensperspektiven. Der ungewohnte Rahmen ermöglicht und erfordert einen Neubeginn. Das fehlt klassischen Unterrichtsmustern häufig. Hier kommen alle gespannt an und können gemeinsam etwas Neues gestalten. Und der Reiz liegt gerade darin, dass das Neue ungeheuer alt und fest verfasst ist. Im Rahmen von »Stillen Tagen« begeben sich die Jugendlichen und wir auf ungewohntes Terrain. Wir bekommen Gelegenheit, uns selbst, unser Tun und den anderen, auch Gott, neu und bewusster wahrzunehmen. Weil alles ungewohnt ist, ist Ungewohntes nichts Ungewöhnliches. Die Bereitschaft, sich einzulassen ist hoch.

Realisierung

Schnell wurde uns in der Erarbeitung und Umsetzung dieses Konzepts deutlich, dass gerade die Besonderheit der Situation erhalten werden muss, um diesen Tagen ihren Reichtum zu belassen. Eine zu große Vermischung mit Elementen anderer Freizeiten oder KU-Blöcke würde zum Verlust der atmosphärischen Einmaligkeit führen. Zum anderen ist alles zu vermeiden, was den Anschein von »Wir spielen Kloster« vermittelt. Natürlich hüllen wir uns nicht in Kutten oder sprechen uns mit Ordensnamen an. Natürlich sind wir noch immer eine KU-Gruppe und füllen z.B. die klösterlichen Studierzeiten mit Studium im KU-Kontext. Aber: Die Autorität über den Ablauf wollen wir an den Ort abtreten. Die Frage, was passt und üblich ist, wird in diesen Mauern auch heute noch nach Benedikts Regel gelebt und soll auch zum Regularium unseres Tagesablaufs werden.
So weit die Theorie. Nach ersten »Stillen Tagen« in noch aktiven, klösterlichen Gemeinschaften sind wir dann zu einer Zwischenform übergegangen. Es wurde immer schwieriger, mit größeren Gruppen entsprechende Klostergemeinschaften zu finden. Sie hatten dann oftmals auch einen recht konkreten Plan, wie mit Gastgruppen im Konfirmandenalltag gearbeitet werden sollte. Mittlerweile sind wir beinahe jährlich mit einer Gruppe im Kloster Frenswegen[1] zu Gast oder nutzen andere Tagungshäuser, die in ehemaligen Klostergebäuden liegen bzw. deren Möglichkeiten und Atmosphäre (Kapelle, stille Zonen etc.) haben.[2] Dort gestalten wir dann in Absprache und Kooperation mit der Hausleitung den klösterlichen Rahmen selbst, bzw. greifen dort bestehende Angebote (Andachten, Stundengebete) auf. Um deren feste Zeiten herum bemühen wir uns, einen Tagesablauf nach benediktinischem Muster zu realisieren.

Ablauf

Zumeist umfassen »Stille Tage« im Rahmen der Konfirmandenarbeit einen Zeitraum von Donnerstagmittag bis Sonntagnachmittag. Der Donnerstag dient nach Schulschluss der Anreise ins Kloster. Mit dem Abendessen beginnt die klösterliche Zeit, aber noch nicht die »Stillen Tage«. Abends erkunden wir die Gebäude, fragen uns, was jeweils wo gewesen ist. Ein idealtypischer Klostergrundriss findet Verwendung, wenn es darum geht, Tätigkeiten und Bereiche in mittelalterlichen Klöstern kennen zu lernen. So eröffnet sich langsam die ganze klösterliche Lebenswelt in ihrer landwirtschaftlichen, pädagogischen, medizinischen und auch politischen Dimension. Zumeist endet dieser Tag mit einem kurzen Blick auf den Ablauf eines Tages und einem Abendschluss in der Kapelle, der bereits die Grundform der Stundengebete verwendet.
Der Freitag ist dann entweder bereits ein »Stiller Tag« oder dient dem intensiveren Kennenlernen klösterlichen Le-

KU-Praxis 53, S. 64 – 68

bens.[3] Es folgen dann ein oder zwei »Stille Tage« und eine Auswertung am Sonntagvormittag.
Eine kleine Karte mit dem Tagesablauf und der Grundform der Stundengebete haben alle in der Hosentasche. So kommt das Miteinander ohne große Regieanweisungen aus. Jeder kennt den Rhythmus, und die Glocke der Klosteruhr markiert die Zeit.

Zu den einzelnen Elementen

Wecken

Der Tag beginnt im Schweigen. Die Mitarbeiterinnen und Mitarbeiter gehen von Zimmer zu Zimmer und wecken die Jugendlichen. Ab und an hilft der Zeigefinger vor den Lippen als Erinnerung daran, dass Aufstehen, Waschen und der Weg in die Kapelle still vor sich gehen. Es ist 5.15 Uhr, das Wecken klappt fast immer ohne Worte, bis auf wenige Verwirrte, die mit einem überraschten »Was?« »Wie?« aus dem Schlaf hochschrecken. Wir lassen das Licht in den Zimmern an. Kurz vor sechs hilft ein zweites Durchgehen, um die nicht zu vergessen, die noch einmal vom Schlaf übermannt wurden. Nach und nach gehen alle durch das noch nächtlich wirkende Klostergebäude auf den Weg in die Kapelle.

Prim (und weitere Stundengebete)

Dort ist ein Stuhlkreis im Altarraum vorbereitet. Kerzen brennen. In der Mitte liegen viele kleine Kärtchen mit Gebetstexten[4] und die Bibel. Schweigend nehmen wir nach und nach Platz. Die Akteurinnen und Akteure dieser Andacht blättern noch einmal ihre Lesung durch oder schlagen die Seite des Psalms bzw. der Lieder in den ausliegenden Liedheften nach. Diese Zeit des Eintreffens nutzen viele Jugendliche, um die Gebetskärtchen zu lesen und sich ggf. eines auszuwählen.
Pünktlich hören wir von der Gitarre den ersten Ton der Liturgie und stimmen gemeinsam das »Ehr sei dem Vater« an. Bewusst verwenden wir im ersten Teil der Stundengebete drei Elemente aus der Liturgie »zu Hause«. So üben sich diese in den Tagen schnell und unauffällig ein und werden ein Stück Heimat, das später einmal im Gottesdienst der eigenen Gemeinde freudig wieder erkannt werden kann.
Der Psalm (im Wechsel gesprochen) führt uns zum Thema bzw. zum Text dieser Andacht hin. Lied und Lesung führen diese Fokussierung fort. Als Impuls gibt es Unterschiedliches: Ein symbolischer Gegenstand wird betrachtet, der Text erzählend und verkündigend aufgegriffen, ein Gedanke zum Tag in den Mittelpunkt gestellt oder ein Bild oder Wortbild im Rahmen einer Deutung aufgegriffen. Auch die »Perlen des Glaubens« dienten schon im Rahmen von »Stillen Tagen« als roter Faden durch die Stundengebete.[5]
Die Stille im Anschluss daran bietet Raum, den eigenen Gedanken dazu nachzugehen. Ist der Rahmen stimmig, haben die Jugendlichen keinerlei Probleme, auch viele Minuten diese Stille mitzuerleben. Die Auswertung der »Stillen Tage« macht jedoch immer wieder deutlich, wie schwierig es Einzelnen trotzdem fällt, in dieser Zeit zur Ruhe zu kommen. Oft ist es gerade die Stille, die sie unruhig werden lässt, so äußern manche am letzten Tag vor Ort.
Ein kurzer Satz der Überleitung eröffnet die Zeit der Fürbitte. Gute Erfahrungen haben wir mit dem Auslegen von jugendgemäßen Gebetstexten auf eben jenen Kärtchen gemacht. Sie machen in ihrer Menge deutlich, worum es im Gebet alles gehen kann und sind Anregung und Stütze, selbst laut und evtl. später auch frei zu beten. Bei den ersten ein bis zwei Andachten hilft es, dass die Mitarbeitenden selbst ein kurzes Gebet auswählen. Schnell kommen jedoch Lust und Bereitschaft der Konfirmandinnen und Konfirmanden auf, selbst etwas zu beten. Jedes Gebet beantworten alle mit einem gesungenen »Halleluja«, dem »Herr, erbarme dich« oder einem »Kyrie«. Ist alles gesagt, schließt sich das gemeinsame Vaterunser an. Das Segenswort beendet das jeweilige Stundengebet. Dann erklingt ruhige Musik von der CD[6], die den Kapellenraum erfüllt und zum Bleiben einlädt. Manche gehen schon bald, andere bleiben noch lange. Immer ein Mitarbeitender geht als Letzter und löscht Kerzen bzw. schaltet die Musik aus. Eine halbe Stunde ist dann seit Beginn des Stundengebets zumeist vergangen.

Arbeitszeit draußen

Nach der Prim, dem ersten Stundengebet, ist die Sonne im Herbst oder auch in den Osterferien oft noch nicht aufgegangen. Ein wenig ungläubig sammeln sich alle vor der Klostertür. Jetzt ist körperliche Arbeit im Garten und auf dem Gelände angesagt. Wichtig ist dabei, dass »echte Arbeit« in ausreichendem Maß und das dafür notwendige Werkzeug zur Verfügung steht. Fast alles haben wir schon gemacht: Obst geerntet, Laub geharkt, Mutterboden verfahren, Schuppendächer abgedeckt, Unkraut gejätet, Sträucher gepflanzt, Mauern verputzt und geweißt, Gräben gereinigt, Wege gefegt und ausgebessert. Hier zeigt sich die Qualität der Vorbereitung, insbesondere der getroffenen Verabredungen mit den Menschen vor Ort. Seit wir beinahe jährlich wiederkommen, wissen beide Seiten, was der jeweils andere leisten kann und benötigt. So gelingt dieses wichtige Element im Tageslauf von Jahr zu Jahr besser.

Ganz wunderbar ist immer wieder der Moment, nach fast zwei Stunden körperlicher Arbeit in kleinen Teams überall auf dem Gelände im Gewölbekeller zum reichhaltigen Frühstück zusammenzukommen. Spätestens jetzt ist das ganz andere Gefühl für den Tag und mich selbst bei den Jugendlichen angekommen. Wir sitzen da, stärken uns, schon längst nicht mehr »nur« eine KU-Gruppe, sondern irgendwie Teil einer anderen Welt, zumindest eines anderen Erlebens, und sei es nur das Gefühl, dass es schon unendlich spät sein muss, obwohl der Blick auf die Uhr gerade mal 8.30 Uhr zeigt. Überhaupt: Zeit ist ein ganz wichtiges Element dieser ungewohnten Lebenswelt. Überall spielt sie eine Rolle, kommt uns unerwartet kurz oder schon mal unendlich lang vor, vermittelt den Eindruck, gerade erst begonnen, und doch schon unendlich viel erlebt zu haben.

Schreibwerkstatt

Auch hier spielt Zeit eine wichtige Rolle. Die alte klösterliche Tradition eines Scriptoriums aufgreifend, nutzen wir beinahe jeden Aufenthalt in einem Kloster zur Weiterarbeit an einer Bibelhandschrift, die seit Jahren in unserer Gemeinde in Arbeit ist.[7] Aber auch kalligrafische Arbeit mit Psalmen haben wir schon ausprobiert oder das Stöbern in der klostereigenen Bibliothek, die durch ihre alten Bände ungeheuer begeistert und inspiriert. Dort suchte sich jeder einen Auszug aus einem alten Werk, um ihn für sich oder in ein KU-Gruppen-Buch handschriftlich zu übertragen. Schreiben ist immer wieder »der Renner« bei den »Stillen Tagen«. Ein großer Teil der Jugendlichen möchte am zweiten Tag länger oder sogar mehrmals abschreiben.

Studierzeit

Ab und an haben wir auch im Rahmen der »Stillen Tage« Studierzeit eingebaut (s. KU-Baukasten / Baustein 9, S. 81ff.). Häufig dient diese dem Vertiefen eines Themas oder dem Austausch über biblische Texte in Kleingruppen. Auch die Auswahl bzw. persönliche Besprechung der Konfirmationssprüche war schon in diesen Rahmen eingebettet. Schön ist dabei die Möglichkeit, zu zweit, zu dritt, redend und zuhörend im Kreuzgang zu »wandeln«. Unterwegs und doch an einem Ort gemäß Benedikts Vorstellung von der Beständigkeit des Ortes bei gleichzeitiger Beweglichkeit des Geistes.[8]

Chorwerkstatt

Haben die »Stillen Tage« einen musikalischen Schwerpunkt oder führen sie zu den Konfirmationsgottesdiensten bzw. Abendmahlsfeiern in der Gemeinde hin, dann kann auch eine gemeinsame Chorstunde mit mehrstimmigen Gesängen oder der Erarbeitung eines Musikstücks für die Gottesdienste den Tagesplan ergänzen.

Arbeitszeit drinnen

Von den drei Arbeitszeiten eines Tages bemühen wir uns, je nach Jahreszeit und »Arbeitsangebot« mindestens zwei als Gartenarbeit oder zumindest »körperlich anstrengende« Arbeit zu gestalten. Ein weiterer Block findet drinnen statt. Dort nutzen wir die Zeit häufig zu kreativen oder handwerklichen Vorhaben, die Bezug zum Ort, zu Themen der Tage oder zu einem in Aussicht stehenden Gottesdienst haben. In den letzten Jahren entstanden so Sanduhren, Kirchenfenster (KU-Praxis 50, S. 28-30), Uhrblätter mit vorgefertigtem Uhrwerk, Bändern mit den »Perlen des Glaubens«.

Stille Zeit

Mit der »Stillen Zeit« nach dem Abendessen biegt der Tag dann auf die Zielgerade ein. Oft freuen sich die Jugendlichen auf dieses Vorhaben; manche sind jedoch auch besorgt, ob sie mit dieser Zeit tatsächlich etwas anfangen können. Die Form variierte in den letzten Jahren. Einige Rahmenbedingungen haben wir jedoch konstant gehalten.
Die »Stille Zeit« beginnen wir in der Kapelle. Dort wird der Charakter der zwei Stunden kurz vorgestellt. Mal gibt es konkrete »Arbeitsaufträge« für die Zeit. Mal einen Text, manchmal gar nichts außer vielleicht der Anregung, seine Bibel mitzunehmen. Mit ihren Bettdecken oder Kissen (so sitzt es sich bequemer) geht dann einer nach dem anderen hinaus (alle anderen singen einen Kehrvers oder Musik läuft) und sucht sich im Kreuzgang und daran angrenzenden Gewölben und Räumen »seinen Platz«. Ab jetzt ist Stille angesagt. Eine Kerze hat jeder mitgenommen; die Betreuerinnen und Betreuer gehen etwa 10 Minuten nach dem Letzten los und vergewissern sich beim stillen Rundgang, dass alle einen Platz gefunden haben. Allein zu sitzen, ohne Blickkontakt zu anderen, ist eine gute Regel, auch das Zurücklassen der Uhren in der Kapelle. Die Handys haben wir gleich zu Beginn der »Stillen Tage« in einem Karton der Klosterpforte übereignet. Ein munteres Eintreffen hunderter SMS ist dann am Abreisetag die unterhaltsame Folge dieser »Fastenaktion«, die den Jugendlichen zwar nicht leicht fällt, aber selten Probleme bereitet.
Die »Stille Zeit« nutzen viele, um Briefe an sich selbst zu schreiben, die wir dann Monate oder Jahre später vom Gemeindebüro aus versenden, oder ein Bild zu malen, ihren Kopfumriss mit Worten zu füllen, die ihr Leben und sie selbst ausmachen. Manche dichten, schreiben kurze Fürbittengebete auf Kärtchen. Andere lesen in der Bibel, einige nicken im Licht der Kerze und in der wohlig

warmen Ruhe über Gelesenem oder Geschriebenem irgendwann ein.
Gut 15 Minuten vor Ende der »Stillen Zeit« gehen wir wieder herum und erinnern schweigend mit Gesten und Zeichen an das baldige Ende der Zeit. Nach und nach kommen die Jugendlichen wieder zurück, stellen ihr Licht in den Mittelkreis in der Kapelle und nehmen Platz.

Komplet
Die Komplet beendet die »Stille Zeit« und den Tag. Gelegentlich, z.B. am Ende des zweiten Tages ist der Rahmen geeignet, um mit dieser Gruppe zum ersten Mal das Abendmahl zu feiern, das so Teil einer intensiven Erinnerung wird. Der Tag endet, wie er begann. Schweigend verlassen alle nacheinander die Kapelle. Manche bleiben noch eine Weile bei Kerzenschein und den Gebetskärtchen sitzen. Ohne miteinander zu reden, putzt man sich die Zähne und legt sich schlafen. Wenn die Mitarbeitenden nach und nach mitgehen, fällt es manchem leichter, die »auswertenden Gespräche« auf den nächsten Tag zu vertagen. Ein langer Tag geht zu Ende, dessen Rhythmus nach und nach zum eigenen Rhythmus wurde, der sich in seiner Struktur wohltuend eingeschlichen hat in mein eigenes Leben.

Matutin
Oft arbeiten wir in der Vorbereitung mit Texten aus Benedikts Regel bzw. mit Material über benediktinische Klöster. Der ursprünglich dort vorgesehene Tagesablauf ist um einiges »rigider«, was die Zeiten anbetrifft. Häufig fragen und bitten die Jugendlichen um eine Mitternachtsandacht (Matutin), um das besondere Erlebnis zu haben, aus dem Schlaf heraus noch einmal geweckt zu werden und in der Kapelle den neuen Tag mit Lob und Gebet zu begrüßen. Wenn der Eindruck überwiegt, dass nahezu alle dies als Bereicherung betrachten, stimmen wir zu. Eine Matutin auf freiwilliger Basis oder nur für die, die Lust haben, bieten wir nicht an, denn die Stundengebete sollen ein Element der Gemeinschaft sein, das mit allen geteilt wird und alle, auch ungeachtet ihrer Lust oder Befindlichkeit verbindet. Trotzdem kommt es vor, dass wir den einen oder die andere trotz intensiven Bemühens um Mitternacht nicht wach bekommen!

Erfahrungen

Der Durchführung »Stiller Tage« verdanken viele Jugendliche, aber auch die haupt- und ehrenamtlich Unterrichtenden reiche und wertvolle Erfahrungen. Häufig sind diese Tage ein Höhepunkt im KU-Jahr. In ihrer Fremdheit wird die Atmosphäre vor Ort schnell zur Heimat und färbt ab auf das Miteinander aller. Früher standen diese Tage oft am Ende der KU-Zeit. 2008 haben wir erstmals eine Auftaktfreizeit mit Konfirmanden und Konfirmandinnen auf diese Weise im Kloster Frenswegen gestaltet. Alle Bedenken, mit einer Gruppe, die noch wenig gefestigt ist, so einzusteigen, haben sich als grundlos erwiesen. Die Tage nehmen uns immer wieder gefangen.
Die Kapelle, morgens noch im Dunkeln, dann mit dem Licht der jeweiligen Tageszeit und spät in der Nacht wieder als »Höhle«, nur schwach erleuchtet von wenigen Kerzen, wird uns zum Mittelpunkt des Tages und des (Zusammen-) Lebens und mit ihr das, was dort die Mitte bildet: Von Gott hören, zu Gott sprechen, sich Zeit nehmen für ihn und die Mitmenschen. Als Gemeinschaft vor Gott zusammenkommen und sich fallen zu lassen in die Zugehörigkeit zu einem großen Ganzen, das mich umfängt und bestimmt, so wie der feste Tagesablauf, ohne mich zu vereinnahmen oder zu verallgemeinern.
Wichtig erscheint mir, während der »Stillen Tage« diese neue »Lebenswelt« nicht zu verlassen, auch nicht gedanklich oder im Gespräch. Am Abschlusstag oder gar zu Hause in der nächsten KU-Stunde ist noch Zeit genug, *über* diese Zeit nachzudenken und zu sprechen. Jetzt ist Gelegenheit, *in* ihr zu denken, zu reden, zu singen und zu sein, eine Erfahrung, von der viele unserer Konfirmandinnen und Konfirmanden später immer wieder erzählen.
Häufig hindert uns lediglich unsere Sorge daran, die Jugendlichen könnten diese Wege ins Neuland nicht mitgehen, solche Schritte zu wagen. Meine Erfahrung ist eine andere: Der Reiz des Ungewohnten ist groß, wenn die Aktion eingebettet in ein intaktes Beziehungsgeschehen von Gruppe und Unterrichtenden ist. Wege und Orte, um dann mit den Jugendlichen im Rahmen der KA diese besonderen Erfahrungen zu machen, finden sich immer.

Varianten

In der inhaltlichen Gestaltung dieser Tage gibt es noch viele Varianten und Optionen. So haben wir schon das Lesen während der Mahlzeiten praktiziert, was eine Bereicherung sein kann, aber nur gelingt, wenn keine anderen Gruppen vor Ort sind. Auch das Kochen als körperliche Arbeit jeweils einer Kleingruppe kann eine gute Erfahrung sein, wenn die stillen Tage in einem Selbstversorgerhaus oder -kloster stattfinden. Will oder kann man nicht wegfahren, so lässt sich klösterliches Leben auch in der eigenen Gemeinde praktizieren. Schon drei Mal haben wir im Gemeindehaus für mehrere Tage gewohnt. Die eigene Kirche wird dann zur Klosterkapelle; der Schulbesuch zu einem Teil der »Arbeit des Tages«. Auch ein »workcamp« im Gemeindegarten kann klösterlichen Charakter bekommen, wie auch ein »ZEIT-Dorf« (KU-Baukasten in KU-Praxis 54). Reicht die Zeit nicht für »Stille Tage«, so kann man auch deutlich vor dem Schulbeginn, in unserem Fall um 5.30 Uhr, an aufeinanderfolgenden Tagen zur »Frühschicht« in die eigene Kirche einladen. Nach gut 30 Minuten Andacht folgt ein gemeinsames, festliches Frühstück, von dem jede und jeder so aufbricht, wie der Schulweg und Schulbeginn es erfordern.

Die Karte mit dem Tagesablauf und der Grundform der Stundengebete und eine Anleitung zum Bau von Sanduhren befinden sich auf der dem Heft beiliegenden CD-ROM im Verzeichnis zu diesem Artikel.

Anmerkungen

1. Informationen unter www.frenswegen.de
2. Kloster Hardehausen, Jugendhof Sachsenhain, Jugendhof Vechta, Kloster Brunnen, Kloster Möllenbeck ...
3. In dem Fall erarbeiten wir uns meistens anhand von Quellentexten die Lebensläufe und Gedanken von Antonius, Benedikt und Franziskus und markieren damit sowohl die Entwicklungsgeschichte klösterlichen Lebens als auch drei ihrer wesentlichen Ausformungen.
4. Mittlerweile sind viele Gebete selbst geschrieben, von Jugendlichen und Mitarbeitenden der letzten Jahre. Aber auch Kopien aus Gebetssammlungen helfen oder die Kärtchen aus der Box »ENTER- Gebetsanstöße« aus dem KREUZ-Verlag.
5. Informationen unter www.perlen-des-glaubens.de
6. Wir machen gute Erfahrungen mit Klaviermusik von Georg Winston oder Gitarrenstücken von Werner Hucks u.a.; auch Instrumentales aus Taizé passt. Natürlich taugt auch vieles, was sonst an instrumentaler Musik im eigenen CD-Regal steht.
7. Die Lesumer Bibelhandschrift ist ausführlich beschrieben in: KU-Praxis 49, S. 5f.
8. Im 58. Kapitel seiner Regel fordert Benedikt von Nursia »promittat de stabilitate« – »Verspreche er Beständigkeit«. Im gängigen Verständnis wird den Benediktinern eine Ortsbeständigkeit zugesprochen, obwohl der Begriff der stabilitas loci nicht in der Benediktregel vorkommt. Die Interpretation des Gelübdes der stabilitas zielt zuerst auf die Gemeinschaft und mittels dieser Gemeinschaft dann auf den Ort des Klosters. Auf einem Flyer der Abtei Hamborn in Duisburg wird die stabilitas loci sehr spannend interpretiert, da der moderne, globale Kontext, in dem sie formuliert wird, deutlich spürbar ist. Stabilitas loci wird an eine mobile Welt ohne festen Ort anschlussfähig gemacht. »Stabilitas loci: verantwortungsvoll leben am Ort heißt für uns Prämonstratenser:
   - lebenslang derselben Klostergemeinschaft in einem bestimmten Lebensraum verpflichtet sein;
   - die Liebe zu einer Region und ihren Menschen entdecken und lebenslang bewahren;
   - als Gemeinschaft langfristig hier leben und arbeiten;
   - unsere Erfahrungen an die Jüngeren weitergeben;
   - immer wieder neu uns herausfordern lassen von all dem, was die Menschen bei uns bewegt und was sie brauchen;
   - weltweite Kontakte pflegen und dennoch konkret erfahrbar an einem Ort Heimat haben.«

   nach: www.andereseite.ch

Baustein 6: Wer etwas darstellen möchte, muss etwas in Erfahrung bringen

Revuearbeit / Bühnenarbeit

Absicht

Applaus bekommen für das, was man selbst getan hat, selbst verantwortet, diese Erfahrung können Jugendliche vor allem im Rahmen von Bühnenarbeit machen. Um die Textmengen gering zu halten und das eigenständige Erarbeiten der Aufführung zu ermöglichen, bieten sich kleinste Szenen und Beiträge an. Eine sehr geeignete Form stellt daher die Revue dar. Indem die Konfirmandinnen und Konfirmanden ihre Aufführung erarbeiten, recherchieren sie fast unbemerkt im weiten Feld des gewählten Revue-Themas und eignen sich Wissen und Informationen an, die sie kreativ verarbeiten, um dann schließlich mit der Aufführung selbst Position zu beziehen und Rückmeldungen zu bekommen.

Eine Reporterin berichtet

»Am vergangenen Wochenende präsentierten 24 Jugendliche der St. Martini-Kirchengemeinde ›Alles zum Thema Religion‹ bei zwei Aufführungen einer Bühnen-Revue im Lesumer Gemeindehaus. Der Abfolge aus Szenen, Texten, Tänzen und Filmeinspielungen gaben sie den Titel »RELIGION@KP2007.com«, da es sich um das Konfirmanden-Projekt 2007 der Gemeinde handelte. An zwei Wochenenden hatten sie das gut einstündige Programm erdacht und einstudiert. Da wurde auf unterhaltsame Art in der Szene »Reli-Discount« die vermehrte Entwicklung hin zu einer Patchwork-Religiosität aufs Korn genommen. Ein kleines Kind beim Abendgebet erinnerte daran, wie einfach Religion für uns ist, solange wir im vollsten Vertrauen leben. Sprech-Motetten zur Frage nach dem »Warum« oder zu biblischen Personen gehörten ebenso zum Programm wie ein Film-Clip, der Kriegsszenen mit Bildern von Diktatoren verband und zu eindringlicher Musik uns letztlich per Schriftzug mahnte: »Remember, Jesus loves the people you hate!«. Aus einer großen Auswahl hatten die Jugendlichen Texte ausgewählt, um schlaglichtartig das Thema Religion zu beleuchten. Zwei Tänze rundeten die Aufführung ab. Weitere Szenen beschäftigten sich mit dem Konflikt der Konfessionen (»Zwei bei Calvin«), der Glaubwürdigkeit von Horoskopen (»Weißt du, wie die Sternlein stehen?«) oder den Zuständen im Vatikan im Jahr 2060, wenn Frauen das Ruder an sich gerissen haben. Zwei Kirchenkritiker (»Die Konfessionslosen«) tauchten immer mal wieder auf, um häufig gehörte Kritik (Kirche ist... langweilig, altmodisch, irgendwie komisch ... etc.) einzuwerfen und dann auf humorvolle Weise »aufgeklärt« zu werden! Beide Aufführungen wurden von jeweils gut 100 Menschen begeistert verfolgt. Trotz der kurzen Probenzeit war den Jugendlichen ihre Begeisterung bei der Aufführung ihres eigenen Werkes anzusehen.«[1]

Rahmenbedingungen schaffen

In einem ersten Schritt gilt es, die technischen und organisatorischen Rahmenbedingungen festzulegen und das Thema der Revue auszuwählen. Diese Klärung und Absprache findet zunächst in einer oder mehreren Teambesprechungen sowie bei einem KU-Treffen vor der eigentlichen Probenarbeit statt. Als Thema bietet sich all das an, was nicht mit wenigen Worten beschrieben oder im Aufnehmen von Informationen geklärt werden kann. Es geht um große Fragen, große Begriffe und Themenfelder, um Angst, Schuld, Glück, Liebe, Glaube, Tod, Religionen, Beziehungen etc., die sich von vielen Seiten angehen lassen.

Zu einer Entscheidung über das Thema kann man auf unterschiedlichem Wege kommen:

- Wir stimmen ab.
- Wir folgen einer Vorgabe (Jahresthema, Funktion der Aufführung im gesamten KU-Jahr ...).
- Wir lassen zwei oder drei Kleingruppen jeweils in einer halben Stunde erste Ideen zu ihrem Lieblingsthema sammeln und notieren. Nach einer Präsentation im Plenum erfolgt eine Abstimmung.

Werkstatt Revue – ein erstes Wochenende

Ein erstes Probenwochenende (oder 2-3 Blocktermine, jeweils 5-8 Stunden) leistet im Rahmen einer Werkstattphase die Erarbeitung erster Ideen, das Sichten und Sammeln von Texten, Liedern, Tänzen etc. in Kleingruppen. Die Kleingruppen sammeln Informationen zu ihrem Thema: Brainstorming in der

KU-Praxis 53, S. 69 – 72

Gruppe; ordnen dieser Informationssammlung; Feststellen der Lücken; Aufträge für weitere schnelle Recherchen, z.B. im Internet, beim Diakon, bei den Pfarrerinnen und Pfarrern, Anrufe bei den Eltern, bei Menschen, die vielleicht etwas dazu wissen, manchmal Nachschlagen in Büchern. Auf dieser Basis werden Szenen erfunden, in ersten »Spielversuchen« ausprobiert und weiter bearbeitet. Eine Kleingruppe wird mit der Auswahl von Lesetexten und Liedbeiträgen (ggf. auch Tänzen) beauftragt. Bewährt hat sich dabei, dass jeweils ein Mitglied des KU-Teams mit einer Kleingruppe über dieses Wochenende kontinuierlich zusammenbleibt.
In dieser kreativen, aber auch sehr anstrengenden Phase sollte die Versorgung mit Getränken, Snacks, Obst etc., sichergestellt sein. Ganz wichtig ist auch der ständige Abgleich über den Stand der Arbeiten unter den Mitarbeitenden.
Nach jeweils 1-2 Stunden kommen die Arbeitsgruppen immer wieder zusammen. Kleine theaterpädagogische Lockerungsübungen sammeln die Ensemblemitglieder und machen den Kopf frei: Sprech- und Lauftraining, sich Luft machen, lautes Singen oder leises Grummeln, das immer mehr anschwillt. Solche willkommenen Unterbrechungen sind zugleich Vorübung und Einstieg in die später folgende Probenarbeit.
Im Plenum präsentieren die Kleingruppen dann den aktuellen Stand ihrer Arbeit, spielen Sequenzen vor und bitten um Rückmeldung. Offene Fragen geben sie in die Runde und sammeln Meinungen dazu ein. Schnell bekommt man ein Gespür dafür, wie diese oder jene Szene wirkt, ob sie zündet, woran noch gearbeitet werden muss. Die einzelnen Bausteine, an denen die Gruppen arbeiten, bekommen eine farbige Karteikarte und werden an der Pinnwand gesammelt (farbige Unterscheidung hilft: rote Karten für Szenen, gelbe für Lieder, grüne für Texte etc.).
Die erste Präsentation macht auch klar, wo mehrere Gruppen an verwandten Themen oder mit ähnlichen Gestaltungsmitteln arbeiten. Hier erfolgte eine Absprache, welches Team sich in der nächsten Arbeitsphase dieser Sachen nun weiter widmet, welche ihrem Beitrag eine andere Form oder Richtung geben sollen.
Im Laufe dieses Probenwochenendes gehen die Teams immer wieder auseinander, kommen immer wieder zusammen, Kärtchen kommen hinzu oder werden kombiniert, verworfen, neu gruppiert. Am Ende steht eine Würdigung und es wird gefragt: Ist genug Material da? Welche Dinge müssen bis zu den Proben auf der Bühne besorgt werden? Hat jede Szene, jeder Baustein einen Ansprechpartner im KU-Team?

Zwischenstand - Planungstreffen im Team

Das Team berät auf einem Planungstreffen das weitere Vorgehen: Wer kann notwendige Requisiten, Audio-Tracks, weitere Texte besorgen? Welche Szene ist noch schwach und könnte durch zur Verfügung gestelltes Hintergrundmaterial von den Jugendlichen verbessert werden?
Wer übernimmt bei den Bühnenproben und auch den späteren Aufführungen welche Aufgabe (Regie, Tontechnik, Licht, Requisite anreichen etc.). Außerdem versucht das Team, eine erste Reihenfolge in die Beiträge zu bringen. Dabei ist es hilfreich, folgende Kriterien im Auge zu behalten:

- Lesung, Szene, Lied und Tanz (evtl. auch kleine Einspielfilme) sollten einander abwechseln.
- Besonders gut gelungene Beiträge und schwächere müssen so arrangiert werden, dass den Zuschauenden die Revue nicht langweilig wird, sie aber auch nicht durch viele, kurze und »knackige« Szenen in Aufnahme und Verarbeitung überfordert werden.
- Längere und kürzere Beiträge sollten aufeinanderfolgen.
- Umbauten, Kostümwechsel und dergleichen müssen berücksichtigt werden; evtl. kann währenddessen auf der Bühne vor einem hochgehaltenen Vorhang eine Lesung stattfinden.

Arbeit auf der Bühne - ein zweites Wochenende

Das zweite Wochenende dient dann der Arbeit auf der Bühne, wobei immer einer Kleingruppe mit ihren Szenen bzw. Beiträgen eine gewisse Bühnenzeit (z.B. eine Stunde) eingeräumt wird. In dieser Zeit arbeiten die anderen Gruppen in Nebenräumen an ihren Beiträgen weiter, bzw. verteilen die Lieder, Texte etc. untereinander. In unserem Fall hatten wir für den Samstag eine weitere Mitarbeiterin angesprochen, die mit Interessierten aus den Kleingruppen einige Tänze einstudierte.
Es hat sich bei unseren Bühnenprojekten in der Vergangenheit bewährt, die Probenwochenenden dort durchzuführen, wo später auch die Aufführung sein soll, in der Regel also im eigenen Gemeindehaus. Auf ein Übernachten vor Ort haben wir bewusst verzichtet, um den Charakter eines Arbeits-/ Werkstatt-Wochenendes zu erhalten und die Erwartung einer Wochenendfreizeit im Vorfeld bereits zu vermeiden. Während der Bühnenzeit sollten außer der Person, die bislang diese Kleingruppe betreut hat, weitere Mitarbei-

tende im Saal präsent sein. Licht und Tontechnik muss besetzt werden, so kann sich die entsprechende Person schon während der Proben Notizen im Licht-Skript machen. Bühnenarbeit lebt von einer brauchbaren und ausreichenden technischen Ausstattung. Die Aufführung soll gehört werden können und im »rechten Licht« erscheinen. Viele Schulen, Jugendhäuser, Jugendfreizeitheime oder Hobby-Bands im Jugendbereich haben entsprechendes Equipment, das ausgeliehen werden kann.
Außerdem sollte jemand dort sein, der die Regie übernimmt, der Gruppe Rückmeldungen gibt, Feinheiten ändert und neu einstudiert. Im Idealfall kann, nachdem alle Gruppen diese Arbeitsphase durchlaufen haben, eine erste Durchlaufprobe stattfinden, bei der auch die bislang gewählte Abfolge auf dem Prüfstand steht und ggf. angepasst wird.
Falls nötig, werden am Ende des zweiten Wochenendes Termine für Einzelproben (Chor, Tanz, Restarbeit an Szenen) verabredet. Mit Abstand von etwa drei Wochen nach dem Wochenende erfolgt dann eine zweigeteilte Generalprobe, die am Nachmittag intern abläuft und abends vor einer kleinen Teilöffentlichkeit (einige Eltern, Mitarbeiterinnen und Mitarbeiter der Gemeinde ...) wiederholt wird.

Die Aufführung bewerben und durchführen

Die Aufführung (bei Bedarf auch mehrere) folgt dann recht bald. Über Plakate, Handzettel, Pressemitteilung, Elternbriefe und Abkündigung wird zu den Veranstaltungen eingeladen. Bei einigen Aufführungen haben wir im Vorfeld Karten verkauft (z.B. über das Gemeindebüro oder die Jugendlichen selbst).
Es gab aber auch Bühnen-/Revueprojekte ganz ohne Eintrittsgeld. Möglich ist es auch, am Ausgang eine Kollekte zu erbitten, entweder zur Refinanzierung von »Produktionskosten« oder aber als selbst erarbeitetes Geld der Gruppe, mit dem sie sich bei nächster Gelegenheit etwas »gönnen konnten«. Einzelne Projekte haben bewusst zugunsten eines karitativen Zweckes gespielt und neben den Eintrittsgeldern um Spenden gebeten. Dann hatte es im Vorfeld bei dieser Gruppe eine Beschäftigung mit der

Tabelle/Zeitplan

Zeitpunkt	Dauer	Arbeitsform	Aufgaben	Wer?
12 Wochen vor der geplanten Aufführung	Je 60-180 Minuten	1-3 Vorbereitungstreffen des Leitungsteams	Vorklärung von Rahmenbedingungen und Zuständigkeiten; Sammlung von Ideen für ein Thema/Motto der Revue.	Team
9-10 Wochen zuvor	90-120 Minuten	KU-Stunde	Vorstellung von Zeitplan und Ideen; Diskussion und Entscheidung des Arbeitstitels; Sammlung erster Stichworte; Aufbruchstimmung erzeugen ...	Gruppe, Team
8 Wochen zuvor	Freitag bis Sonntag	Probenwochenende	Sammeln von Informationen; Erarbeiten von Szenen und anderen Bausteinen; erste Proben, kritische Durchsicht der gesammelten Bausteine am Ende.	Gruppe, Team
7 Wochen zuvor		Vorbereitungstreffen des Leitungsteams	Verständigung über Weiterarbeit; Klärung offener Fragen und Besorgungen; Erarbeiten eines vorläufigen Revue-Ablaufs.	Team
5 Wochen zuvor	Freitag-Sonntag	Probenwochenende	Alle Teile der Revue entstehen und werden intensiv geprobt.	Gruppe, Team
1-2 Wochen zuvor	240-360 Minuten	Generalprobe(n)	Letzter Check der Aufführung; Harmonisieren der Abläufe; Sicherheit gewinnen; erste Teilöffentlichkeit.	Gruppe, Team, ggf. Gäste
	120-180 Minuten, incl. Aufwärmen und Nachgesprächen	Aufführungen	Das Ergebnis wird präsentiert. Die Jugendlichen bekommen Applaus und Rückmeldung. Den Zuschauenden wird ein Thema nahegebracht; die Aufführenden bekommen Rückmeldungen.	Gruppe, Team Zuschauende

betreffenden Thematik gegeben, oder aber das Engagement zog sich durch das Projekt bis hin zur Kollekte im Konfirmationsgottesdienst.
Im Anschluss an die Aufführungen standen die Jugendlichen im Foyer des Gemeindehauses zum Gespräch bereit, oder eine Zettelwand, ein Gästebuch, ein Internetforum bot den Besucherinnen und Besuchern die Möglichkeit zu Rückmeldung und Austausch. Viele gute Gespräche ergaben sich auch im Rahmen eines Revue-Cafés, das im Anschluss an eine Nachmittagsaufführung angeboten werden kann.

Was bringt es? – Erträge der Revue-Arbeit

Erfolgserlebnis »Bühne«: Immer wieder beobachten wir im Rahmen solcher Revue-Projekte, wie hilfreich und prägend der Wechsel von harter Arbeit (verbunden mit zugemuteter Kritik, ständiger Wiederholung etc.) und erlebtem Triumph ist. Der Applaus des (zumeist der Wohlwollenden) Publikums ist etwas, das jedes Ensemblemitglied groß werden lässt. Jede und jeder wird bestärkt, dass die Mühe sich gelohnt hat und sie bzw. er ein wichtiger Teil der Gruppe und eines großartigen Produkts ist.

Nicht die Aufführung selbst stellt den Wert des Projekts dar. Vor allem ist es die Phase der Recherche, die diese Arbeitsform gewinnbringend im KU sein lässt. Wer etwas sagen, deuten oder durch seine Darstellung pointieren oder kommentieren will, muss es zunächst einmal sehr genau kennenlernen! Wer eine Szene im Vatikan verorten möchte, spielt in der ersten Fassung noch mit den ihm geläufigen Klischees. Später auf der Bühne aber müssen auch die Wortwahl und der sachliche Hintergrund stimmen. Also müssen sich die Mitglieder informieren über Ämter-Hierarchie, Begrifflichkeiten, Gremien, das Tagesgeschäft im Vatikan etc. So erarbeiten sich die Jugendlichen fast »nebenbei« wesentliche Informationen, würdigen sie und verwenden sie weiter.

Die ständige Rückmeldung und Kritik im Prozess sorgt nicht nur dafür, dass die Jugendlichen sich immer mehr und besser informieren, sie werden auch klarer in ihren Aussagen, deutlicher in ihren Worten und bewusster in ihrem Agieren.

Revuearbeit macht es möglich, Klischees und Vorurteile auszuspielen, sie auf den Punkt zu bringen und dadurch »offen« für eine Diskussion zu machen. Die Beiträge müssen keine Antworten liefern, sondern sollen zum eigenen Nachdenken anregen. Auch Provokation kann dabei (im angemessenen Rahmen) ein Weg sein. Eine Revue ist ein »Blumenstrauß«, ein Mosaik kleiner Steinchen, die im Großen und Ganzen erst Wirkung erzielen. Das nimmt dem einzelnen Beitrag den Zwang zur Perfektion, macht ihn schneller handhabbar und gestaltbar. Auch für sich genommen schwächere Teile finden im großen Ganzen ihren Platz und werden dadurch stärker. Letztlich macht diese Form auch das Einbringen von Randaspekten eines Themas möglich, die sonst im Unterricht keinen Platz finden würden.

Bühnenarbeit ist eine gute Gelegenheit, von den Talenten jedes und jeder Einzelnen zu profitieren. Für besondere, klar definierte Teilaufgaben können leichter weitere Mitarbeitende von außen hinzugewonnen werden. Die jungen Ehrenamtlichen finden sich in unterschiedlichen Rollen wieder und können ihre Kompetenz einbringen als Techniker, Ratgebende, Regisseure, Kritikerinnen oder Motivatoren. Jede und jeder tut etwas anderes, und doch arbeiten alle mit Elan an einer gemeinsamen Sache.

Schließlich ist die Veröffentlichung eigener Szenen bzw. die Auswahl von Texten oder Liedern immer auch Ausdruck eigener Gewichtung, von Kommentierung, ja vom Beziehen eines eigenen Standpunkts. Öffentliche Äußerung kann Bekenntnis sein. Auch sie lädt zur Rückmeldung ein, kann Unterstützung oder Widerstand erzeugen.

Auf der dem Heft beiliegenden CD-ROM im Verzeichnis zu diesem Artikel finden sich:
- Das Faltblatt mit dem Revueprogramm. Es lag bei der Aufführung zur Information der Zuschauerinnen und Zuschauer aus.
- Ein Plakat, mit dem zur Revue eingeladen wurde.
- Die Textdateien vieler Revueszenen.

Anmerkung

1. Weser-Report vom 18. März 2007, S. 3

Baustein 7: Empörung und begeisterte Zustimmung

Thesenanschlag im KU fordert Erwachsene heraus

REFORMATIONSTAG 2006 /
Thesen der Jugendlichen des Konfus-Projekts
Wir laden ein zum Meinungsaustausch!

1. Wir glauben nicht, dass Gott Himmel und Erde erschaffen hat. Zumindest nicht allein!
2. Wir glauben nicht an die Existenz der Hölle; auch glauben wir, dass es kein Gut oder Böse gibt, weder als Person noch als eindeutige Bewertung.
3. Wir glauben nicht, dass Gott für alles verantwortlich ist, oder unser Leben bestimmt. Eher glauben wir an so etwas wie Schicksal/Zufall.
4. Es kann doch nicht sein, dass Gott jeden Menschen liebt!, auch wenn das in der Kirche immer wieder gesagt wird.
5. Wir stellen in Frage, dass Jesus auferstanden ist; überhaupt, dass Menschen nach dem Tod auferstehen und so etwas wie ein ewiges Leben haben.
6. Wir stellen den Heiligen Geist in Frage. Was soll das sein?
7. Wissenschaft widerlegt Gott.
8. Wir glauben nicht, dass man ein besserer Mensch ist, wenn man in die Kirche geht.
9. Ich bin genauso viel wert wie der Papst.
10. Wir glauben, dass der Mensch sowieso nie zufrieden und glücklich ist.

In insgesamt vier Kleingruppen enstanden 39 Thesen/Positionen/Aussagen, die sich in den o.g. 10 Sätzen zusammenfassen ließen.
Insgesamt haben 23 KonfirmandInnen und 4 Ehrenamtliche mitgearbeitet.
Wir würden uns freuen, wenn andere Menschen aus der Gemeinde und darüber hinaus, sich zu diesen Überzeugungen von uns äußern würden.
Gerne per Mail: martini@lesum.de oder per Brief an:
KONFUS-PROJEKT 2007, Kirchengemeinde Lesum, Hindenburgstr. 30, 28717 Bremen

Es war am Reformationstag 2006, ...
... da saßen mehr als 20 Konfirmandinnen und Konfirmanden mit ihren ehrenamtlichen MitarbeiterInnen zusammen und schauten zurück auf die Ereignisse der Reformation. Gerade mal fünf Monate KU lagen hinter ihnen. Sie waren ganz unbedarft und noch wenig christlich sozialisiert in einem Stadt-Staat und Bundesland, in dem kaum Religionsunterricht in der Schule möglich ist.
Vor allem faszinierte die Jugendlichen der Gedanke, über einen Anschlag an der Kirchentür zur Diskussion über eigene Positionen und Thesen einzuladen. Im Zeitalter des Internets läuft dieser Prozess in den Foren eher andersherum: Jemand hat eine Frage, »postet« diese und bekommt daraufhin Antworten. Luther damals ging über die »kleinere Öffentlichkeit« der Wissenschaftler und begann mit der Veröffentlichung seiner Antworten. Dennoch nahmen die Jugendlichen Luthers Thesenanschlag zum Vorbild, ihrerseits durch einen »brieflichen Thesenanschlag« mit eigenen Positionen bzw. Anfragen (»Thesen«) an die Menschen der Kirchen- und Wohngemeinde heranzutreten.

Ablauf

Im Rahmen eines KU-Tages trafen wir uns im kleinen Saal des Gemeindehauses. An die Wand projizierte ein Beamer die Rom-Szene aus einem der vielen in den Evangelischen Medienzentralen vorhandenen Luther-Filme. Wir tauchten unvermittelt auch atmosphärisch in die mittelalterliche Lebenswelt des jungen Augustinermönchs ein. Im Kreisgespräch trugen wir vorhandenes Wissen über diese Zeit und die Rolle der Kirche zusammen. Anschließend entfalteten wir anhand ausgewählter Sequenzen des ausgewählten Films Luthers weiteren Weg bis hin zum Thesenanschlag.
Jetzt ging die Gruppe in Kleingruppen, die von jungen Ehrenamtlichen begleitet wurden. Gemeinsam stöberte man in einer Auswahl der Thesen Luthers und versuchte auf einem Flipchartbogen die Dinge festzuhalten, die Luther besonders am Herzen lagen. Seine kritischen Anfragen an die (Lebens-)Praxis der damaligen Kirche waren dann die Grundlage für das Formulieren eigener, kritischer Anfragen an die Kirche heute. Es entstanden viele provokante, teils auch nachdenkliche Statements und Anfragen, 39 »Thesen«. Eine Redaktionsgruppe erarbeitete daraus ein Blatt mit 10 Thesen, denen alle Konfirmanden und Konfirmandinnen zustimmen konnten.

Im letzten Drittel des KU-Blocks überlegten wir Wege, diese Thesen nun zu kommunizieren. Nach einem mittelalterlich »angehauchten« Essen kamen wir alle zur Schlussandacht in der Kirche zusammen. Der symbolische Anschlag des Thesenpapiers an der eigenen Kirchentür war der »Startschuss« einer breit angelegten »Kommunikationsoffensive«: Per Mail, Brief und Veröffentlichung im Gemeindebrief und im Internet wurden die Thesen verbreitet.

Reaktionen

Die Reaktionen ließen nicht lange auf sich warten. Sie waren größtenteils recht umfangreich und vielfältig. Die Erwachsenengeneration bezog Stellung, teils empört, teils begeistert oder nachdenklich. Ihre Positionierung wurde durch die Thesen initiiert, mit denen die Jugendlichen »in Vorleistung« gegangen waren. Aus jahrelangem Desinteresse bzw. dem Schweigen über Fragen des Glaubens, oder gar aus der »klerikalen Deckung«, hatten die Äußerungen der Jugendliche so manchen herausgefordert.

Bei den folgenden KU-Treffen nutzten wir die erste Viertelstunde jeweils, um die Post zu sichten. Schnell wurde den Jugendlichen klar, dass ihre Thesen durchaus Sprengstoff, Grund für Empörung boten. Einige der Antworten mahnten mehr Respekt vor christlichen Grundüberzeugungen oder kirchlicher Tradition an. Andere machten den »jungen Leuten« Mut, ihre Meinung laut zu sagen, auch unbequeme Wege einzuschlagen und sich nicht einfach nur an die Glaubenstraditionen anzuhängen.
Eine weitere wichtige Erkenntnis setzte sich in der KU-Gruppe bald durch: Man hatte die Angesprochenen berührt, hatte etwas Wesentliches, etwas ihnen Wichtiges thematisiert und zum Teil in Frage gestellt. Mein Glaube, so sprach es aus den ersten Antworten, ist mir wichtig. Da bin ich verletzbar, erregbar, da kann ich nicht einfach über Kritik oder Verunglimpfung hinwegsehen!
Bald kamen Einzelnen erste Bedenken: Sind wir zu weit gegangen? Waren wir zu offen mit unserer Art zu glauben oder zu zweifeln?
So galt es auch, ein wenig auszuhalten, was man herausgefordert hatte. Mancher Brief, manche Mail reizte zur schnellen Antwort. Doch wir sammelten zunächst über gut vier Monate alle Reaktionen, bevor wir im Rahmen einer Freizeitwoche einen Vormittag lang Antwortbriefe verfassten. Je drei Jugendliche nahmen sich noch mal die eigenen Thesen und die Reaktion eines Einzelnen vor, um sie intensiv zu bedenken. Wir ehren- und hauptamtlich Unterrichtende fungierten als Beratende. Die Briefe verfassten die Jugendlichen alleine. Wir sorgten nach der Freizeit lediglich für das Versenden der Post und legten einen kurzen Dankesbrief bei.

Auszug aus einem Briefwechsel

Liebe Konfirmanden,
danke für eure provozierenden Fragen. Ich bin 77 Jahre und habe erfahren, dass Glaube eine Gnade ist. Deshalb will ich euch persönlich antworten:
1. Irgendwann muss es einen Anfang gegeben haben. Der Anfang ist für mich Gott. Ist er der Schöpfer, fühle ich mich ihm verpflichtet, diese Erde zu bewahren.
2. Das Böse und die Hölle habe ich im Krieg erlebt. Wohin wir nach unserem Tod kommen, weiß keiner – ich vertraue auf Gott. Damit kann ich leben.
3. In Seinem Auftrag sind wir verantwortlich. Schicksalsschläge sind oft große Prüfungen, die uns wachsen lassen, denn wie wir damit umgehen, hängt oft mit unserem Glauben zusammen.
4. Wenn ich mich von Gott angenommen fühle, glaube ich, dass er mich liebt. Als geliebter Mensch lebt man leichter, ist fröhlich.
Jeder darf sich angenommen fühlen.
5. Ewiges Leben liegt m. E. in der Verwandlung: der Mensch kommt von Erde und wird zu Erde. Aber Jesus hat uns den Geist vorgelebt, der Frieden und Gerechtigkeit schaffen kann. Das ist der Heilige Geist, der fortlebt unter den Gläubigen, solange es Christen gibt.
6. Pfingsten feiern die Kirchen symbolisch die Ausschüttung des Heiligen Geistes – so dürfen wir gewiss sein, dass diese gute Grundlage für ein friedliches Leben nicht verloren geht.
7. Gott hat uns den Wissensdurst eingegeben: forschen, lernen verändern. Also ist Er der Urheber der Wissenschaften.
8. Das glaube ich auch nicht. Aber Christen dürfen immer wieder durch Vergebung und Umkehr neu an sich arbeiten.
9. Klar – ich auch. Alle Menschen sind gleich vor Gott, durch die Taufe angenommen.
10. Sage niemals nie.

Liebe Frau X!
Wir danken Ihnen für Ihre Antwort auf unsere Thesen und freuen uns, dass Sie sich mit ihnen so ausgiebig befasst haben ...
Wir haben uns zu Ihren Antworten viele Gedanken gemacht und befassten uns besonders mit folgenden Sätzen.
Zu 2: Sie meinen also, dass die Hölle kein Ort, sondern eine Situation ist ...
Zu 8: Es freut uns, dass Sie unsere Meinung mit uns teilen. Wir finden auch, dass Christen immer wieder durch Vergebung neu an sich arbeiten dürfen.
Zu 9: Wenn das so ist, warum gibt es dann einen Papst?
Vielen Dank für die Post!
KP2007

Weitere Reaktionen und die Antworten der Konfirmandinnen und Konfirmanden finden sich auf der dem Heft beiliegenden CD-ROM im Verzeichnis zu diesem Artikel.

Rückblick

Die Aktion THESENANSCHLAG wirkte nach. In der Gemeinde und von einzelnen Menschen, die reagiert hatten, wurden wir Unterrichtenden, aber auch Jugendliche immer wieder angesprochen. An einem KU-Abend tauschten wir uns direkt nach dem Eingang der überraschend vehementen Reaktionen intensiv aus: Wir sprachen dabei vor allem über unseren Schreck. Gerade bei uns Verantwortlichen war zudem eine gewisse Besorgnis entstanden, inwieweit das nahezu unkommentierte Weitergeben dieser Thesen eine »gute Entscheidung« gewesen ist. Schnell waren wir gedanklich bei unseren eigenen Befürchtungen: Wie stehen wir jetzt da? Es sind doch »unsere« Konfirmandinnen und Konfirmanden! Gehört sich so etwas tatsächlich nicht im KU? Haben wir uns in der »Unterweisung« Versäumnisse einzugestehen?
Heilsam war in diesem ersten Gespräch die Erkenntnis, dass es doch wohl weniger um uns selbst, als vielmehr um eine Auseinandersetzung der Jugendlichen mit christlichen Glaubenssätzen und Traditionen geht. Soll diese Auseinandersetzung Glauben nähren und Vertrauen wecken, dann muss sie offen und ehrlich geführt werden. Dass die Konfirmandinnen und Konfirmanden dabei erst einmal uninformiert sind, »unchristliche« Aussagen treffen und das auch noch »schnodderig« tun, muss in Kauf genommen werden. Lippenbekenntnisse und unreflektiertes Übernehmen traditioneller Glaubenssätze führen erheblich weniger weit.
Im Rückblick nach gut einem halben Jahr wurde dann deutlich, wie wertvoll diese Aktion gewesen ist. Ihren besonderen Tiefgang erhielt sie durch die Möglichkeit, im Rahmen der Antwortbriefe die eigenen Thesen noch einmal zu überdenken und vorschnelle Meinungen aus der Anfangszeit des Unterrichts später differenzierter zu betrachten. Auch die Erfahrung allein, überhaupt Reaktionen bekommen zu haben und darin die Wertschätzung des Glaubens bei vielen Menschen bemerken zu können, werteten die Jugendlichen und wir im Abschlussgespräch als Gewinn.

Baustein 8: »Von 8 bis 8«
Die Osternacht durchwachen

Absicht

Von der Dunkelheit ins Licht, vom Nachempfinden der letzten Etappen des Leidenswegs Jesu hin zum sich Einfinden in die Osterbotschaft: »Der Herr ist auferstanden! Er ist wahrhaftig auferstanden! Halleluja!« Von 8 bis 8 – diesen Weg durch die Nacht des Ostersamstags von 20 Uhr bis zum Osterfrühgottesdienst in unserer Kirche bei Sonnenaufgang legen wir nun schon seit einigen Jahren mit Konfirmandinnen und Konfirmanden zurück. In manchen Jahren laden wir ganze KU-Gruppen dazu ein, gelegentlich kommen Teilnehmende anderer Jugendprojekte oder Gruppen mit Vätern und Söhnen hinzu. Generell handelt es sich um ein offenes Angebot für Jugendliche, die diese besondere Nacht auf besondere Weise erleben möchten. Da im Osterfrühgottesdienst in der Regel die bislang ungetauften Konfirmandinnen und Konfirmanden mehrerer KU-Gruppen getauft werden, ist dieser Personenkreis stark in der Osternacht ver-treten.
Jahr für Jahr versuchen wir eine thematische und methodische Variation des Grundgedankens einer Osternacht zu erdenken. Manche Elemente nehmen wir dabei wieder auf; andere kommen neu hinzu. Dabei bedienen wir uns auch vorhandener Arbeitshilfen und Veröffentlichungen, deren Ideen sich aufnehmen und anpassen lassen. Drei Grundformen der Osternacht, wie wir sie in den vergangenen Jahren gestalteten, lassen sich unterscheiden und sollen als Anregung im Folgenden kurz skizziert werden.

Variante 1: Osternacht im »Stundentakt«

Um der Osternacht einen eigenen Rhythmus zu geben, eintauchen zu können und sich auch über Phasen von Müdigkeit hinweg mittragen zu lassen, ist ein Stundentakt eine strukturelle Hilfe. Immer zur vollen Stunde sammeln wir uns im Turmraum, der in St. Martini als Sakristei genutzt wird, und kommen dort zur Ruhe. Ist die Gruppe größer, finden die Stundenandachten im Altarraum rund um den Taufstein statt.

Im Rahmen einer kurzen Besinnung oder Andacht gehen wir ein Stück dem Leidensweg Jesu nach, hören die Worte des Evangeliums, häufig in einer Nacherzählung aus einer Kinder- oder Jugendbibel. Ein bis zwei Lieder und ein kurzes Gebet bilden den liturgischen Rahmen. Ein Impuls aus der Lesung wird dann aufgegriffen und im Rahmen einer Aktion fortgeführt. Besonders anschaulich ist dieses »Nachgehen des Weges« durch den Bezug zu Gegenständen. Wir beginnen dann beispielsweise mit einem Palmzweig, den wir in der Mitte oder am Altar auslegen und dazu vom Einzug Jesu in Jerusalem hören. Stunde für Stunde kommt dann ein neuer Gegenstand hinzu, mit dem wir Jesu Weg weiter folgen. Die weiterhin sichtbaren Gegenstände der vergangenen Stunden helfen, das Gesamtgeschehen im Blick zu behalten. Die Moderation der Nacht kann so immer wieder auch Querverweise herstellen.

Die beschriebenen Aktionen sind so angelegt, dass sie jeweils ca. 40 Minuten Zeit benötigen. Dafür ist gute Vorbereitung, also z.B. das Bereitstellen der notwendigen Materialien unabdingbar. Der räumliche Wechsel vom Kirchenraum zum Gemeindehaus oder auch zu den Aktionen draußen hält die Gruppe in »Bewegung«; der Stundentakt verhindert ein »Durchhängen« und ist die Grundlage für einen Spannungsbogen vom Eintreffen am frühen Abend bis zum Gottesdienst um 5.30 Uhr oder 6.00 Uhr (je nach Sonnenaufgangszeit). Die Struktur dieser Feier der Osternacht macht nachstehendes Beispiel deutlich.

Beispiel: Osternacht 2007

ZEIT	THEMA / AKTION	LESERIN / ORT	SYMBOLISCHER GEGENSTAND UND MATERIAL
20:00	Begrüßung, Herleitung: Palmsonntag – Gründonnerstag EINZUG UND PASSAH-VORBEREITUNG	Turm	Palmzweig, Jacke
	Agapemahl vorbereiten / Roten Teppich herstellen / goldgelbe Sterne einarbeiten (Du bist ein Star! Du bist willkommen! Fühl dich eingeladen)	*kleiner Saal*	*Zutaten, Teppich, breite Filzstifte*
21:00	VERRAT	Turm	Geldbeutel
	Schlagzeilen für Bibelhandschrift (KU-Praxis 49, S. 5f.) als Collagen aus Zeitungstext kleben, z. B. die Verheißungen des Jesaja u. a., weil auch Jesu Einzug Schlagzeilen machte, (auch: Judas Tat, die Händler im Tempel etc.)	*Werkraum* *KU-Raum*	*Packpapier, Klebestifte, Scheren, Zeitungen*
22:00	ABENDMAHL	Turm	Kelch
	Agapemahl feiern	*kleiner Saal*	*Ablauf, Gitarre, Kerzenständer etc.*
23:00	IM GARTEN GETSEMANE	Turm	Kissen
	Lebensrückblicke / Schreib- und Erzählspiel *Ein Würfelspiel entsteht in Kleingruppen, indem jede Person mit ihrer Spielfigur die gewürfelte Anzahl Felder malt und das letzte Feld mit einem Thema (mein bester Schulfreund, ein Unfall etc.) beschriftet. Dazu erzählt er/sie eine kurze Geschichte. Später kann man auch auf die »Lebenswege« anderer einbiegen und zu ihren Themen eigene Geschichten erzählen.*	*kleiner Saal, Empore, Jugendraum, Halle*	*Pappen, Eddings, Würfel,*
24:00	GEFANGENNAHME	Turm	Schwert
	Gründonnerstagstradition: Die Jüngerkerzen erlöschen und lassen Jesus symbolisch allein. *Wir beschriften große Altarkerzen mit wichtigen Details aus dem Leben und der Persönlichkeit der einzelnen Jünger. Dazu recherchieren wir in Bibeltexten und Hintergrundliteratur.*	*Werkraum, Empore*	*13 Kerzen, Farbwachs, Material für Kerzenständer, dünne Eddings*
1:00	AM FEUER IM HOF	Turm	Feder
	Kleines Grillfeuer draußen, Imbiss (Fladenbrot etc.). Aktion: Notlügen thematisieren, sie aufschreiben und dem Feuer übergeben (Bezug: Petrus, der angefragt wird und keinen Mut zur Wahrheit aufbringt).	*Kirchplatz*	*Imbiss, Zettel, Stifte, Feuerkorb, Beil, Kleinholz*
2:00	VOR PILATUS	Turm	Waschschüssel
	Wir erfinden in Kleingruppen kurze Szenen eines (Unschulds-)Theaters. Jede Szene endet an der Waschschüssel, die nach der Andacht mit zur Bühne genommen wird. Das Pilatus-Wort vom »Waschen der Hände in Unschuld« ist Schlusspunkt jeder Szene.	*großer Saal mit Bühne*	*Seife, Rosenblätter, Schüssel*

3:00	**DIE GEISSELUNG**	**Turm**	**Dornenkrone**
	 *Schreibwerkstatt mit Beteiligung an den »Urgent actions« von amnesty international (s. Absatz nach der Tabelle)*	*Jugendraum*	*Texte, Briefblock, Stifte etc.*
4:00	**KREUZIGUNG**	**Turm**	**Nagel**
	Leidenschaft, Leidensbereitschaft – zwei Seiten einer Medaille. Auch wir sind bereit, für eigene Leidenschaften Nachteile, Einschränkungen in Kauf zu nehmen. Letztlich war Jesu Leidenschaft für die Menschen Grundlage seiner Bereitschaft, bis zum Ende zu gehen. *Wir stellen Gipsmedaillen her (In Kneteformen), die auf einer Seite Dinge zeigen, die uns oder auch Jesus wichtig sind. Auf der Rückseite ritzen wir nach dem Aushärten das Kreuz ein.*	*Werkraum*	*Knetgummi, Gips, Rührbecher, Goldlack, Silberlack*
5:00	**SOLDATEN UNTER DEM KREUZ**	**Turm**	**Würfelbecher**
	Würfelspiele, aber auch Erinnerung daran, wann und wo wir selbst einmal unverhofft Zeuge einer wichtigen Begebenheit wurden oder plötzlich etwas wirklich begriffen haben. Außerdem: Entzünden des Osterfeuers	*Jugendraum* *Kirchplatz*	*Kniffel, Bluff und andere Würfelspiele,* *Feuermaterial*
6:00	**OSTERFRÜHGOTTESDIENST MIT TAUFEN**	**Kirche**	
	Anschließend Osterfrühstück mit der ganzen Gemeinde im Saal zusammen mit den Tauffamilien.	*Saal*	*Gedeckte Tische, Speisen und Getränke*

Urgent Action

Als Urgent Action (englisch für *Eilaktion*) wird bei Amnesty International (AI) in einem dringenden Fall von Menschenrechtsverletzungen ein Maßnahmenbündel bezeichnet, an dessen Ende meist massenweise Appelle (Bitten oder Beschwerden) an die zuständigen Stellen von unterschiedlicher und internationaler Seite stehen. Adressaten von *Urgent Actions* sind häufig Staatsanwälte, Richter, Gouverneure, Staatspräsidenten, Minister, Militärpersonen, Gefängnisdirektoren, Botschafter, Konsulate, Polizeistellen oder auch Unternehmen.

Bei AI ist *Urgent Action* ein Oberbegriff, der mehrere Maßnahmen umfasst, vor allem die Erstellung eines Eilberichts, dessen Übersetzungen, die länderspezifische Publikation von Petitionsvorschlägen und das individuelle Verfassen und Versenden von Eilpetitionen durch Menschenrechtler per Brief, Fax oder E-Mail. Eilpetitionen werden bei AI auch als vorformulierte und herunterladbare Textvorschläge im Internet publiziert, meist auf Englisch, Spanisch oder Französisch, teilweise mit Übersetzung ins Deutsche. Die Vorschläge sind kein Ersatz für individuelle Formulierungen, helfen aber bei unzureichenden Sprachkenntnissen und verkürzen den Zeitaufwand für völlig selbstständig verfasste Briefe. Sie können nach der Überzeugung vieler AI-UnterstützerInnen die Wirksamkeit von AI-Eilaktionen erheblich verstärken, da es bei ihnen vor allem auf rasche Reaktionen und eine möglichst große Anzahl von Appellen ankommt. Sie sind im langjährigen Durchschnitt und im Hinblick auf alle

Länder in mindestens einem Drittel aller Fälle erfolgreich. Das bedeutet zum Beispiel: Gewaltlose politische Gefangene wurden freigelassen, Folterungen unterbunden, Todesurteile umgewandelt oder bei Gefangenen wurden zumindest Hafterleichterungen erreicht.
Aktuelle »urgent actions« finden sich jeweils hier: http://www.amnesty.de/urgent-actions

Ablauf der Kurzandachten

- Stundenschlag (Klangschale)
- Lied
- Gegenstand
- Assoziationen dazu
- Lied(-vers)
- Lesung
- Lied(-vers)
- Stille
- Lied(-vers)
- Ankündigung der Aktion

Gegenstände zu den Stundenandachten

Variante 2: Osternacht als »Kirche voller Angebote«

Die zweite Grundform eröffnet den Teilnehmenden einen individuellen Rhythmus: Jede(r) gestaltet die Osternacht nach den eigenen Bedürfnissen. Im Kirchenraum verteilt befinden sich einzelne thematische Stationen, an denen unterschiedlichste Aktionen möglich sind. Manche laden zur kurzen eigenen Besinnung ein, andere bieten eine Bastelarbeit oder das Zusammenwirken mit anderen an einem großen Kunstwerk. Ergänzend dazu ist der Turmraum (Sakristei) mit Teppich, Kerzen etc. zu einem Raum der Stille umgewandelt worden; ausliegende Bibeln und kleine Textkärtchen laden zu Meditation, Besinnung und Gebet ein. Auch für diese Form eignen sich Elemente des »Stundentakts«. Die Stationen müssen jedoch gründlich ausgestattet und beschriftet sein, so dass jede und jeder beim Umhergehen verstehen kann, was dort gemacht werden kann und welchen Bezug es zum Passionsgeschehen gibt. Gute Erfahrungen haben wir auch mit einer thematischen Nacht gemacht, die Bezug nimmt auf das Menschsein Jesu. Angeregt wurden wir dazu von einer Arbeitshilfe der »aejn« (Arbeitsgemeinschaft der evangelischen Jugend in Niedersachsen) [1], die 2003 dem Lied »Mensch« von Herbert Grönemeyer folgend einen Osternachtsentwurf veröffentlichte. In Erweiterung der dort angeregten Stationen konnten die Osternachtsteilnehmenden folgende Angebote nutzen:

Beispiel: Osternacht 2003 – »Seht, welch ein Mensch«

Meditationsweg »Seht, welch ein Mensch« Und Jesus heißt Mensch, weil er ... (lebt, schwärmt, lacht, liebt, kämpft, ...)	Zum Lied »Mensch« (17 Worte)[2] Eine lange Reihe von Plakaten trägt jeweils eine Textzeile des Grönemeyer-Liedes und lädt ein, über Jesus im Zusammenhang dieser Aussagen nachzudenken und Statements zu notieren. Ein »abschließendes Sofa« bietet die Gelegenheit, per Kopfhörer das Lied noch einmal anzuhören.
Menschengesichter Gesichter-Vasen herstellen	Die Vielfalt des menschlichen Antlitzes bilden wir in Drahtumrissen ab. Aus Silberdraht formt jede(r) einen Kopf oder ein Gesicht. Im unteren Bereich läuft der Draht in einer kleinen Spirale aus, die ein Reagenzglas aufnimmt. Mit etwas Wasser gefüllt kann dort eine Rose ihren Platz finden. An einer großen Holzwand sammeln wir die Kunstwerke.
Großcollage Jesusgesicht aus Menschenbildern	Von einem geeigneten Jesuskopf wurde ein großes Poster gedruckt (Fotoshop). Dieser Jesuskopf wird mit Ausschnitten / Schnipseln von Fotos aus dem Leben unserer Gemeinde so beklebt, dass die Farbe des Untergrundes aufgenommen wird. Aus einiger Entfernung erkennt man später nicht mehr die vielen Menschen, sondern den einen Jesus.
Labyrinth »Weg zum Grab I«	Zum Lied: »Der Weg«[3] (vgl. Umsetzung in: Gegen den Trend 2003, »Echt cool« S. 69ff.)
Trauererfahrungen Spaziergang mit Grablichtern »Weg zum Grab II«	Wir laden ein, bei einem Weg über den ehemaligen Friedhof, der unsere Kirche umgibt, eigene Trauererfahrungen zu erinnern. Viele der alten Grabsteine bieten dazu Anknüpfungspunkte. Einige haben wir vorab mit Grablichtern markiert. Hier gibt es besondere Gedanken, Worte des Abschieds oder der Hoffnung zu lesen.

Freundschaften und ihre Belastungen Am Feuer: Brief an einen guten Freund / eine gute Freundin Holzscheite	Gelegenheit, Briefe an Freundinnen und Freunde zu schreiben, sich nach langer Zeit einmal wieder zu melden, um Vergebung zu bitten, dem anderen einmal zu sagen, wie wichtig er für mich ist. – Ein Holzscheit lässt sich mit einem Stichwort beschriften und verbrennen, um so Dinge aus dem Weg zu räumen, die die Freundschaft derzeit belasten.
Schuld und Unschuld Handwaschbecken / »Klagemauer«	An einer Klagemauer hinterlässt jede(r), was ihn / sie belastet, was er / sie betrauert oder uns empört. Ein kurzer, selbstverfasster Text lädt dazu ein, Pilatus nachzueifern, der sich die Sache »nicht so recht etwas angehen lassen will« / Vieles, was wir in der Welt beklagenswert finden, geht auf eine solche Haltung zurück.
Imbiss mit Pita-Taschen, Getränken etc.	
Hoffnung im Morgengrauen »Samen legen« Gemeinsame Aktion: Erwartungen an die Zukunft	Im Morgengrauen, noch vor dem Entzünden des Osterfeuers und dem Einzug in die Kirche zum Osterfrühgottesdienst machen wir gemeinsam einen kleinen Weg rund um Kirche und über den Kirchberg. An zwei Stellen säen wir Blumen aus, und verbinden damit (im Stillen oder auch laut) Wünsche an die Zukunft, Bitten, Gedanken der Hoffnung.

Ergänzend zu den Stationen wurde die jeweils volle Stunde mit Gongschlägen (Klangschale) angekündigt. Alle hielten kurz inne und wir stimmten gemeinsam das »Bleibet hier und wachet mit mir« aus Taizé an.

Variante 3: Osternacht als Kreuzweg

Eine weitere Form wählten wir 2008 für die Gestaltung der Aktion »Von 8 bis 8«. Wir brachen zwei Mal während der Nacht für jeweils 2-3 Stunden zu einer Wanderung auf, die uns an unterschiedliche Punkte im Gemeindegebiet führte. Die Organisatorinnen und Organisatoren hatten Bibel, Fackeln und weiteres Material im Rucksack mit dabei. An den jeweiligen Stationen der Nacht stimmten wir einen Kehrvers und ein Lied zum Thema der Station an. Eine kurze Lesung und Besinnung bzw. gedanklicher Impuls nahm das Thema auf und wurde so immer wieder auch zum Anknüpfungspunkt für kleine Gespräche während des weiteren Weges. Rund um Mitternacht waren wir zum ersten Mal wieder an unserer Kirche, um gemeinsam ein Abendessen einzunehmen und Abendmahl zu feiern. Gegen 1.30 Uhr brachen wir dann wieder auf. Die letzen zwei Stunden nach der Rückkehr gegen 4.00 Uhr nutzten wir für unterschiedliche Angebote: Aus Filz konnte ein Kreuzanhänger hergestellt werden, das Osterfeuer für den Frühgottesdienst wurde aufgeschichtet und entzündet, die Osterkerze verziert. Die Stationen unterwegs lassen sich der folgenden Übersicht entnehmen.

Dem Motto der jeweiligen Station folgend entfalteten wir zumeist Themen, die unser eigenes Leben berührten. Wir tauschten z. B. Erfahrungen von Schuld aus, gedachten der Rolle und Macht des Geldes in unserer Gesellschaft und unserem eigenen Alltag, oder nahmen meditative Texte auf, wie etwa zur Station Gefangennahme das Gedicht von Siegfried Macht »Der Knecht des Hohenpriesters«[4]

Der Knecht des Hohenpriesters
gehorchte
und verlor das ohr
hören und sehen
verging ihm
als der ihn heilte
den er zu binden gesandt war
da
wurde ganz ohr
der knecht des hohenpriesters
und wusste nun
hier geschah
unerhörtes

In dieser Form des Durchwachens liegt der Schwerpunkt vor allem auf dem gemeinsamen Unterwegs-Sein, dem Reiz, »des Nachts auf dem Marktplatz fromme Lieder anzustimmen« oder sich per EC-Karte Zugang zur Sparkasse zu verschaffen, um der Kälte für einen Moment entfliehen zu können. Das Erleben ist unmittelbarer und die Verknüpfung mit realen Orten gibt dem Bedenken der Texte aus dem Passionsgeschehen eine eigene Wirklichkeit. Kritisch zu sehen ist die Wetterabhängigkeit dieser Variante und die eher kleinere Zahl an Teilnehmenden, mit denen eine Osternacht so oder vergleichbar gestaltet werden kann. Unserer Erfahrung nach ist das Unterwegssein mit mehr als 15-25 Menschen atmosphärisch schwierig, während eine größere Zahl an Jugendlichen und / oder Erwachsenen in den beiden ersten Varianten durchaus praktikabel ist und lediglich logistische Fragen (Räume, Material, Werkzeug, Essen etc.) berührt.

Anmerkungen

1. »Gegen den Trend« – unter diesem Motto ruft die Arbeitsgemeinschaft der Evangelischen Jugend in Niedersachsen (AEJN e.V.) jedes Jahr zu einer Fastenaktion für Kinder und Jugendliche auf. Es erscheint jährlich zu Beginn der Fastenzeit eine Arbeitshilfe die sich mit aktuellen Themen beschäftigt. Sie ist als Unterstützung für den Arbeitsbereich »Jugendhilfe und Schule« gedacht. Es wird auch die Lebenseinstellung und das Verhalten des Einzelnen angefragt. Dazu gibt es Hintergrundinformationen, Anregungen und Beispiele, die zu eigenen Schritten anregen. Den niedersächsischen Schulen ab Klasse 5 wird je eine Arbeitshilfe und Plakat zur Verfügung gestellt. Den Kreis- und Sprengeljugenddiensten wird das Material rechtzeitig für die außerschulische Jugendarbeit der Evangelischen Jugend vor Ort zur Verfügung gestellt. Auf der Website http://www.aejn.de/Gegen-den-Trend.16.0.html finden sich einige der Arbeitshilfen vergangener Jahre (auch 2003) zum ‚pdf-download'.
2. Songtext online z.B. unter www.lyrics.de
3. Songtext online z.B. unter www.lyrics.de
4. Siegfried Macht, Große Themen – Kurze Texte. © Patmos Verlag GmbH & Co. KG, Düsseldorf

Beispiel: Osternacht 2008 – Kreuz-Weg

STUNDE	THEMA / TEXT	ORT	TEXT	»MOTTO« / AKTION
20:00	Eintreffen	Halle	Einstimmung	
21:00	**KREUZWEG 1**	Über Land	Jesus unterwegs Geschichten aus den Evangelien	
		Am Bahnhof	Einzug in Jerusalem	Begeistert begrüßt
		Im Automaten-Vorraum der Sparkasse	Verrat des Judas	Verraten und Verkauft
22:30	Rückkehr	Empore / Küche		**Essensvorbereitungen**
0:00		kleiner Saal	Abendmahl	Erinnert und Erneuert **Abendmahlsfeier / Abendessen**
1:30	**KREUZWEG 2**	In einem Garten	Jesus betet	Wachet und Betet
		In einem Garten	Gefangennahme	Unerhört / Ungehört *Text: Der Knecht des Hohenpriesters, s. o.*
			Petrus leugnet	Unerkannt / Ungekannt
		Auf dem Marktplatz	Vor Pilatus	Urteil und Unschuld
		Am Goldbergplatz	Geißelung	Verspottet und Verhöhnt **Erinnerung an das jüdische Ehepaar Goldberg, das in der Reichspogromnacht in unserer Gemeinde getötet wurde**
		Auf dem Friedhof 1	Kreuzigung	Leidenschaft und Leidensbereitschaft
		Auf dem Friedhof 2	Grablegung	Vergraben und Vergessen
4:00	Rückkehr	Empore		**Kleiner Imbiss**
5:30				**Ein Kreuz herstellen**
		Vor der Kirche		**Feuer entzünden**
6:00		Kirche		**Osternachtsgottesdienst**
anschl.		großer Saal	Osterfrühstück	

Feuerkorb auf einem Hof

Baustein 9: Zwischen Schilfrohr und Getränkekisten

Studierstunden am Wegesrand

Anlass

Aus der Not eine Tugend machen, das war die Geburtsstunde der Studierstunde. Wir wollten mit KU-Gruppen »mehr unterwegs« sein, das besondere Gemeinschaftsgefühl und die Gruppendynamik auf dem Weg für den Unterricht nutzen. Aber es war schwierig, neben Reisen, Einkaufen, Essen, Gemeindehäuser beziehen und wieder sauber »zurückzugeben«, Unterrichtsthemen angemessen unterzubringen.
Schließlich wurde aus der spontanen Idee »Dann machen wir das eben mal ausnahmsweise in der Mittagspause unterwegs« ein Konzept. Die Pause ist der eigentliche Unterricht! Das haben wir in der Folge immer weiter ausgebaut. Mangelndes Material, Wetterabhängigkeit und die Ungewissheit, an welchem Platz denn nun die Unterrichtsstunde stattfinden würde, sorgten dafür, dass sich nach und nach ein »Methodenkanon«, eine Vorgehensweise entwickelte, die den Rahmenbedingungen angemessen ist.

Unterricht am Wegesrand – Wie geht das?

Die besondere Situation rückt die Unterrichtenden, die (Klein-)Gruppe und die Beziehung untereinander ins Zentrum des Unterrichtsgeschehens. Im Vorfeld legen wir im Leitungsteam das Oberthema der Studierstunden einer Freizeit oder einer Projektetappe fest. Wir gliedern es in Teilschritte, machen uns kurze Notizen, die wir am Abend zuvor in der nächtlichen Mitarbeitenden-Runde noch einmal durchgehen. Das Gespräch selber, das eigentliche Unterrichtsgeschehen sozusagen, liegt dann in der Hand des einzelnen Ehren- oder Hauptamtlichen, der im Rahmen seiner Möglichkeiten, mit seiner eigenen Art und seinem Kenntnisstand agiert. Das kann auch dazu führen, dass das Vorwärtskommen »im Thema« (z. B. Glaubensbekenntnis, Gebote, Vaterunser, Markus-Evangelium etc.) zeitlich ungleichmäßig verläuft, weil die Gruppen an unterschiedlichen Punkten im Gespräch innehalten, anderes schneller für sich erledigen oder gar überspringen. Gemeinsames Ziel der Unterrichtenden ist es jedoch, zum Ende der Fahrt dem Thema und seinen Teilaspekten gerecht geworden zu sein.
Ist ein Platz für die Studierstunde gefunden, verteilen sich die Kleingruppen in der näheren Umgebung und beginnen ihre Gespräche. Eine solche Kleingruppe bleibt in ihrer Zusammensetzung eine Freizeit über konstant. Gibt es mehrere Freizeiten innerhalb eines Projekts, bilden wir die Gruppen stets neu und achten zudem darauf, dass die Unterrichtenden mit möglichst vielen Teilnehmenden einmal in einer Studiergruppe zu tun bekommen.
Gelegentlich stellen wir ein kleines Heft für die Hosentasche her, das für eigene Notizen gedacht ist und dadurch der Ergebnissicherung dient. Im Laufe des Gesprächs ist anfangs noch der Impuls des Unterrichtenden notwendig (Das scheint uns wichtig zu sein! Lasst uns das mal kurz notieren, damit es nicht in

Am Straßenrand bei der Osterradtour

KU-Praxis 53, S. 81 – 82

Vergessenheit gerät.); später entsteht oftmals unter den Jugendlichen eine gewisse Lust, die begonnenen Notizen nicht unvollständig zu lassen.
Immer wieder gewinnen solche Studierstunden eine besondere Bedeutung, wenn eine Konfirmandin oder ein Konfirmand eine eigene Frage einbringt: »Sag mal, wo wir gerade über ... reden! Wie ist das eigentlich mit ...?« Die Jugendlichen nehmen dabei die besondere Situation und ihre Atmosphäre zum Anlass, bestehende Unklarheiten oder auch ganz neu auftretende Anfragen zum Thema zu machen. Dadurch sind Studierstunden immer auch ein interaktives Geschehen, das kaum planbar, aber doch immer gestaltbar bleibt.
Schnell wird den Konfirmandinnen und Konfirmanden klar, dass sie selbst durch eine einzige Frage dem Gespräch eine komplett andere Wendung geben können. Sie sind Akteurin oder Akteur im gemeinsamen Geschehen.
Was aber tun, wenn das KU-Thema nicht allen Unterrichtenden ausreichend vertraut ist? In ehren- und hauptamtlich gemischten Teams ist dies häufig der Fall. Selbst wenn den oftmals noch jugendlichen Mitarbeiterinnen und Mitarbeitern durch ihre unverkrampfte eben jugendliche – Herangehensweise an ein Thema eine »eigene« Form der Qualität im Gespräch möglich ist, haben sie doch ein starkes Bedürfnis, zuvor Informationen zu bekommen und sich so selbst eine Position oder eigenen Anfragen zu erarbeiten.
In der Vergangenheit haben wir daher häufig parallel zum (fast) leeren Heft, mit dem man die Fahrt beginnt, ein zweites Heft für die Unterrichtenden vorbereitet. Darin fanden sich, unaufwendig zusammengestellt, Hintergrundtexte und Informationen aus unterschiedlichsten Quellen. Manche nutzen das Heft im Vorfeld, um es komplett zu lesen, andere überfliegen bestimmte Passagen, wieder andere schauen, ob es »Überraschungen« gibt und lassen das Heft dann links liegen. Vielfalt und Persönlichkeit der Unterrichtenden sind das eigentliche Kapital dieser Arbeitsform.

Erfahrungen und Erlebnisse

Viele solcher Gespräche kann man sich zunächst auch im geschlossenen Raum, vorzugsweise im eigenen Gemeindehaus vorstellen. Sitzt man aber im Schilfgürtel des Steinhuder Meers, am Hang oberhalb der Loire oder auch am Brunnen mitten in der Fußgängerzone einer süddeutschen Kleinstadt, spürt man deutlich: Der Ort unterrichtet mit. Das Draußen-Sein, der Wind, die jeweilige Atmosphäre – mal einladend, mal weniger – machen die Situation auf merkwürdige Weise authentisch – und damit auch Inhalt, Texte und Gespräche. Wir reden in der Wirklichkeit über unseren Glauben und seine Grundlagen, im Grünen sitzend, aber nicht am »grünen Tisch«!
In der Rückschau erzählen die heute erwachsenen Konfirmandinnen und Konfirmanden dann immer wieder auch von den »speziellen«, herausragenden Studierstunden: Als es in Strömen regnete und eine Kleingruppe beim nahen Getränkemarkt anfragte, ob man sich unter dem Vordach hinsetzen dürfe, fragte der Filialleiter zunächst ungläubig nach: »Zum Konfirmandenunterricht?!?« Dann wurde er aktiv, fuhr im Verkaufsraum und im nahen Lager mit dem Gabelstapler und der »Ameise« Türme von Getränkekästen in Windeseile hin und her und baute uns so drei komplette Unterrichtsräume. Inmitten der Kundschaft, aber abgeteilt vom Trubel durch Wände aus Bier, Saft und Cola sprachen wir auf Wasserkisten sitzend und mit einer spendierten Flasche Saft als Zugabe über das Wunder von der Speisung der 5000. Auch das eine wunderbare Situation, die noch dadurch »gewürzt« wurde, dass immer wieder mal interessierte Kunden durch die Kästen hindurch lauschten, nachfragten oder gar einen Beitrag einwarfen. KU macht auf sich aufmerksam. Die Jugendlichen haben es durchaus genossen.
Jede Studierstunde hat ihr eigenes Flair: Die in großen Kirchen wie etwa im Hamelner Münster, anders jene in der freien Natur, unter schützenden Dächern, in kleinen Bankvorräumen mit Geldautomaten, zu denen man sich per EC-Karte Zugang verschaffen konnte, um den Unbillen der Witterung zu trotzen. Tankstellenvordächer schützten uns, oder ein Eiscafé beherbergte uns, wenn der Regen die Pause im Grünen vereitelte. Immer dann wurde KU öffentlich, nahmen Passanten unsere Arbeit wahr und veränderten dadurch die Lernsituation. Ganz selten nur war dies den Jugendlichen unangenehm. Erstaunlich für mich ist es, dass bei diesen Erinnerungen oft nicht nur der Ort und das Skurrile im Gedächtnis ist, sondern auch das Thema, manchmal sogar die einzelnen Statements oder die Erinnerung daran, wer da gerade mit wem einer Meinung war oder eben nicht.
Nicht immer sind die Jugendlichen begeistert, nach einem anstrengenden Rad-Teilstück die Pause zum Unterricht zu machen. Begrüßt wird jedoch schon bald, dass durch die Studierstunden unterwegs die eher knappe Zeit nach dem Eintreffen im Quartier am Abend komplett dem Essen, Entspannen und Spielen vorbehalten ist. Der KU findet so auch nicht erst dann statt, wenn sämtliche Energie verbraucht ist und sich alle ein gutes Miteinander, einen schönen Tagesausklang erhoffen.

In einem Eiscafe

Baustein 10: »Dienen kann voll cool sein!«
Dienetage

Absicht

»Dienetage« – eigentlich ist das ein »unmöglicher Begriff«, wie der Pastor der Kirche in Friedehorst, der großen diakonischen Einrichtung in unserem Stadtteil, nicht müde wird zu betonen. Immer mal wieder in den vergangenen Jahren hat er uns in der kleinen Holzkirche begrüßt, die noch an die ehemaligen Fliegerbaracken erinnert, aus denen nach dem Zweiten Weltkrieg dann Friedehorst[1] erwuchs. Im Sprachgebrauch diakonisch arbeitender und sensibilisierter Menschen mag diese Bemerkung sicherlich auch ihren Sinn haben. Für unsere Konfirmandinnen und Konfirmanden beginnen solche Tage oft mit vorbereitenden Treffen, bei denen biblische Texte den Weg ins diakonische Handeln der Kirche hinein weisen. Und »Dienen« ist in diesem Zusammenhang für sie als Begriff durchaus akzeptabel. »Dienen kann voll cool sein«, überschrieb ein Konfirmand vor einigen Jahren einmal seinen Bericht über die Tage im Behindertenwohnbereich von Friedehorst.
Aber warum gehen Konfirmandinnen und Konfirmanden aus unserer Kirchengemeinde für knapp fünf Tage nach Friedehorst, um dort zu arbeiten? Drei gute Gründe motivierten das Leitungsteam eines Konfus-Projekts Ende der 90er Jahre dazu, diese Zusammenarbeit zu beginnen:

- Wir alle bewohnen gemeinsam einen Stadtteil. Menschen in Friedehorst und Menschen im Rest unseres Stadtteils sind zusammen »die« Lesumer Bevölkerung. Und Mitbewohner, Nachbarn, sollte man kennen lernen.
- Wir alle leben in unterschiedlichsten Situationen, haben unterschiedlichste Träume, Lebenswege und Lebensentwürfe. Je mehr wir voneinander erfahren, desto besser können wir einander verstehen. Gemeinsames Leben wird einfacher.
- Wenn es um das Bestehen dieses schönen, schweren Lebens geht, dann ist es gut, sich in gegenseitiger Hilfe und Anteilnahme zu üben. Wie das gehen kann, dass Menschen einander hilfreich zur Seite stehen, ohne dem jeweils anderen dabei zu viel abzunehmen oder abzuverlangen, sollte in diesen Tagen zum Thema werden.

Entwicklungsgeschichte

23 Jugendliche wohnten im ersten Durchgang der »Dienetage« während der fünftägigen Aktion in unserem Gemeindehaus in Werschenrege und wurden an drei Tagen zu jeweils sechs Stunden Arbeit in die Häuser und Wohngruppen in Friedehorst gebracht. Im Behinderten-Wohnbereich, in den Altenwohnheimen und im Reha-Zentrum fanden sich MitarbeiterInnen und BewohnerInnen bereit, Alltagsleben und -arbeiten mit den Jugendlichen zu teilen. Je nach Arbeitsplatz fand Mithilfe im Bereich von Betreuung, Freizeitbeschäftigung, Essensvorbereitung, des Fütterns und der Unterstützung bei einfachen Pflegetätigkeiten (Schuhe oder Jacke wechseln, Umsetzen in den Rollstuhl, Zahnbürste vorbereiten etc.) statt. Nach dem Dienst kam man wieder im Gemeindehaus zusammen, um sich über die Tätigkeiten und Erlebnisse des Tages auszutauschen. Abendandachten zum Thema rundeten die Tage ab. Folgender Ablauf wurde in den Folgejahren wieder zugrunde gelegt, gelegentlich aber auch variiert.

Mittwoch, 19.00 Uhr Treffen in Friedehorst vor der Kirche	Begrüßung durch Pastor Köster; dann Einstieg in die Dienetage und das Thema »Diakonie«, kurzer Besuch in den Arbeitsbereichen. Danach gehen alle nach Hause.
Donnerstag, 9.30 Uhr Eintreffen am Gemeindehaus in Werschenrege;	KU zum Thema; Mittagessen. 14.00 - 20.00 Uhr Dienstzeit in Friedehorst; dann Auswertung / »Erzählrunde« / erste Erlebnisse. Übernachtung im Gemeindehaus.
Freitag	KU zum Thema und praktische Aktion: Filmszenen »Helfen« (s. u. Anmerkungen zur Durchführung Pkt. 2). 14.00 - 20.00 Uhr: Dienstzeit in Friedehorst; »Erzählrunde«: Menschen, denen ich begegne ...! Übernachtung im Gemeindehaus.
Samstag	8 – 14 Uhr: Arbeit in Friedehorst. Nachmittags: Arbeit an Plakaten zu Erfahrungen der drei Dienetage 18.30 Uhr Schluss und Abholung in Werschenrege
Sonntag, 9.45 – 14.00 Uhr	Treffen in der Friedehorst-Kirche zum Gottesdienst; anschließend Auswertungsrunde mit den MitarbeiterInnen von Friedehorst und gemeinsames Mittagessen.

KU-Praxis 53, S. 83 – 86

In den Unterrichtseinheiten am Vormittag beschäftigten wir uns z. B. mit den Themen »Diakonie« und »Menschenwürde«. Insbesondere Texte von Ulrich Bach[2] halfen uns, unser Bedürfnis zu helfen und unseren Umgang mit hilfsbedürftigen Menschen zu überdenken. Diakonie, so waren sich Jugendliche und Leitungsteam dieses ersten Durchgangs einig, hat viel mit der Zeichnung von Ivan Steiger[3] (Quelle: Ivan Steiger sieht die Bibel) zu tun, für die wir erklärende Bildunterschriften suchten.

Vier Untertitel fanden letztlich die Zustimmung des Großteils der Gruppe:

- »Diakonie hilft dem, der es besonders nötig hat«.
- »Alle bekommen etwas weniger, damit der, der es gerade braucht, mal etwas mehr bekommt.«
- »Weil Gott uns Menschen liebt, können wir seine Liebe weitergeben.«
- »Gottes Liebe kommt durch Menschen zu Menschen«. (Alles Gute kommt von oben!)

So wie die »Dienetage« in der Vergangenheit beinahe immer mit einem Abend in der Friedehorster Kirche begannen, an dem KU-Team und Verantwortliche aus Friedehorst den Jugendlichen den Start in die ungewohnte Zeit ebneten, so endeten die Durchgänge auch fast immer mit dem gemeinsamen Gottesdienst am darauffolgenden Wochenende vor Ort. Einer kleinen Reise, so erzähle ich es dort dann ab und an, gleicht diese Zeit der Begegnung von Jugendlichen und Menschen in Friedehorst. Obwohl wir in einem Stadtteil gemeinsam wohnen, quasi Nachbarn sind, ist das Leben in Friedhorst, oftmals geprägt durch Alter, Krankheit, Behinderung, Rehabilitationsbemühungen etc., uns anderen Lesumern seltsam unbekannt. Wir passieren das Einganstor des Geländes oder durchqueren es sogar, um den Schulweg abzukürzen, aber vom Alltag der Menschen dort haben wir nur sehr ungenaue Vorstellungen. Und so müssen wir uns tatsächlich auf eine Reise begeben, müssen aufbrechen, um dort anzukommen, so nah und doch scheinbar unendlich weit weg. »Da trennen uns doch Welten ...«, sagte eine Konfirmandin einmal, als wir überlegten, warum so wenig Miteinander im Stadtteil Tradition hat.

Anmerkungen zur Durchführung

»Anreise«

1. Gute Vorbereitung ist im Vorfeld unerlässlich. Besonderes Augenmerk sollte dabei auf folgende Punkte gelegt werden:

- Die handelnden Personen aller Ebenen (Leitung, Bereichsleitung, MitarbeiterInnen) in Gemeinde und Einrichtung sind bereit und in der Lage, diese Aktion durchzuführen und/oder zu begleiten.
- Persönliche Kontakte (sie entstehen von Mal zu Mal mehr) helfen, die Zeit für Jugendliche und BewohnerInnen zu einem schönen Erlebnis zu machen. Gute eigene Kenntnis der Arbeitsbereiche in der Einrichtung erleichtert es, für jeden / jede Jugendliche(n) einen möglichst passenden Einsatzort auszuwählen.
- Rahmenbedingungen müssen klar abgesprochen und bis zu den Dienst habenden MitarbeiterInnen auf den Wohngruppen weitergegeben werden. Dabei ist besonders der Charakter des Besuchs / der Dienst-Zeit zu klären und welche Tätigkeiten möglich sind.
- Den Jugendlichen gilt es, Lust auf neue Erfahrungen und Kontakte zu machen und sie zugleich für die besondere Situation zu sensibilisieren. Das betrifft z. B. Annahme von Geschenken, das Versprechen wiederzukommen oder den Mut »Nein« zu sagen. Hilfestellungen müssen klar abgesprochen werden: Wen kann ich während dieser Zeit immer anrufen, wenn ich mich mit der Situation unwohl fühle?
- Im Vorfeld muss den Jugendlichen immer wieder deutlich gemacht werden, dass sie nicht dort sind, weil Arbeitskräfte fehlen. Dementsprechend kann es auch zu Situationen kommen, in denen den Mitarbeitenden »die Phantasie ausgeht«, was jetzt gerade zu tun ist. Häufig wollen die Jugendlichen mehr arbeiten und sind erstaunt, dass »der Laden ja auch so läuft«.

2. Im Vorfeld der Dientage haben wir im Laufe der Jahre mit Texten gearbeitet, die die Beziehung von Helfenden und Hilfsbedürftigen thematisieren:

- Der barmherzige Samariter (Lukas 10,25-37) mit Jesu Aufruf: »Geh hin und tu es ebenso!« in Kombination mit dem Folgetext: Maria und Marta (Lukas 10,38-42), der auch Grenzen von Aktivitäten, Aktivismus und Dienstbeflissenheit formuliert.
- Die Heilung des blinden Bartimäus bei Jericho (Markus 10,46-52) unter besonderer Beachtung der Verben bzw. der Aktivität in diesem biblischen Text: Bartimäus ist der aktive Part! Er »schlägt Krach für das Leben!« Die Rolle Jesu, der angesichts des offenkundig blinden Bartimäus dennoch fragt: »Was willst du, das ich für dich tun soll!«
- Jesus wäscht seinen Jüngern die Füße (Johannes 13,1-20).
- In der weiteren Aufarbeitung dieser Szenen, die ggf. gefilmt werden, lernen wir uns selbst (und damit auch jeden anderen) als grundsätzlich ergänzungsbedürftig zu sehen.
- Wir spielen Szenen zum Thema »Helfen«: Situationen, in denen einer zum anderen »Bitte, hilf mir!« sagt, um damit die Vielfalt und Alltäglichkeit von Hilfsbedürftigkeit deutlich zu machen.

3. Bevor es dann »vor Ort« geht, sammeln wir Erwartungen und Befürchtungen und versuchen zu ermutigen. Wir geben konkrete Tipps und Hinweise, die den Aufbruch erleichtern: Erfahrungen vergangener Jahre, Telefonkärtchen, Erreichbarkeit des Teams etc.

Zitate einer solchen Sammlung vor Dienstbeginn:

- Ich befürchte, dass man sich mit den Leuten nicht unterhalten kann. Dann weiß ich gar nicht, was ich machen soll.
- Ich freue mich aufs gemeinsame Wohnen, auf schulfrei und auch auf die neuen Erfahrungen.
- Ich habe Angst, dass ich etwas falsch mache.
- Kann jemand sterben, während wir da arbeiten?
- Ich habe Angst davor, dass irgend-etwas passiert, wo ich nicht mehr weiß, was ich machen soll.
- Es ist zwar irgendwie ungewohnt, aber ich freue mich trotzdem auf das Zusammensein mit den Leuten da.

»Vor Ort«
Gut, wenn es schnell losgeht! Für viele Jugendliche ist der erste Schritt auf »ihre Wohngruppe« zu am schwierigsten. Wir lassen die Jugendlichen häufig zeitgleich von je einem Mitarbeiter oder einer Mitarbeiterin ihrer Wohngruppe an einem zentralen Ort »abholen«. Dann kann man auf dem Weg in das Haus oder auf die Station schon mal erste Kontakte knüpfen, ein paar Worte wechseln und hat so gleich einen Ansprechpartner für die »erste Schicht«. Wir bemühen uns, die Konfirmandinnen und Konfirmanden allein, also nicht mit einem anderen Jugendlichen einzusetzen. Dafür gilt es im Vorfeld zu werben und um Verständnis und Bereitschaft zu bitten, auf diese Weise aktiv zu werden. Die Ausnahme, in denen Zweiergespanne unterwegs waren, haben sich häufig als schwierig herausgestellt, da dann die Jugendlichen mehr aneinanderhingen, sich weniger »öffneten« und nach außen hin eher den Eindruck vermittelten, sie seien miteinander genug beschäftigt, müssten also nicht ins Leben der Wohngruppe oder Station integriert werden.

An den Abenden im Gemeindehaus ist es wichtig, kleine Erzählgruppen zu bilden, damit die Berichte nicht ermüden, aber jeder und jede zu seinem Recht kommt. Am ersten Abend sprudelt häufig ungeordnet alles aus den Jugendlichen heraus. An den Folgeabenden geben wir den Berichten ein Thema, einen Focus (z.B. die Überschriften der »Reiseberichte« unten). Auch Plakate zum Notieren von Erfahrungen und Erlebnissen helfen. Sie werden oft auch zur Information genutzt, »wie es bei den anderen so läuft.« Der gemeinsame Gottesdienst in der Einrichtung ist ein wesentlicher Schlusspunkt. Noch einmal feiert man gemeinsam, trifft Bekannte wieder, kann Abschied nehmen und geht nicht »sang- und klanglos«. War der Anfangsabend der Ort, den Jugendlichen die Einrichtung zu erklären, ist nun Gelegenheit, den Bewohnerinnen und Bewohnern das Vorhaben und auch die Gruppe als Ganze vorzustellen. So wird das Kennenlernen auch in dieser »offiziellen Form« noch einmal gegenseitig: Beide Seiten hören Neues voneinander.

Eine Variante
Vieles spricht für die kompakte Variante: gemeinsames Wohnen, feste Dienstzeiten, dichte Arbeits- und Auswertungsatmosphäre. Aber auch zwei Durchgänge in loserer Form haben durchaus positive Erfahrungen ermöglicht: Dabei wird von einem gemeinsamen Starttreffen aus jedem Jugendlichen eine Gruppe und ein dort tätiger Mitarbeitender »vermittelt«. Gemeinsam machen diese dann drei bis fünf Termine innerhalb eines Zeitraums von ca. sechs bis acht Wochen aus. Die Dienetage sind dann eine Phase innerhalb des KU-Jahrgangs. Diese Lösung ist für die Jugendlichen und für die Einrichtung weniger »anstrengend«, weil individuelle Lösungen gefunden werden und auf Besonderheiten der Gruppe Rücksicht genommen werden kann. Die Begleitung ist jedoch deutlich schwieriger in dieser Zeit; z. B. fehlt hier die abendliche Zeit zum Erzählen. Man nimmt seine Erfahrungen zunächst mit nach Hause und kann sie erst im gemeinsamen Auswertungsgespräch mit den anderen Konfirmandinnen und Konfirmanden teilen.

Dienetage – Erzählzeit im Gemeindehaus

»Reiseberichte«: Auszüge aus Wandzeitungen / Plakaten, die während eines Dienetage-Blocks entstanden:

Ich habe Menschen wie dich und mich kennen gelernt:
- Herr K. war sehr nett, und er wollte immer abhauen.
- Ganz klar: Klaus-Peter kannte sich 1001 Mal besser mit Pippi Langstrumpf aus als ich.
- Michi, Modelleisenbahn-Freund.
- Marco (schwer behindert) kann kaum reden.
- Frau B. war sehr, sehr glücklich, als wir sie spazieren gefahren haben.
- J. las sogar Pornos!
- Marco hörte gerne Musik.
- Susi, die uns immer das Gleiche gefragt hat.
- Sascha, der gegen mich in »Mensch, ärgere dich nicht« gewonnen hat.
- Frau Uebler, die sich sehr für Klamotten interessiert und die ständig vom Krieg erzählt.
- Frau F., die sehr verwirrt war und sehr schlecht gehört hat.
- Andrea, die alles immer lustig findet.

Ich habe neu gelernt, kennen gelernt, erfahren, entdeckt, ausprobiert:
- Erfahren, dass Helfen Spaß macht.
- Neu gelernt, mich mit den Leuten zu unterhalten.
- Dass auch Behinderte fröhlich sein können.
- Blinde füttern.
- Behinderte sind (fast) wie ich.
- Dass es gut ist, dass die Kirche so was wie Friedehorst hat. Wo sollten die Leute sonst leben?
- Behinderte können gut »Mensch, ärgere dich nicht« spielen!!!
- Die Gemeinschaft der Behinderten (drei Tage mit ihnen zusammen zu leben).
- Dass auch ich jeden Moment ein Patient der Rehaklinik sein kann.
- Behinderte leben viel »intensiver«.
- Dass Behinderte viel besser auf ihr Leben achten.

Mein schönstes Erlebnis in Friedehorst:

- Hockey mit Frau J. zu spielen.
- Alle waren total nett zu uns und glücklich in Friedehorst.
- Mit Marion zu reden, sich gegenseitig Witze zu erzählen und zu lachen.
- Mit Frau B. (sie kann nicht sprechen, sehr liebevoll und glücklich).
- Herr K. hat uns sein Fotoalbum gezeigt.
- Dass nicht nur ich auf die Menschen zugegangen bin, sondern sie sind selber angekommen.
- Claus-Peter zeigte mir die Todesanzeige seines Vaters und beichtete mir die engsten Familiengeheimnisse.
- Pippi Langstrumpf vorzulesen!!!
- Fünf Stunden »Mensch, ärgere dich nicht« spielen (Rekord)!

Mein »blödestes« Erlebnis in Friedehorst:

- Am Anfang gab es nicht so viel zu tun.
- Ich habe eine alte Frau getroffen, die taub und blind war, die mir sehr Leid getan hat.
- Als ich Jens den Kauf von Zeitschriften nicht ermöglichen konnte.
- Die »Reha-Leute« und nicht helfen zu können.
- Als Jürgen sich beim Essen verschluckt hat und voll anfängt zu husten und ihm dabei das Gebiss rausfiel.
- Olaf hat mir seinen angelutschten Bonbon in die Hand gedrückt.
- Eine nette alte Frau wurde ins Krankenhaus eingeliefert.

Auf der dem Heft beiliegenden CD-ROM im Verzeichnis zu diesem Artikel befinden sich: Ein ausführlicher Ablauf solcher »Dienetage« mit einem Arbeitsblatt, die Karikatur von Ivan Steiger, ein Arbeitsblatt mit Texten von Ulrich Bach und Zeitungsartikel der Lokalpresse über dieses Projekt.

„Dienetage" kamen sehr gut an

Konfirmanden aus Lesum arbeiteten drei Tage in Friedehorst

Von unserer Mitarbeiterin Marina Köglin

Lesum. „Karitativer Dienst für Kranke und Hilfsbedürftige" – so oder ähnlich wird der Begriff „Diakonie" im Lexikon definiert. Was es bedeutet, hilfsbedürftigen Menschen zu helfen, erfuhren 23 Konfirmanden der evangelischen St.-Martini-Gemeinde in der vergangenen Woche; sie halfen von Donnerstag bis Sonnabend im diakonischen Hilfswerk von Friedehorst.

Diese „Dienetage", ein Projekt des Konfirmandenunterrichts der St.-Martini-Gemeinde, wurden bereits zum dritten Mal durchgeführt und fanden bei den Jugendlichen großen Anklang. Aufgeteilt in Kleingruppen verbrachten sie die Zeit im Alten-, Behinderten- oder Rehabilitationsbereich. „Ich hab' mir das alles eher krankenhausmäßig vorgestellt", erzählt Bastian, „aber die Räume und so, die sind total schön." Die meisten hatten sich alles „irgendwie schlimmer" vorgestellt und waren dann positiv überrascht, etwa davon, wie aufgeschlossen fast alle der behinderten Bewohner ihnen begegneten. So hatten viele der Konfirmanden schöne Erlebnisse während der Zeit in Friedehorst.

Nach der Arbeit in Friedehorst fuhren die Jugendlichen sowie vier Helfer aus der Gemeinde jeden Tag ins Gemeindehaus nach Werschenrege. Dort tauschten sie in vielen Gesprächen ihre Eindrücke und Erfahrungen in Friedehorst aus und übernachteten dort.

Dieses intensive Zusammenleben der Gruppe sei in einem Zeitraum, in dem so viele neue Eindrücke auf die Jugendlichen zukamen, besonders wichtig, so Dieter Niermann, Gemeindediakon und Organisator des Projektes. Sie beschäftigten sich außerdem mit Fragen der Menschenwürde und was es bedeutet, auf die Hilfe anderer angewiesen zu sein. Auf Plakaten hielten sie ihre Eindrücke fest; die schönsten und auch die vielleicht nicht ganz so schönen Erlebnisse; welche Menschen ihnen während dieser Zeit begegnet sind und was sie neues gelernt und entdeckt haben, zum Beispiel Rollstühle zu schieben, Blinde zu führen und die Erfahrung „Helfen macht Spaß".

Beim abschließenden Gespräch, an dem auch Mitarbeiter und Verantwortliche der Einrichtungen von Friedehorst teilnahmen, äußersten viele der Jugendlichen, daß sie gern noch aktiver gewesen wären und daß die drei Tage viel zu schnell vergangen sind: „Man hat sich gerade eingewöhnt und nun ist es schon wieder vorbei". „Das müßte über einen längeren Zeitraum gehen", meint Niklas, „vielleicht mal in den Ferien."

Für die „Dienetage" waren die Jugendlichen vom Schulunterricht befreit. Aber schon bald wird unter dem Motto „1000 Stunden für Friedehorst" ein neues Projekt starten, bei dem interessierte Jugendliche aus der St.-Martini-Gemeinde im Zeitraum eines Jahres 1000 Stunden in Friedehorst helfen werden. Sobald diese 1000 Stunden abgeleistet sind, werden die Jugendlichen von Friedehorst und der Gemeinde mit einer kleinen Reise nach Sizilien belohnt, wo sie eine diakonische Einrichtung besuchen werden.

Auch das gemeinsame Spiel mit den Senioren gehörte zum Programm der „Dienetage" der Lesumer Konfirmanden in Friedehorst. Foto: Rospek

Anmerkungen

1. www.friedehorst.de
2. z.B. aus: »Volmarsteiner Rasiertexte«, »Hosianna bei Gegenwind«, »Millimetergeschichten«/ Grundsätzlich: »Getrenntes wird versöhnt«, Neukirchen 1991/ mehr: www.ulrich-bach.de (dort auch komplette und kommentierte Bibliographie)
3. mehr zu Ivan Steiger: www.ivan-steiger.de

Jahresthemen im KU

Ich plädiere innerhalb projektorientierter Konfirmandenarbeit für die Orientierung an einem Jahresthema.

1. Jahresthemen verbinden ohne zu vereinnahmen

Eine Gemeinde, erst recht ab einer bestimmten Größe, tut sich oft schwer, gemeinsam aktiv zu sein und zu handeln. Vieles geschieht in gleicher Absicht, im gleichen Geist, aber eben nebeneinander. Ein gemeinsames Jahresthema kann den autonomen Arbeitsbereichen einer Gemeinde dabei behilflich sein, sich dennoch als verbunden zu erleben. Mehr noch: Auch die Teilnehmerinnen und Teilnehmer von Angeboten, die Gemeindeglieder und die gemeindenahe Öffentlichkeit erfahren ihre Gemeinde als abgestimmt handelnd und können sich (z.B. auch in ihren Familien) über das alle Gemeindeinitiativen verbindende Thema austauschen.

2. Jahresthemen nehmen die Phantasie an die Hand

Im August/September beraten ehren- und hauptamtlich Mitarbeitende in den einzelnen Arbeitsfeldern der Gemeinde ihre Vorhaben für das kommende Jahr. In einem ersten Schritt werden Assoziationen zu demjenigen Begriff gesammelt, der sich in vorbereitenden Gesprächen als Jahresthema herauskristallisiert. Es hilft, zunächst das gewählte Wort als solches in den Mittelpunkt zu stellen und nicht sofort an Veranstaltungen, Aktionen oder Methoden zu denken. Die Atmosphäre ist locker. Viele Begriffe und Themen werden vielleicht zunächst belächelt. Was gesagt wird, muss noch lange nicht zweckdienlich sein. Spinnerei, die ja im eigentlichen Wortsinn sehr wohl zu Ergebnissen und Produkten führt, ist angesagt. Manch eher augenzwinkernd eingeworfenes Stichwort findet später Eingang in die Konzeptionierung eines Angebots.
Im nächsten Schritt arbeiten Kleingruppen Konkretionen aus. Jetzt werden größere Handlungs- und Gedankenstränge sichtbar. Das Jahresthema bekommt Unterthemen. In der Kinder- und Jugendarbeit findet an dieser Stelle zumeist eine Bedarfserhebung statt: An welche Altersgruppen muss gedacht werden? Welche Projekte aus dem Vorjahr laufen noch weiter? Welche neuen Ehrenamtlichen müssen eingebunden werden?
Auf der Basis dieser »Notwendigkeiten« bilden sich Planungsteams für einzelne Vorhaben, Ideen oder Projektskizzen, die in der Folgezeit dieses Angebot weiter ausarbeiten und die Ergebnisse ca. 4 Wochen später vorstellen. In anderen Arbeitsbereichen der Gemeinde (Kindergärten, Kirchenmusik, Spielkreise, Angebote für Erwachsene, Gottesdienste, ...) erfolgt das Einarbeiten des Jahresthemas in die eigenen Zusammenhänge zumeist weniger strukturiert. Dennoch wird die Vorgabe als wegweisend und planungsförderlich begriffen. Oft findet man eine kleine Drehung und Präzisierung, und schon passt ein längst üblicher Teil der eigenen Arbeit oder eine bereits bestehende Idee unter das große Dach des Jahresthemas. Natürlich gibt es in jedem Arbeitsbereich Angebote, die im Rahmen des Jahresprogrammhefts veröffentlicht werden, aber nur wenige Verbindungslinien zum Jahresthema aufweisen. Die Vorgabe eines Jahresthemas wird jedoch in allen Bereichen als willkommene Aufforderung verstanden, etwas Besonders in den Blick zu nehmen.

3. Jahresthemen sind eine Herausforderung

Das gilt gerade auch für die Konfirmandenarbeit. Ein Jahresthema beflügelt nicht nur die Phantasie und regt zum gemeinsamen Tun an, es macht zunächst auch das alljährliche Abarbeiten fester Themen komplizierter, curriculare Abläufe werden fast automatisch hinterfragt, alte Gewohnheiten irritiert. Denn diese sollen nun auf einmal zum Jahresthema passen. Oft spielt man allzu schnell mit dem Gedanken, in diesem Zusammenhang, bei jener Aktion oder für folgende Gruppe den Bezug zum Jahresthema doch wieder aufzugeben. Aber damit würde die Chance vertan, jene Energie zu entfalten, die das Gebundensein an ein Thema bietet. Natürlich muss im KU das »Vaterunser« bedacht und gelernt, sowie das Glaubensbekenntnis thematisiert werden. Selbstverständlich sollen die Jugendlichen Gottesdienste erleben und verstehen, Gemeinde entdecken und biblische Texte bearbeiten. Doch das alles geschieht nun unter einem Motto, z. B. »Zeit« oder »Schlüssel«, »Horizonte«, »Elemente«, »Worte«. Diese Herausforderung macht es Unterrichtenden schwer, in den alten Trott zurückzufallen. Sie werden aufgefordert, sich von ihren alten Arbeitsblättern und Anekdoten im KU zu verabschieden. Es wird eine Tür aufgestoßen, hinter der sich faszinierendes Neuland befindet: die Chance, wieder selbst etwas im eigenen Unterricht zu erleben.

4. Jahresthemen profilieren das alltägliche Tun

Jahresthemen lassen uns die Standardthemen und die äußere Gestalt unserer Angebote bedenken. Wir überlegen, wie sich diese oder jene Aktion, dieses oder jenes KU-Thema in das Jahresthema einbetten lässt. Welchen Titel hat das Angebot nun? Wie kann ein Untertitel den Bezug zum Jahresthema unmissverständlich deutlich machen? Das Jahresthema spitzt die immer wiederkehrenden Themen des Unterrichts inhaltlich und damit auch methodisch überraschend zu. Sie werden dadurch einsichtiger, zwangsläufiger, auch attraktiver, für die Konfirmandinnen und Konfirmanden, für die ehrenamtlich Unterrichtenden wie für die Hauptamtlichen.

Zum Jahresthema »Form | Klang | Farbe« geriet uns manches »künstlerischer« und musikalischer. »GRENZENlos!« machte Mut zu Provokantem, während »Schätze« uns in bemerkenswerter Weise auf unsere Werte, Wurzeln und Traditionen blicken ließ. So entsteht durch viele kleine Einzelentscheidungen ein gemeinsames Ganzes. Das Jahr in der Gemeinde bekommt ein Gesicht.

Oft unterstützt eine besondere Aktion, ein Symbol oder Bauwerk dieses Profil. In einem Jahr z.B. erbauten Jugendliche während des Gemeindefestes eine große Holzbrücke (15 x 2 Meter), die auf vier gemauerten Pfeilern ruhte. Wer mochte, beschrieb einen zum Pfeilerbau benötigten Stein mit Dingen, auf die er oder sie bauen möchte oder Dinge, die Menschen miteinander verbinden. Stein für Stein entstand so die Grundkonstruktion, auf die dann drei schon vorhandene Plattformen (alte Floßbauteile) als Brücke gelegt wurden. Spätestens durch dieses Bauwerk, durch die Bilder, die in der Tageszeitung transportiert wurden, setzte sich das Jahresthema »Brücken« in den Köpfen der Menschen fest. Gemeinde wurde öffentlich.

Zum Jahresthema »Worte« begannen Kinder und Jugendliche damit, im Foyer des Gemeindehauses einen Bücherraum als Einladung zum Lesen und als Ort der Ruhe zu bauen. Material für die Wände waren Tausende von Büchern, die beim Recyclinghof oder im Rahmen einer Haussammlung abgeholt wurden.

Allein schon der »rote Faden«, der sich durch die Angebote zieht, macht es für eine breitere Öffentlichkeit möglich, ein Profil zu erkennen. Medien sind interessiert, darüber zu berichten. Dieser Effekt hilft insbesondere bei der Beschaffung zusätzlicher Mittel oder Unterstützung in anderer Form. Profilierte Dinge lassen sich besser erklären, vermitteln, auch »verkaufen«. Menschen haben schneller das Gefühl zu wissen, woran sie sind. Jahresthemen erleichtern es, sich Dinge einzuprägen. Auch das ist ein Nutzen, den wir im Bereich der Konfirmandenarbeit oft in Anspruch nehmen können.

5. Jahresthemen helfen bei Entscheidungen

Jede Festlegung löscht andere Optionen. Das ist auch entlastend und hilfreich. Wenn wir uns vorgenommen haben, Bezug auf das Jahresthema zu nehmen, blicken wir bei der Festlegung von Themen für die Seniorennachmittage, beim Erarbeiten des Programms für die Konfirmierten und eben auch im KU in eine bestimmte Richtung.

So führte das Jahresthema »Worte« im KU zur Auswahl von »Hauptworten«, von großen Begriffen und Werten in unserer Religion. Aber was nützen uns diese? Sind sie vielleicht nur Hülsen – weit weg von unseren Jugendlichen? Sollen wir »die großen Worte« besser »fallen lassen« und direkt wieder auf die vielen schönen handwerklichen und künstlerischen KA-Methoden schielen, die es uns im Jahr zuvor so »leicht gemacht« haben? Wenn aber »Worte« Thema des Jahres ist, dann können wir doch nur so entscheiden, dass am Ende Worte auch eine Rolle spielen! Die Mühe lohnte sich. Es entstand eine Reihe von KU-Treffen mit jeweils einem Hauptwort im Mittelpunkt, das beleuchtet und bedacht wurde. Dieses wurde in der zweiten Hälfte des Treffens durch eine Aktion ergänzt und fortgeführt. Ein Wortspiel brachte uns auf den Plan: »Aus Hauptwörtern Tu-Wörter machen«. So entstand aus »Gerechtigkeit« eben auch eine Briefaktion zu den »urgent actions« von Amnesty international[1].

6. Jahresthemen verhelfen dazu, einer Sache gerecht werden zu können

Hunderte von Themen wären im Laufe eines KU-Jahrgangs denkbar. In der Gemeinde potenziert sich diese Masse an Optionen noch. Häufig reißen wir ein Thema nur an und bleiben dann an der Oberfläche: Fairer Handel und Asyl, Sterbehilfe und Armutsbegriff, Schwangerschaftskonflikte und »gerechte Kriege«, Weltreligionen oder die Spielarten der eigenen Religion, Kirchengeschichtliches oder endlich mal mehr Diakonisches. Wie soll all das nur Platz haben in einem KU-Jahr oder einem Projekt? Statt alle Themen nur kurz anzugehen, auf allen Hochzeiten zumindest den Tanz zu eröffnen und in Bezug auf alle Sorgen, Nöte und Probleme dieser Welt die Jugendlichen »anzusensibilisieren«, hat durch die Wahl eines Jahresthemas ein KU-Jahrgang einen Schwerpunkt, z.B. ein diakonisches Profil. Anderes wird daneben nur kurz verhandelt, vielleicht zu kurz. Dafür bleibt bei Unterrichtenden und Konfirmandinnen und Konfirmanden das Gefühl, einer Sache wirklich auf den Grund gegangen zu sein. Es gibt viele Themen, denen wir nur so gerecht werden können.

7. Jahresthemen hinterlassen Spuren

Mit 15 Jahresthemen haben wir bereits Erfahrungen gemacht. Viele von ihnen wuchsen über sich hinaus. Denn oftmals wurde etwas mit Bezug zu einem Jahresthema begonnen und blieb uns weiter erhalten. Mittlerweile wissen wir um die Dialektik dieses Abschieds: Indem ein Thema geht, bleibt es doch, ein wenig zumindest. Nach dem Thema »Zeit« blieb uns die Methode des Zeit-Dorfs (KU-Baukasten in KU-Praxis 54) erhalten, nach »Stadt« als einem »Lebensort der Verschiedenen« die Einrichtung von Generationengesprächen, »Talk im Turm« genannt. Das Pilgern haben sich Jugendliche in der Folge des Jakobus-Projekts (KU-Reportage / Jakobus auf der Spur, S. 35ff.) nicht mehr abgewöhnt, und manche Kontakte, die als Brückenschlag-Aktionen im »Brücken-Jahr« entstanden, tragen auch heute noch. Auf diese Weise entsteht in Gemeinden ein Schatz an »Dagewesenem«. Es wird Grund gelegt nicht nur für ein kollektives Erinnern, sondern auch für ein kollektives Können: »Wir haben ja schon mal – wir könnten wieder!«

Anmerkung

1. Siehe: www.amnesty.de

Gastfreundliche Gemeinde
Ein Plädoyer

*»Wer Halt gewährt,
verstärkt in sich den Halt.
Wer Trost spendet,
vertieft in sich den Trost.
Wer Heil wirkt,
dem offenbart sich das Heil.«*

Dies schreibt Martin Buber und ich würde gerne anhängen:

*Wer sein Haus öffnet, der lernt darauf zu bauen, dass wir in dieser Welt zuhause sein dürfen.
Wer einlädt, beschenkt sich selbst mit der Rolle eines Gastgebers.
Einladende Gemeinde gewinnt!*

Seit 1985 habe ich mit Kinder-, Konfirmanden- und Jugendgruppen die Gastfreundschaft von weit über 250 Kirchengemeinden erfahren dürfen: Während der Ferienfreizeiten, beim Konfirmanden-Unterricht unterwegs, im Projekt »Von Tür zu Tür«, auf Wochenendseminaren und bei vielen anderen Gelegenheiten. Für all diese Maßnahmen greifen wir fast ausschließlich auf Gemeindehäuser zurück. Dass dies zumeist mit wesentlich geringeren Kosten verbunden ist als das Anmieten eines Selbstversorger- oder Tagungshauses bzw. einer Unterkunft in einer Jugendherberge, versteht sich von selbst, ist aber eher ein Nebeneffekt. Konzeptionell leiten uns dabei vor allem die folgenden Überlegungen:

Gemeinde als Herberge erleben: Die Freundlichkeit Gottes verorten

Fragt man auf Mitarbeiter/innen-Schulungen all jene Ehrenamtlichen, die selbst früher Teilnehmende unserer Angebote waren, so gehört für sie zum »Eigentlichen von Kirche« dass man in ihr wohnen kann. Gastfreundschaft wurde so oft erlebt, dass sie als Wesensäußerung von Gemeinden gesehen wird. »Na klar, wenn man freundlich fragt, dann darf man in einem Gemeindehaus fast immer auch übernachten!« Unterbewusst setzt sich noch etwas anders fest. Tür und Tor öffnen nicht Geld oder Macht, sondern das Duo »freundliche Anfrage – gastfreundliche Aufnahme«. Und beides wird »im Ordner Kirche abgelegt«. Gemeinde ist dabei ein Ort, der sich frei macht von den Gesetzmäßigkeiten der sie umgebenden Welt. Die Menschenfreundlichkeit Gottes, wie wir sie in Jesus Christus erfahren dürfen, schimmert durch.

»Ich bin ein Gast auf Erden«: Sich im Reisen einrichten

Ist man erst einmal im Haus, geht es ans Auspacken. Unsere Erfahrung der letzten Jahre zeigt, dass Kinder und Jugendliche an jedem weiteren Tag, den sie so unterwegs sind, immer weniger auspacken, immer weniger Platz beanspruchen, immer »geordneter« werden im Einrichten des Schlafplatzes und im Umgang miteinander. Es zahlt sich nicht aus, viel zu verstreuen und am nächsten Morgen wieder viel einsammeln zu müssen. Bei mehrtägigen Fahrten empfinden Kinder und Betreuer/innen häufig jenes zwiespältige Gefühl, nach einem langen Weg am Ende des Tages am Ziel zu sein und sich dennoch nicht für ewig einrichten zu können. Das Hier-Sein wird sehr intensiv erlebt, ist aber nicht gekoppelt an das selbstverständliche Bleiben-Können oder Bleiben-Wollen. Unterwegs-Sein wird als ein elementares Lebensprinzip erfahren. Das rückt Blickwinkel und Bewertung von vielen Dingen im Leben zurecht. Es nährt auch das Vertrauen, in der (ganzen) Welt zu Hause zu sein.

Gäste verhalten sich anders als Kunden: Die normierende Kraft zugrundeliegender Beziehung

Geht am Tresen der Jugendherberge Geld über den Tisch, so wird die Gruppe zum Kunden. Berechtigte Ansprüche entstehen und damit auch eine Anspruchshaltung. Wir prüfen, ob die Qualität des Essens, die Sauberkeit des Zimmers, die Freundlichkeit des Personals, der Zustand der Einrichtung dem Geldwert entspricht, den wir gegeben haben. Unsere Beziehung ist eine Geschäftsbeziehung. Wenn wir in der Gemeinde wohnen, ist das anders. Nichts darf ich erwarten und wie viel mehr wird mir gewährt! Viel leichter ist es dann zu vermitteln, dass natürlich das Klavier oder andere erreichbare Dinge nicht benutzt werden dürfen, dass nur zwei Waschbecken zur Verfügung stehen, dass Dreck vermieden werden muss. Gewährte Freundlichkeit und Offenheit machen es leicht, selbst freundlich und offen zu sein. Basis einer solchen Beziehung ist die Einladung, nicht die Bezahlung. Und immer wieder sind wir erstaunt, wie selbstverständlich sich alle Teilnehmenden an Regeln halten, die ihrer Gastrolle entspringen und wie selbstverständlich sich Gespräche mit Küsterin, Pastorin oder Kirchenvorstehern und anderen Nutzern ergeben. Man hat ja auch etwas zu erzählen, denn in vielen Gemeinden übernachten nur selten Gruppen mit Kindern und Jugendlichen.

Die Welt ist voller Christen: Das flächendeckende Netz der Filialen Gottes

Und immer wieder bleibt bei unseren Jugendlichen das Gefühl zurück, in jeder Gemeinde etwas von zu Hause, von der eigenen Gemeinde wiederzuentdecken. Da hängen gleiche oder ähnliche Bilder, es liegt dasselbe Gesangbuch aus, der Kirchenraum hat Ähnlichkeit mit der eigenen Kirche, oder es wird im Gemeindebrief eine Aktion angekündigt, die man selbst schon einmal mitgemacht hat. Kirche, die scheint es überall zu geben. Dichter als das Netz von McDonalds oder Handy-Shops ist das Netz christlicher Kirchen. So unterschiedlich wie die Gemeinden sind, in deren Häusern man zu Gast ist, so schnell wird das Verbindende deutlich. Es war nicht der gleiche Innenarchitekt am Werk, wie bei Fastfood-Restaurants üblich. Aber der gleiche Glaubenshorizont ist erkennbar, der gleiche Mittelpunkt, um den herum dieses Haus gestaltet wurde.

Leben in Gemeinde: Alltäglichkeit von Kirche entdecken

Menschen, die »in Kirche wohnen«, betrachten deren Räumlichkeiten mit ganz anderen Augen. Wo ist der beste Schlafplatz? Wo wechsle ich die Schuhe? Wo ist der richtige Ort für den Abendabschluss? Gibt es Töpfe in der Küche oder wird hier außer Kaffee sonst nichts gekocht? Fast von alleine definieren sich die Jugendlichen Stellen im Haus als Sammelpunkt, gemütliche Sitzecke, Tobe-Fläche, Rückzugsgebiet oder informellen Treffpunkt. Das Gemeindehaus wird zum Wohnhaus. Auf mehrtägigen Fahrten entsteht Alltäglichkeit. Abläufe wiederholen sich, Selbstverständlichkeiten prägen das Zusammenleben. Ein ungeschriebener Kodex entsteht. Gemeinde (oft mit Kirche gleichgesetzt) entwickelt sich immer mehr zum selbstverständlichen Ort alltäglichen Zusammenlebens.

Jugend kann ganz anders sein – Kirche kann ganz anders sein: Einander schätzen lernen
Ab und an drängt sich uns oder unseren Teilnehmerinnen und Teilnehmern das Gefühl auf: »So freundlich, wie hier mit uns umgegangen wird, so freundlich behandeln sie ihre eigenen Jugendlichen vielleicht sonst nicht.« Wenn aber Gemeinde das kleine Abenteuer wagt, sich Gäste einzuladen, und wenn beide Seiten dies in der Folge als Verpflichtung zu Gastgeber- bzw. Gastverhalten begreift, dann können beide Seiten Erstaunliches erleben: »Wir können auch anders!« könnte das Motto lauten. Urteile und Vorurteile werden durch Fakten in Frage gestellt oder untermauert. Ein Besuch ist damit eine Chance, einander neu zu erleben. Jugendliche vermitteln auf diese Weise den Eindruck »Wir können auch anders«. Sie nehmen diese Haltung zugleich als persönliche Fähigkeit wahr: Ja, wir können auch anders! Logisch, dass dies auch umgekehrt für Gemeinde gilt. Auch wir können anders!

Aushängeschild Kirchturm: Erkennbarkeit vor Ort
Mit traumwandlerischer Sicherheit finden Jugendliche in unbekannten Städten Fußgängerzonen, Fastfood-Restaurants und andere Orte. Stadtplaner und Wirtschaftsunternehmen haben diese Erkennbarkeit, das Selbsterklärende von Orten und Gebäuden als Prinzip und Gestaltungskriterium immer weiter entwickelt. Unterwegs von Gemeinde zu Gemeinde entwickelt sich ein anderer Blickwinkel: Schon von Weitem ist der Kirchturm wieder wichtig. Da ist das Ziel. So weit ist es noch. Oder: so viele gibt es davon, welche Kirche ist es nur? Unternimmt man in der Mittagspause einen Stadtbummel, so ist klar, wo die Räder bleiben oder wohin man geht, wenn man die Gruppe verloren hat: zur Kirche natürlich. Die Stadtsilhouette erhält einen erweiterten Sinn: Da wo der Turm ist, da ist die Gemeinde, da können wir wohnen, da ist ein bedeutsamer Ort. Gemeinde muss keine Wahrzeichen errichten, vielmehr sollte sie deutlich machen, wessen man an ihrem Ort gewahr wird, »was wahr ist nahe dem Turm«. Der Turm als Zeichen ist da. Aber wofür steht er in den Augen von Menschen? Wie wichtig ist ihnen das, wofür er steht? Jugendliche entdecken das unverwechselbare »M« auch deshalb, weil ihnen wichtig ist, was es dort gibt.

Raum, Klo, Küche, Kirche: Programm Lebensbewältigung
Form und Ablauf unserer Maßnahmen haben sich durch das Nutzen gastfreundlicher Gemeinden verändert. Große Prinzipien werden in eher kleine Münze eingewechselt. Ohne viel Material, ohne die Notwendigkeit, den Tag durchzugestalten, geschieht vieles nebenbei im Miteinander. Kirchliche Jugendfreizeiten zeichnen sich bei uns mittlerweile vor allem durch den Ton, durch die kleinen Aktionen in den Pausen, durch Zeit für und miteinander, durch Gespräche und Zuhören beim Wandern oder Radfahren aus.
Im Zentrum der Maßnahmen steht es, die Erfordernisse des Zusammenlebens zu bewältigen. Einkauf, Kochen, Putzen, Mahlzeiten, Pausen usw. sind selbst das Programm und nicht der Rahmen dafür. Mitarbeitende erweitern ihr Repertoire an Spielen und Spielereien für zwischendurch. Sie schulen sich als Beziehungspartner/innen, als Küchenchefin oder Schürfwunden-Doktor. Das Miteinander ist auch dadurch ständig im Blick, dass man fast immer beieinander ist, unterwegs oder im gemeinsamen Schlaf-, Wohn- und Essraum im Gemeindehaus. Für kleine Gemeinheiten hinter dem Rücken ist wenig Spielraum und kleine Nettigkeiten sind immer ein Stück öffentlich. Dieses alltägliche Miteinander ist ein guter Ort, etwas vom »Ja« Gottes zu uns spürbar werden zu lassen. Wenn gilt, dass Gott nicht alles liebt, was du tust, dich selbst aber immer lieben wird, dann sollte es Aufgabe von Gemeinde sein, Formen zu entwickeln und zu pflegen, die dies verstehbar machen.

Ein Angebot, das wenig kostet: Ressourcen entdecken
Geringe Kosten, das scheint ein Vorteil für die Gastgruppen zu sein. Aber mehr noch: Auch die gastfreundliche Gemeinde kommt billig davon! Natürlich muss jemand da sein, der das Haus öffnet, ansprechbar ist, den Dank am Ende entgegennimmt und wieder zuschließt. Natürlich kostet es Strom und Heizung, Klopapier und Putzmittel. Aber die Ressource Raum ist doch vorhanden. Sie wird oft nur wenig genutzt. Gemeinde kann aktiv werden, kann Gastlichkeit als Programmangebot für sich entdecken und muss dafür vergleichsweise wenig Geld investieren. Selbst Küster oder Küsterinnen entdecken manchmal Ressourcen an/in sich, die im Alltagsgeschäft zurückgedrängt wurden: Stolz auf »ihr Haus« und seine Möglichkeiten, beraterische Kompetenz (»Wo gibt's auch sonntags Brötchen?«), Kontakt zu den Raumnutzern, Verständnis für ihre Bedürfnisse, auch Geduld mit ihnen und vieles mehr.

Gastfreundliche Menschen machen Gemeinde gastfreundlich: Wie anfangen?
Wie wird man »gastfreundliche Gemeinde«? Unsere Erfahrung der letzten Jahre: Indem man gastfreundliche Menschen Schritte in diese Richtung machen lässt. Vielleicht bringen nicht alle im Kirchenvorstand Lust und Vorschussvertrauen (oder sagen wir: Mut) auf, der fremden Jugendgruppe das Haus zu öffnen. Aber warum denen dieses Wagnis verwehren, die bereit sind, sich hier zu engagieren. Es muss nicht immer gleich eine Übernachtung sein. Alle Raumanfragen von außen kann man geschäftsmäßig (Vermietung) abwickeln oder als Gastbeziehung ausgestalten. Oft sind es nur Kleinigkeiten, die diesen Unterschied ausmachen: »Lassen wir zu« oder »Laden wir ein«? Sehen wir es als zusätzliche Mühe oder als willkommene Bereicherung an, wenn Gruppen bei uns zu Gast sind?
Raum geben, einladen kann eine zentrale Aufgabe im Alltag von Gemeinde sein. Enttäuschend werden solche Beziehungen häufig nur, wenn nicht von vorneherein Bezug auf die Rollen als Gastgebende und Gast genommen wird. Nur wer sich als Kunde oder Nutzer fühlt, vergisst die Dankbarkeit oder das Entgegenkommen. Nur wer als Gastgeber vergisst, seine Grenzen zu benennen (»Ihr dürft alles benutzen, aber wir haben keine Kapazitäten frei, um hinterher zu putzen. Könnt Ihr das übernehmen?«) fühlt sich irgendwann ausgebeutet. Und wer kein Interesse am jeweils anderen mitbringt, taugt weder als Gast, noch als Gastgeber. Wie so oft hat alles seine Grenzen, aber: Es geht viel mehr, als bislang praktiziert wird!

Projektarbeit
16 Thesen

Ein Projekt ist ein in sich geschlossener Rahmen für die Zusammenarbeit einer Anzahl von Menschen mit unterschiedlichen Fähigkeiten, Interessen, Altersgruppen und Rollen. Seine äußere Form wird vom Inhalt, also von der Zielsetzung oder der gemeinsamen Aufgabe bestimmt. Chancen und Grenzen der gemeinsamen Zeit unterliegen überwiegend dem thematischen Rahmen. Ein Projekt entsteht durch Zielfestlegung zumeist auf der Basis von Bedarfserhebung oder als Orientierung an einer umfassenderen Zielsetzung. Es wird als Gesamtvorhaben veröffentlicht und zur Teilnahme eingeladen. Innerhalb der Projektphase ist die Gruppe der Teilnehmenden in sich geschlossen. Es versteht sich als ein zielgerichteter Prozess, ist also in sich offen und fest zugleich.[1] Kennzeichnend sind folgende Aspekte:

1. Projektarbeit (PA) ist **inhaltsbestimmt.** Sie nimmt ihren Anfang in der Zieldefinition. Die Umsetzung des Themas wird nicht in einer festgelegten Form versucht, sondern dem Thema wird eine angemessene äußere Form gegeben. Was heute zu tun ist, was im Rahmen des Vorhabens dran ist oder notwendig wird, bestimmt weder das Leitungsteam (es vermittelt oder moderiert bestenfalls diese Notwendigkeiten) noch der Kreis der Teilnehmenden nach Aufforderung (»Was möchtet ihr denn heute mal machen...?«). Der Inhalt dominiert die Form.

2. PA ist **intentional**. Sie tritt als Impuls und als Angebot zielgerichtet an Kinder und Jugendliche heran. Ihr liegt eine Vision, eine Vorstellung vom Nutzen dieses Vorhabens zugrunde. Diese Vorstellung wird im Leitungsteam einvernehmlich beschlossen, festgeschrieben und immer wieder mit der Realität in Beziehung gesetzt.

3. PA ist **prozessorientiert**. Sie lebt vom Werden und ist geprägt durch Mitbestimmung, Diskussion, Zusammenführung unterschiedlicher Bedürfnisse und Fähigkeiten und durch das sichtbare Anwachsen und Fertigwerden der gemeinsamen Aufgabe oder dadurch, dass das Ziel erkennbar näher rückt.

4. PA ist **ganzheitlich**. Sie betrifft die Beteiligten in ihrer ganzen Person. Jede(r) bringt kognitive, praktische, soziale und emotionale Kompetenzen in den Prozess mit ein und ist vom gemeinsamen Tun ebenfalls auf allen diesen Ebenen wieder betroffen. Da häufig größere Zeiteinheiten (ganze Tage, Wochenenden, Freizeitblöcke etc.) miteinander verbracht werden, ist PA auch in der zeitlichen Komponente ziemlich umfassend.

5. PA ist **ressourcenorientiert**. Sie arbeitet mit den Fähigkeiten, Interessen, Möglichkeiten und Grenzen, die in der Gesamtheit der teilnehmenden und leitenden Menschen vorhanden sind. Sie fördert dadurch oft versteckte Talente zu Tage und macht Mut, an Grenzen heranzugehen oder sie neu zu definieren. Weil PA überschaubar und konkret ist, können Außenstehende oder Spezialisten auf Zeit in die Arbeit einbezogen werden. So gehörten schon häufig Mitarbeiter/innen zum Leitungsteam von Projekten, die sich für eine kontinuierliche Mitarbeit in Kinder- und Jugendarbeit nicht gewinnen ließen.

6. PA ist **kontinuierlich**. Auch endliche Prozesse können sehr wohl Kontinuität ermöglichen. Erfahrungsgemäß ist die Verbindlichkeit in Projekten höher als die in regelmäßigen Gruppen. Gemessen an Lebensalter und Entwicklung von Kindern und Jugendlichen kann bei einer Projektzeit von 5-24 Monaten (wie bei uns üblich) sehr wohl von einer kontinuierlichen Beziehung gesprochen werden. Gerade weil die Beziehungsintensität und die Identifikation mit dem Vorhaben hoch sind, sind diese Prozesse der Zusammenarbeit keineswegs marginal. Im Erleben des/der Einzelnen haben Gruppe und Sache oft einen hohen Stellenwert.

7. PA ist **endlich**. Endlich! Der festgelegte Beginn und das festgelegte, gestaltete Ende sind unverzichtbare Voraussetzungen von PA. Es entsteht ein Zeitraum, der überschaubar ist. Deshalb bleiben Kinder und Jugendliche erfahrungsgemäß auch »bei der Stange«, wenn es einmal schwierig wird oder der gemeinsame Prozess eine Durststrecke oder harte Arbeitsphase durchläuft. Das festgelegte Ende ist ja der mit dem Projekt vorgegebene Moment eines gemeinsamen »Ausstiegs«. In einer »auf Unendlichkeit hin angelegten« Gruppenarbeit dagegen muss ich als Einzelne oder Einzelner aussteigen, mich von der weiter bestehenden Gruppe trennen. So entsteht häufig die Situation, dass Gruppen, manchmal Gruppenreste »vor sich hin dümpeln« und damit auch Neuanfängen der pädagogisch Mitarbeitenden im Wege stehen. Denn auch sie müssen ja einen gehörigen Schritt machen, um selbst auszusteigen oder mit einem solchen Gruppenrest das Ende auszuhandeln.

8. PA **fordert und fördert Professionalität.** Sie verlangt viel von ehrenamtlichen wie hauptamtlichen Mitarbeiter/innen. Bedarf muss erhoben und gewertet werden. Ziele sind zu diskutieren und festzulegen. Schriftlichkeit zahlt sich aus. Methoden müssen gewählt und Kompetenzen entwickelt bzw. erworben werden. Verbindlichkeit in Bezug auf Termine wird nicht nur den Teilnehmenden, sondern vor allem auch den Leitenden auferlegt. PA ist häufig aufwendiger, ungewöhnlicher und – da stets neu konzipiert – immer das erste Mal.
PA fordert diese Professionalität jedoch nicht nur, sondern fördert sie auch:
Ein Projekt kann ja erst ausgeschrieben werden, wenn es inhaltlich wie organisatorisch weit gediehen ist. Es entstehen echte Planungsphasen, in denen die Gruppe nicht wöchentlich beschäftigt werden muss. Es entstehen immer wieder Pausen, die jedoch nicht als Bruch empfunden werden, weil häufig schon ein neues Vorhaben ausgeschrieben ist und in 2-3 Monaten beginnt. Das Hinzunehmen von außen stehenden Mitarbeiter/innen (s. These 3) ermöglicht durch die damit gegebene »Fortbildung der Gruppe« eine Horizonterweiterung und weitere Professionalisierung aller Teammitglieder.

9. PA ist **an Realitäten orientiert**. Sie ist trotz ihrer Außergewöhnlichkeit lebensnah. Die Anforderungen, die das gemeinsame Vorhaben stellt, sind real. Sie nehmen keine oder kaum Rücksicht auf meine Lust und sind auch nicht durch eine Leitung willkürlich diktiert. Die Prozesse haben Höhen und Tiefen. Die Struktur drängt jedoch darauf, dabeizubleiben. Aussteigen ist wie aus dem »richtigen Leben« nicht Regelfall, sondern die bemerkte Ausnahme. Insbesondere Projekte mit erlebnispädagogischem Charakter oder Bauprojekte konfrontieren Kinder und Jugendliche mit Realitäten und den Konsequenzen getroffener Entscheidungen. Das Leitungsteam gerät hier in eine moderierende Rolle an der Seite der Teilnehmenden. Es ist nicht verantwortlich für die Realität, sondern bietet sich mit dem eigenen (Erwachsenen)-Know-How als Unterstützung bei der Bewältigung an. Das Leben ist und bleibt das komplexeste Lernarrangement, das wir Menschen kennen. Und wir finden es überall vor!

10. PA **fordert und fördert Ideenreichtum und Beweglichkeit**. Zeiten und Themen ändern sich! So wechselt für uns Hauptamtliche die Literatur auf dem Schreibtisch. Man trifft immer wieder auf neue Teilnehmende und Kooperationspartner. Und ab und an geht etwas zu Ende, und man darf, Hermann Hesse gedenkend, neu beginnen: »Allem Anfang wohnt ein Zauber inne, der uns beschützt und der uns hilft, zu leben.« Womöglich schlagen wir damit einem Feind des reichen Lebens ein echtes Schnippchen: der Alltäglichkeit nämlich.

11. PA ist **ergebnisoffen**. Sie ist gewagt, aber nicht gefährlich. Ein Wagnis einzugehen, kann sehr wohl im Einklang stehen mit der Notwendigkeit, jede objektive Gefahr von den Beteiligten abzuwenden. Und der Raum zwischen subjektiv empfundener Unsicherheit (Wagnis) und objektiver Sicherheit ist ein pädagogisch sehr fruchtbares Terrain. Um allen Mitwirkenden Erleben zu ermöglichen ist es gut, dass PA ergebnisoffen angelegt ist. Die Leitung muss nicht zwangsläufig Spezialistin auf dem Gebiet des Projektthemas sein. Auch sie bringt ihre spezifischen Stärken und Schwächen ein: Moderation, Motivationsgeschick, »Erwachsenen-Know-How«, Beziehungen zu Institutionen und Einzelpersonen, Zeit, ... PA gleicht somit eher einer Expedition, die sich gemeinsam vortastet, das Ziel fest im Auge, aber offen für die Wechselfälle, die das Leben für alle bereithält. Scheitern bleibt möglich. Der Prozess ist ernst und bleibt für alle Beteiligten spannend. Nichts ist inszeniert. Es geht um eine gemeinsame Herausforderung, nicht um »Beschäftigungstherapie«.

12. PA ist **erfahrungsorientiert.** Eine pädagogische Grunderkenntnis ist es, dass uns nichts so intensiv lernen lässt wie Erlebtes, für dessen Zustandekommen wir uns selbst intensiv einsetzen mussten. Erfahrungen und Erlebnisse prägen uns und lassen uns die Welt mit anderen Augen sehen. Warum wird diese Erkenntnis innerhalb der Gemeindepädagogik dann noch so wenig in die Tat umgesetzt?

13. PA ist **zuspruchsorientiert.** Der Zuspruch des Evangeliums, ohne Ansehen von Leistung oder Versagen bei Gott geachtet und geliebt zu sein, ist der Mittelpunkt christlichen Glaubens. Manchmal gelingt es, dass PA dieses Kapital in kleiner Münze auszahlt.
Es können Dinge empfunden werden, die sich kaum in Worte fassen lassen:
- Ich erlebe, dass ich mit Erfolg handeln kann.
- Ich kann glauben, dass Gott meine Füße auf weiten Raum stellt.
- Ich kann im alltäglichen Leben das Ineinander von Zuspruch und Anspruch entdecken.
- Ich merke, dass ich beachtet werde.
- Ich bekomme Rückmeldung von dieser Gesellschaft, die sonst so sehr mit Reaktionen geizt.

Ein Junge des Projekts »Zu Fuß zur Ostsee« wurde in einem Radio-Interview gefragt: »Sag' mal, warum machst du dir denn diese Mühe, zu Fuß zur Ostsee zu gehen. Du könntest doch genauso gut im Freibad liegen, mit Freunden spielen, fernsehen oder Computer spielen?« Als Antwort kam: »Ich wollte einmal in meinem Leben etwas Großartiges tun.«

14. PA ist **profiliert.** Sie ist nach außen hin gut erkennbar. Das einzelne Vorhaben lässt sich in der Öffentlichkeit gut darstellen, vermitteln und abschließend dokumentieren. Damit ist PA ein Bereich, für den sich relativ leicht Unterstützende finden und Gelder einwerben lassen. Das deutliche Profil kommt jedoch auch den Mitwirkenden zugute. Es ist leichter, sich mit dem Ganzen zu identifizieren. Es ist auch leichter, zu Beginn abzuschätzen, welche Chancen mir dieses Vorhaben bietet. Damit kann die Entscheidung zur Teilnahme auch überlegter getroffen werden. Werbung für einzelne Projekte fällt leichter als der Hinweis im Kirchenblättchen: »Jugendgruppe, montags 19.00-21.00 Uhr. Wir reden, spielen, basteln miteinander und machen kleinere Aktionen, die Spaß bringen!«

15. PA ist **gemeinschaftsstiftend**. Sie fordert und fördert, wie vielfach beschrieben, das Zusammenwirken der Einzelnen. Gemeinschaft kann sich einstellen. Sie erwächst dann häufig primär aus dem gemeinsamen Tun und wird nicht von außen eingefordert. Und oft hält sie daher auch über den zeitlichen Rahmen des einzelnen Projekts hinaus. Am festgelegten Schlusspunkt kann die Gruppe sich und ihre Zeit rückblickend feiern und das Ende würdig gestalten. Von dort aus kann neu geplant werden. Das Projekt ist tot. Es lebe das Projekt!

16. PA **wirkt nach vorn**! Sie ist eben nicht nur Lern- und Lebensort der aktuell ehrenamtlich Tätigen, sondern weckt bei den Teilnehmenden bereits Lust, bei zukünftigen Projekten aktiv mitzuwirken. Sie gestalten schon jetzt ihr Projekt mit; später sind sie dann oftmals allein durch diese Sozialisation in der Projektarbeit gut vorbereitet, um den hohen Anforderungen in größeren Projektvorhaben des KUs und der Jugendarbeit gerecht zu werden. Nicht Jede oder Jeder ist später ein »Aktivposten« im Studierstunden-Geschehen oder kann eigenständig Projektziele zu operationalisierbaren Einheiten »herunterbrechen«. Im ergänzenden Miteinander der Leitungsteams jedoch sind »die ganz normalen Jugendlichen« von gestern das Kapital der Projektarbeit von morgen. Ihre weitergehende Qualifizierung geschieht neben der »normalen« Ehrenamtlichenschulung, wie sie in vielen Gemeinden und Verbänden üblich ist, vor allem durch die Herausforderung zu immer aktiverer Teilnahme im laufenden Projekt und bei der Planung neuer Vorhaben.

Anmerkungen

1. Die hier vorgetragene Auffassung wendet sich gegen eine inflationäre Verwendung des Projektbegriffs: Drei Kochabende in der Jugendgruppe, eine thematische Reihe im Konfirmandenunterricht, eine Programmaktivität der Kindergruppe, die über das Übliche hinausgeht (Beispiel: »Unser Projekt im Monat Juni: Wir gehen schwimmen!« o.Ä.), sind in diesem Sinn noch kein Projekt.

Mehr als Unterricht: Perspektiventwicklung

Das Leben ist das komplexeste Lernarrangement, das wir kennen!

Seglern, Wanderern, Radtour-Begeisterten, Reisenden überhaupt stellt sich die Frage der Perspektive ständig: Wie komme ich dahin, wohin ich gerne möchte? Wege müssen gesucht, entdeckt und beschritten werden. Dabei geht es zunächst um Bedürfnisklärung (Wo will ich überhaupt hin?) und Standortbestimmung (Wer/Wo bin ich überhaupt?). Erst dann lassen sich Wege entdecken und beschreiten. Das geht nicht ohne ein erforderliches Maß an Energie. Darauf bauen sich Motivation, Antrieb, Rückgrat und Selbstwert auf.
Wenn es also um die Lebensperspektiven heutiger Jugendlicher geht und um die Frage, wie wir im KU am Wachsen und Werden der Jugendlichen und an der Entstehung und Verwirklichung von Perspektiven für gelingendes Leben und Zusammenleben mitwirken können, dann muss nach den handelnden Personen, nach deren (Lebens-)Optionen, Positionen und notwendigen Motivationen gefragt werden.
Vor dem Hintergrund dieser Überlegung sind die folgenden schlaglichtartigen Gedanken zu verstehen, mit denen ich die Frage nach der Rolle der haupt- und ehrenamtlich Unterrichtenden im Rahmen der Konfirmandenarbeit und bei Projekten der Jugendarbeit, die die Konfirmation vorbereiten, angehen möchte.

»HEUTE BESUCH ICH MICH; HOFFENTLICH BIN ICH DAHEIM!« – Selbstbewusstsein heißt, sich selbst zu kennen

Der erste Schritt im Rahmen von Perspektiventwicklung ist die Standortbestimmung. Je nach dem Ort, an dem ich stehe, hat die Welt, haben andere Menschen und Dinge ihr eigenes, differierendes Gesicht. Doch so wie es das Zitat Karl Valentins suggeriert, geschieht es in den seltensten Fällen. Standortbestimmung betreibt kaum jemand explizit, geplant, gewollt und nach »allen Regeln der Kunst«. Meist findet man den Standort nicht mit dem Blick auf die Wanderkarte, für den man extra einmal Pause macht, nicht durch Verortung mit Sextant oder GPS. Wir glauben zu wissen, wo wir stehen und verorten uns praktisch »en passant«. Und dafür nutzen wir Wegmarken, markante Punkte, Dinge, zu denen wir uns in Beziehung setzen können.
Eben das ist meines Erachtens ein wesentlicher Beitrag, den Gemeinde, den Kirche und ihr Personal zur Perspektiventwicklung und damit auch zu einer angemessenen Vorbereitung junger Menschen auf die Konfirmation leisten kann: Rückmeldung geben. Den Kindern, den Jugendlichen voller Zuneigung widerspiegeln, wer sie sind, wie sie wirken, welche Gedanken wir uns über sie machen. Sich selbst lernt man nicht durch einen Blick in die eigene Seele kennen, sondern vielmehr durch einen Blick in die Augen derer, zu denen wir gerade gesprochen haben, mit denen wir gemeinsam aktiv sind. Wie viel mehr über mich selbst erfahre ich aus den Rückmeldungen der Anderen oder im Vergleich mit ihnen, als durch angestrengtes Nachdenken. In der Konfirmandenarbeit sehe ich z. B. auch in der Auswahl und intensivem Bedenken von Konfirmationssprüchen eine große Chance. Sie werden in gründlichem und liebevollem Nachdenken über eine bestimmte Konfirmandin oder einen bestimmten Konfirmanden zu ihnen in Beziehung gesetzt. Wir können sie den Jugendlichen auch als Rückmeldung zum Geschenk machen.
Es liegt außerdem in unseren Möglichkeiten, Rollen und Aktionen auszuprobieren. Wir können Spielraum geben zum Agieren, nicht um des bloßen Agierens willen, sondern um daraus Rückschlüsse auf Möglichkeiten und Grenzen ziehen zu können. Und darum ist ehrliche Rückmeldung, eingebettet in eine Beziehung, die durch Zuneigung geprägt ist, ein großer Beitrag, den Mitarbeiterinnen und Mitarbeiter leisten können. In Anbetracht der gesellschaftlichen Entwicklung, diese Rückmeldung immer mehr zu verweigern oder zumindest zu vernachlässigen, wird dieser Beitrag zunehmend wichtiger.

»ICH STEHE ZU DIR!« – Die Liebeserklärung Gottes weitersagen

Eine solche Rückmeldung braucht jedoch einen bestimmten Unterton, eine Grundharmonie, auf der gewagtere, manchmal auch dissonante Töne aufbauen können. So wie offene Tore stabile Angeln benötigen, so brauchen offene Worte, die Jugendlichen Auskunft über sich selber geben, stabile Rahmenbedingungen, sprich: eine Beziehung, die ein gutes Fundament hat. Der Zuspruch des Evangeliums, gewollt, geliebt und geachtet zu sein ohne Ansehen von Leistung und Versagen, diese Liebeserklärung Gottes, hat »das Zeug dazu«. Wenn es uns gelingt, diesen Zuspruch so deutlich es nur geht immer dann mitschwingen zu lassen, wenn wir mit Kindern oder Jugendlichen im Gespräch sind, wird uns auch das offene Wort nicht übel genommen. Kritik stellt dann nicht grundsätzlich in Frage. So lässt sich der aufrechte Gang mit der Liebe Gottes im Rücken wagen.
Zuspruch braucht jedoch Distanz, ein Gegenüber. Wenn neben guten Gesprächen, dem Spaß, den die Jugendlichen mit uns, in unseren Gruppen, Projekten und Angeboten erleben, auch Zuspruch als solcher empfunden werden soll, dann ist es nicht damit getan, nur guter Unterhalter und Sozialisationsbegleiter zu sein. Dann ist unser Platz nicht immer nur auf Augenhöhe und an der Seite der Konfirmandinnen und Konfirmanden, sondern es wird nötig, Gegenüber zu sein. Diese Form von Gegenüber ergibt sich nun gerade nicht durch eine neue (nämlich die alte) Sitzordnung im lehrerzentrierten Unterricht. Sie erfordert ein In-Beziehung-Treten, das häufig vom Unterrichtenden ausgehen muss. Gegenüber-Sein heißt dann: sich in die Augen blicken und dabei einen liebenswerten, aber gänzlich von mir verschiedenen Menschen ansehen. Solidarität gelingt inmitten der Gleichaltrigengruppe. Zuspruch aber, auch der Zuspruch des Evangeliums, will Distanz überbrücken und braucht sie daher. Das schließt den Zuspruchgebenden mit ein. Er wird zum Teil der Zusage, zum greifbaren, authentischen Garanten der Botschaft. Ein solcher Umgang, eine solche Beziehung, lässt sich nicht in den wenigen Augenblicken eines Konfirmationsgottesdienstes generieren. Er muss in der gesamten Konfirmandenzeit grundgelegt und entwickelt werden, um dann in eine stimmige Situation bei der Konfirmation einmünden.

HOCH HINAUS? – Umgang mit gesellschaftlichen Soll-Perspektiven

Wenn du gut bist, geachtet und geliebt, herausgehoben und mit eigenem Namen versehen, ohne Ansehen deiner

Leistung und deines Versagens und wenn du dieses auch noch annehmen und glauben kannst, dann ist es nur noch ein kleiner Schritt bis zum selbstbewussten Umgang mit gesellschaftlichen Maßstäben. Christliche Gemeinde ist der Ort, in dem wir ein Stück frei sein können von Zwängen, Messlatten und Klischees der Systeme, in denen wir ansonsten leben. Das muss sie immer wieder deutlich machen. Wir müssen Wert darauf legen, dem »Hoch Hinaus« und anderen Prinzipien und Parolen etwas entgegenzusetzen: leiser, persönlicher, ermutigender.
So lassen sich Angebote konzipieren, aber auch einfach nur Gespräche gestalten. Es kann unsere Aufgabe sein, im Kontext unserer Arbeit Begriffen wie »Gewinn«, »Erfolg«, »Rückschlag« usw. eine andere Bedeutung zu geben. Damit begeben wir uns nicht einfach nur in die Opposition und nennen die uns umgebende Welt »schlecht«. Wir weiten vielmehr den Blick und das Empfinden. Es muss und darf auch nicht in »soziales Getue abgleiten«, bei dem immer alle Gewinner genannt werden. Es geht vielmehr um die Entwicklung eines Lebensraumes, in dem das grundsätzliche Angenommensein nicht eigene Fehler und Schwächen liebevoll bemäntelt, sondern zur liebevollen Ausgestaltung des Lebens und Zusammenlebens auffordert.

OPTIONENVIELFALT – das Offenhalten von Nebenwelten
Damit nutzt die Konfirmandenarbeit (und in ihrer Folge die Jugendarbeit der Gemeinde) ihre Position »zwischen vielen Stühlen«. Sie kann Kapital schlagen aus ihrer Rolle als Neben-Welt, die angebunden ist und bleibt an das reale und alltägliche Leben der Kinder und Jugendlichen und zugleich untrennbar mit der Verheißung der Liebe Gottes verknüpft ist.
Für mich hat dies seit vielen Jahren zur Folge, dass ich beim Entwickeln von Angeboten und Konzepten, wie auch im täglichen Miteinander mit den Kindern und Jugendlichen versuche, einen Leitspruch zu beherzigen: »Tue etwas Ungewöhnliches«! In diesem kurzen Satz konzentriert sich der stete Versuch, Optionenvielfalt (und damit Lebensvielfalt) in Arbeit, Unterricht und Leben strukturell zu verankern. Damit lässt sich der Lebenslangeweile vorbeugen, die uns lebensmüde macht, aber auch einem stromlinienförmigen »Weiter so!« und einer phantasielosen Trendsetterei entgegentreten. Für mich ist es eine echte, erstrebenswerte Lebensperspektive, dass ich nicht sein muss, wie man mir sagt. Ich muss auch nicht bleiben, wie ich gerade bin, weil mir nichts anderes zu mir selbst und diesem Leben einfällt. Auch in kleinen Situationen und Krisen bewahrt das Motiv vom Tun des Ungewöhnlichen vor einem Teufelskreis aus Wort und Widerwort und vor Problemen, die wir uns und anderen machen.
Gerade im Konfirmandenunterricht – häufig einer Erstbegegnungen von jungen Menschen mit Kirche und Gemeinde – sind wir in der Lage, die Vielfalt an Lebensperspektiven und Optionen immer wieder neu mit jeder und jedem Einzelnen zu entwickeln: »Nutze die Chance zum (begrenzten) Anderssein und prüfe, ob sie dir Lebensgrundlage sein könnte.«
Wir verändern mit einem Projekt, einer Freizeit, einer gelungenen Tagesaktion oder einer Unterrichtsstunde nicht ad hoc und grundsätzlich den Lebensalltag bzw. die Lebenswelt des/der einzelnen Jugendlichen, selbst wenn sie im Rahmen unserer Gruppen oder Projekte Glück empfinden oder lange Vermisstes für sich entdecken. Oftmals kann gerade das Ende einer solchen Maßnahme, wenn es nicht mit Feingefühl gestaltet wird, ein Moment werden, der verletzt und resignieren lässt. Aber eine Sehnsucht ist geweckt, ein kleines Samenkorn gepflanzt, das wachsen und ausschlagen kann, wenn die Lebensbedingungen es möglich machen oder sogar erfordern.
Janusz Korczak, polnischer Arzt und Reformpädagoge, wurde oftmals angefeindet, weil in seinen Waisenhäusern entgegen dem damaligen Zeitgeist Kinderrechte und eine liebevolle erzieherische Beziehung hochgehalten wurden. Es sei nicht redlich, sagten selbst die älteren Zöglinge kurz nachdem sie dem Heim entwachsen waren, Kindern »eine heile Welt vorzugaukeln«, wo »draußen« doch etwas ganz anderes auf sie warte. Korczak antwortete sinngemäß: »Heute beißt ihr Schnitzel und esst knusprige Brötchen. Wenn ihr aber alt seid, werdet ihr keine Zähne mehr haben und nur noch Milchsuppe löffeln können. Das wird eine Enttäuschung und Ernüchterung sein. Wollt Ihr deshalb etwa schon jetzt nur noch Milchsuppe essen?«
Eine derartig visionär entwickelte »Neben-Welt« ist alles andere als »nicht von dieser Welt«. Sie ist immer eine echte Option unter vielen. Und nur weil sie heute noch nicht von allen bewohnt oder belebt wird, ist sie noch lange nicht eine unrealisierbare Utopie. Auch Reich Gottes kann und will geschmeckt werden, damit immer mehr auf den Geschmack kommen!

PROJEKTARBEIT – das Operationalisieren von Sehnsüchten
Projektarbeit scheint mir grundsätzlich eine sehr geeignete Arbeitsform zu sein, diesen Gedanken eine Praxis zu geben. Sie bietet Gelegenheit, sich an realen Vorhaben zu messen, Prozesse zu durchleben und innerlich beteiligt zu sein. Viele Projektmaßnahmen unserer Gemeinde lassen sich vor dem Hintergrund dieser Gedanken betrachten. Wir stecken uns – sowohl einander als auch den Kindern und Jugendlichen, die sich zur Teilnahme anmelden – ungewöhnliche Ziele. Wir fordern uns heraus und spielen mit dem Reiz des Ungewöhnlichen. Wir versuchen mehr Bedürfnisse zu erspüren als Wünsche zu berücksichtigen.
Projektarbeit versammelt und vereint verschiedenste Menschen um ein gemeinsames Vorhaben. Sie gibt keinem Einzelnen allein Macht in die Hand, sondern unterstellt alle Beteiligten den Notwendigkeiten des Vorhabens. Damit entlastet diese Arbeitsform die Beziehung der Leitenden zu den Teilnehmenden. Niemand muss mehr gewonnen werden. Die Sache selbst hat überzeugt. Niemand muss (immer wieder) auf ein Thema hingewiesen werden. Es hat sich schon selbst in den Mittelpunkt gestellt. Nun sitzen alle in einem Boot – so unterschiedlich sie selbst, ihre Aufgaben und Rollen auch sind. Jeder Schritt, der auf das gemeinsame Ziel hin getan wird, legt Rechenschaft ab von dem, was erreicht wurde. Die Sache selbst gibt Rückmeldung, ganz gleich, ob es ein gemeinsames Bauvorhaben, eine Wander- oder sonstige Reisemaßnahme ist. Es ist offensichtlich, nämlich messbar und sichtbar, was erreicht wurde.
Projektarbeit führt nahezu immer zum Erreichen von Zielen und zur Feier eines gemeinsamen Erfolgs. Dies gilt gerade bei ungewöhnlichen Vorhaben (z.B. mit dem Fahrrad über die Alpen nach Venedig, Selbstbau von Kajütsegelbooten, Verhüllung eines ganzen Gemeindehauses, Tourneetheater mit eigener Revue, Pilgertour nach Santiago). Das Vorhaben und seine Akteure werden

wahrgenommen. Stolz entsteht in uns selbst und wird von Eltern, Umstehenden und Medien wirkungsvoll unterstützt. Mit dem Erreichen des gemeinsamen Ziels wächst das Lebens-Knowhow der Jugendlichen und steigt ihre Kompetenz zur Lebensbewältigung. Es weitet sich der Horizont: »Schau an, was mir möglich war!« »Ja, vergiss das bloß nicht! Du bist wirkmächtig, hast etwas verändert und geschafft!« Solch eine Einsicht ist Grundlage für ein gesundes Selbstbewusstsein und für die Erkenntnis, dass es gut ist, dass der/die so Angesprochene da ist.

BETEILIGT SEIN – nicht nur gut beschäftigt

Kindern und Jugendlichen bei der Entwicklung von Lebensperspektiven zur Seite zu stehen verlangt von uns als Akteurinnen und Akteure im Arbeitsfeld Gemeinde vor allem das Zumuten von Konsequenzen und Moderieren von Prozessen. Perspektiven sind nur dann tatsächliche Lebensoptionen, wenn sie auch mit meinem Leben, meiner Person und ihren Möglichkeiten und Grenzen erreichbar sind. Wir tun gut daran, in der Konfirmandenarbeit und in anderen Angeboten an Jugendliche Konzepte umzusetzen, die die Teilnehmenden ehrlich und konsequent an den Höhen und Tiefen und an den realen Notwendigkeiten eines Vorhabens beteiligen. Gerade im Bereich von Bau- und Reiseprojekten, aber auch größeren Aktionen und Initiativen lässt sich das realisieren. Den Teilnehmenden wird mit der ehrlichen Beteiligung am Prozess, seinem Erfolg bzw. Ergebnis die Möglichkeit geboten, lebenswirklich die Fähigkeit zu erproben, realistische Lebensperspektiven zu entdecken, zu verfolgen und zu verwirklichen.
Die Qualität der tatsächlichen inneren Beteiligung ist ein Gradmesser für den pädagogischen Erfolg der Arbeit. Projekte, deren Phasen und Schnittstellen, Höhen und Tiefen, Notwendigkeiten und Erfolge sich lediglich dem Leitungsteam erschließen, werden ihren pädagogischen Gewinn verschenken. Mitarbeitende, die solche Prozesse nicht aus der Hand geben wollen und dem Moderieren von Notwendigkeiten aus dem Weg gehen, graben jene Versenkungen, in denen die Konfirmandenzeit und ihre Themen sang- und klanglos verschwinden.

ZUSAMMEN LEBEN – das komplexeste Lernarrangement, das wir kennen

Eine umfangreiche Projektmaßnahme ist eine eigene Welt. Sie hat »Mitbewohner und Randsiedler«, umfasst Alltag und Feste und entwickelt trotz ihrer zeitlichen, räumlichen und personalen Abgeschlossenheit ihre Art von Weltcharakter. Gerade im Bewohnen solch kleiner Welten, im Gestalten ihrer Alltäglichkeit und im Beziehungsgeflecht dieser gesellschaftlichen »Sub-Systeme« sehe ich Reiz und (Lern)Gewinn von Projektarbeit innerhalb der Ev. Jugend, im KU und in anderen Arbeitsfeldern von Gemeinde.

Outward Bound ©, der große internationale Bildungsträger im Bereich der Erlebnispädagogik, warb vor einigen Jahren mit dem Slogan: »Die Natur ist das komplexeste Lernarrangement, das wir kennen.« Das wage ich mittlerweile zu bezweifeln. Denn das Leben und Zusammenleben ist generell, egal unter welchen Bedingungen und an welchem Ort, ob in Natur oder Kultur das komplexeste Lernarrangement, das auffindbar ist.

Dieses unendliche Feld zu beackern, an seinen Rändern und in seinen Ausläufern immer wieder moderierend, erklärend, motivierend und gestaltend mitzuwirken, könnte vornehmster Inhalt und Aufgabe unserer Arbeit sein. In jedem Prozess, den wir gemeinsam durchlaufen, können wir mit unserem Know-How und unserer Position qualifizierend wirken.

PEER-EDUCATION – Schlüssel zu Lebensperspektiven, die meinem Leben ähnlich sind

Noch ein Letztes halte ich für wesentlich, wenn es um die Rolle von Gemeinden und KU bei der Suche und der Verwirklichung von Lebensperspektiven Jugendlicher geht: Als Gemeinden sind wir ehrenamtlich geprägt. Jugendliche und junge Erwachsene sind es oftmals, die gerade das tun bzw. mittun, was ich beschrieben habe. Ihr Alter, ihre große altersbezogene Nähe zu den Teilnehmenden erweist sich immer wieder als Garant dafür, dass in solchen Projekten Lebensperspektiven entwickelt werden, die für die Teilnehmenden in ihre Lebenswelt übersetzbar sind. Die Attraktivität solcher Perspektiven und Lebenswege ist auch deshalb hoch, da nahezu Gleichaltrige sie entwickeln, leben und weitergeben. Beleg dafür ist auch die Tatsache, dass für gerade Konfirmierte die Rolle als EhrenamtlicheR sehr positiv besetzt und erstrebenswert ist. Wer sich also innerhalb von Gemeinde, Konfirmanden- und Jugendarbeit auf den Weg macht, nach Perspektiven für sich und die eigene Lebensgestaltung zu suchen, findet in den ehrenamtlich Tätigen Identifikationsfiguren und in ihrem Tun ein Beispiel, das nicht allzu fern von der eigenen Lebenswirklichkeit ist.

Impressum

KU PRAXIS
für die Arbeit mit Konfirmandinnen und Konfirmanden.

Schriftenreihe, begründet 1973

Autor
Dieter Niermann, Am Hagen 8, 27721 Ritterhude
E-Mail: niermann@lesum.de

Schriftleitung
Evangelischer Verein KU-Praxis e. V.
Pfarrer Rainer Starck (Vorsitzender)
Evangelisches Dekanatszentrum
Rüppurer Str. 72, 76137 Karlsruhe
Tel: 0721-38 45 87 4. Fax: 0721-38 45 88 8
E-Mail: starck@ev-schuldekanat-ka.de

Die Zeitschrift KU-Praxis erscheint ein- bis zweimal im Jahr. Abonnenten erhalten einen Vorzugspreis, der beim Abonnenten-Service erfragt werden kann. Alle Preise verstehen sich incl. MwSt., zzgl. Versandkosten.
Abbestellungen sind zu jedem Zeitpunkt möglich.

Redaktionsanschrift
Christian Witting
Wichern-Kolleg, Ev. Johannesstift Berlin
Schönwalder Allee 26, 13587 Berlin
E-Mail: christian.witting@evangelisches-johannesstift.de

Web-Redaktion
Dr. Jörg Weber
Öffentlichkeitsreferat im Ev. Kirchenkreis Trier
Engelstr. 12, 54292 Trier
E-Mail: info@ku-praxis.de, www.ku-praxis.de

Verlag
ISBN 978-3-579-03206-1
ISSN 1611-5015
Gütersloher Verlagshaus, Gütersloh 2009
Verlagsgruppe Random House GmbH, München
Gestaltung: Linda Opgen-Rhein, Dortmund
Umschlagfoto: Dieter Niermann
Satz: Weserdruckerei Oesselmann, Stolzenau
Druck und Bindung:
Kessler Druck + Medien GmbH & Co. KG, Bobingen
Printed in Germany
www.gtvh.de

Abonnenten-Service
Gütersloher Verlagshaus, Gütersloh
Verlagsgruppe Random House GmbH, München
Postfach 450, 33311 Gütersloh
Tel.: 0 52 41 / 80 19 69, Fax: 0 52 41 / 80 96 20